毛泽东思想
和中国特色社会主义理论体系概论
学习参考

方　燕　邹开明　主　编

暨南大學出版社
JINAN UNIVERSITY PRESS

中国·广州

图书在版编目（CIP）数据

毛泽东思想和中国特色社会主义理论体系概论学习参考/方燕，邹开明主编．—广州：暨南大学出版社，2012.8

ISBN 978-7-5668-0248-4

Ⅰ.①毛… Ⅱ.①方…②邹… Ⅲ.①毛泽东思想—高等学校—教学参考资料②中国特色社会主义—社会主义建设模式—高等学校—教学参考资料 Ⅳ.①A84②D616

中国版本图书馆CIP数据核字（2012）第145844号

出版发行：暨南大学出版社

地　址：中国广州暨南大学
电　话：总编室（8620）85221601
　　　　营销部（8620）85225284　85228291　85228292（邮购）
传　真：（8620）85221583（办公室）　85223774（营销部）
邮　编：510630
网　址：http：//www.jnupress.com　http：//press.jnu.edu.cn

排　版：广州市广海照排设计中心
印　刷：湛江日报社印刷厂

开　本：787mm×1092mm　1/16
印　张：15
字　数：296千
版　次：2012年8月第1版
印　次：2012年8月第1次
印　数：1—3000册

定　价：28.50元

前　言

《毛泽东思想和中国特色社会主义理论体系概论》是高等学校学生思想政治理论课的重要组成部分，是对学生进行思想政治教育的主渠道、主阵地，是每个大学生的必修课程，在大学生思想政治教育中担负着重要作用。《毛泽东思想和中国特色社会主义理论体系概论》以马克思主义中国化的历史进程为主线，从理论与实践、历史与逻辑的统一上揭示马克思主义中国化的理论轨迹，阐述马克思主义中国化的理论成果，旨在使当代大学生认识坚持马克思主义指导地位对实现中华民族伟大复兴的重要性，增强马克思主义理论学习的自觉性。目前，全国高校本专科学生思想政治理论课统一使用由高等教育出版社出版的《毛泽东思想和中国特色社会主义理论体系概论》教材。此门课程本科院校为6个学分，专科院校为4个学分。由于专科院校学生的理论知识基础较为薄弱，所以，对教材中的很多理论问题不能很好地理解和掌握。另外，在教学过程中，由于学时的限制，教师不可能用过多的时间去讲解背景知识和相关的历史知识。该学习参考能帮助学生了解中国共产党在各个时期重大事件和理论出台的背景，了解毛泽东、邓小平等伟人的成长历程，可对提高思想政治理论课教学的实效性和针对性起到重要的作用。

《〈毛泽东思想和中国特色社会主义理论体系概论〉学习参考》以统编教材为基础，内容上不是从理论到理论的重复，而是选用了大量生动的感性材料，让学生通过对具体材料的学习把握教材理论的基本精髓，力求达到与教材优势互补；形式上更强调理论联系实际，运用基本理论分析现实问题，突出能力主导。由于不是从理论到理论，因而更能引起学生阅读的兴趣，使学生自觉地学习党的历史和党的路线、方针、政策，进一步了解马克思主义中国化的历史进程和伟大成果，进而为培养建设中国特色社会主义接班人作出贡献。

本书由广东工程职业技术学院《毛泽东思想和中国特色社会主义理论体系概论》课程组的老师共同编写，编写的人员有方燕、邹开明、葛陈荣、冯承恩、柏欣、曾名沁、王丹、赵芳、郭华生、张建德、揭英荣。本书在编写过程中得到了广东工程技术学院党委书记刘文清研究员、党委徐启扬副书记等领导的大力支持和指导，在此表示深深的谢意。由于水平和时间的限制，本书还存在很多不足之处，敬请广大读者和专家批评指正。

广东工程职业技术学院《概论》课课程组

2012 年 7 月

目　录

第一章　马克思主义中国化的历史进程和理论成果

【导言】

马克思主义中国化是一个历史过程。马克思主义中国化，就是把马克思主义基本原理同中国具体实际和时代特征结合起来，运用马克思主义的立场、观点、方法研究和解决中国革命、建设、改革中的实际问题，坚持和发展马克思主义；就是运用中国人民喜闻乐见的民族语言来阐述马克思主义理论，揭示中国革命、建设、改革的规律，使之成为具有中国风格、中国气派的马克思主义。马克思主义理论从来就不是教条，而是行动的指南。一部中国共产党史，就是马克思主义中国化的历史，是马克思主义普遍真理同中国具体实际日益结合的历史。中国共产党在马克思主义中国化的历史进程中，先后产生了毛泽东思想和中国特色社会主义理论体系两大理论成果，即中国化的马克思主义。这两大理论成果的产生既是中国共产党人集体智慧的结晶，同时，也离不开毛泽东、邓小平、江泽民和胡锦涛个人的努力。因此，研究马克思主义中国化问题，有必要对马克思、毛泽东、邓小平等人的个人奋斗经历作相关介绍。

【阅读材料一】

千年伟人马克思

世纪之交，传来了一个振奋人心的消息：马克思被评选为千年最伟大、最有影响力的思想家。这是英国广播公司（BBC）在1999年秋天历经几周时间在国际互联网上经过反复评选最后选定的。马克思排在第一位，排在第二位的是著名科学家爱因斯坦。

在评选活动的开始阶段，爱因斯坦的票数一直领先。但是，在评选活动的后期，选择马克思为本千年最伟大的思想家的票数直线上升，并遥遥领先于爱因斯坦的票数。美国纽约的一家报纸用整版篇幅评论了这一意义深远的事件。

最近，路透社又邀请政界、商界、艺术和学术领域的名人评选“千年伟人”，结果39名候选者的得票比较平均，爱因斯坦最终仅以一票的优势领先于甘地和马克思。这同样具有重要意义，因为它从另一个侧面说明马克思堪称千年伟人。1999年12月19日的《澳门日报》报道了这个消息，并刊登了三位千年伟人的照片。该报说：“这样的调查当然不能十分科学地反映广泛的事件，但这次调查可以让我们看到一些名人的想法。”同年12月15日，台湾的《中国时报》在报道类似的评选活动时指出：“马克思有关资本积累及资本集中的说法，放在当今大购并潮的背景之下似乎更具意义，苏联解体、中国大陆也已改采社会主义市场经济路线多年，这么多学者肯定马克思，的确有些出人意料。”该报还说：“马克思对于资本主义的洞见应该再度获重视，他不应为其他人对其学说所作的引申背黑锅。”

西方思想界所开展的千年伟人评选活动和澳、台报纸的报道，应该说是客观、公允的。值得注意的是，这一活动不是由社会主义国家传媒，而是由资本主义国家传媒举办的，这就更具有特殊的意义和重要性。对于世界工人阶级来说，再大的喜讯都莫过于此了。这是千年之交，时代赠予世界工人阶级和劳动人民最值得纪念的礼物！

这件事不是孤立的，也不是偶然的。它既显示了马克思主义真理的力量，又说明了当今时代仍然需要马克思主义，就像自然科学需要爱因斯坦的理论一样。只要不带任何偏见，人们都会得出这样的结论。

马克思逝世已经116年了，作为马克思主义诞生标志的《共产党宣言》也已发表了一个半世纪了，为什么马克思仍然受到世人如此的关注和崇敬呢？归根结底这是因为马克思为人类精神发展作出了不朽贡献。

特别值得提及的是，在东欧剧变、苏联解体后，《马恩全集》（国际版）并没有停止出版，而是由国际马克思恩格斯基金会继续进行这项巨大的工程。《马恩全集》（国际版）是由苏联共产党中央委员会马列主义研究院和东德统一社会党中央马列主义研究院于20世纪60年代开始编辑的。东欧剧变、苏联解体前仅出版了30多卷（原计划出版142卷）。东欧剧变、苏联解体给这一工作带来了极大的困难。为把这一意义重大的工作继续下去，该著作的编辑部门向有关国家和政党发出资助呼吁。中国也给予了资助。1996年秋天，我们访问了设在柏林—勃伦顿堡科学院的《马恩全集》（国际版）编辑部，主持工作的是原西德政治学教授门格勒。我问他现在经费问题是否解决了？他说，已经解决了。我问，是怎样解决的？他回答说，大部分由联邦政府支付，小部分由地方政府解决。我诧异地问，德国是资本主义国家，为什么要出钱资助出版马克思、恩格斯的著作？他似乎觉得我这样问很奇怪，然后很坦然地说，一是因为马克思、恩格斯是德国人；二是因为他们的学术思想丝毫不亚于历史上任何伟大的思想家。是的，不论是就思想之博大精深来说，还是就著作之丰、影响之大来说，马克思都可以与历史上任何伟大的思想家相媲美。马克思主义学说已经深深地改变了世界历史的进程，并且还将继续影响着人类社会的发展。

当前，世界社会主义运动正处于低潮，但这并不意味着马克思主义理论研究也处于低潮，相反，世界范围内研究马克思主义的热潮却在悄然兴起。从1995年到1998年，与会者达千人以上的马克思主义国际学术研讨会共开过四次。它们是：1995年为纪念恩格斯逝世100周年在巴黎举行的、有1 500多位学者参加的第一届“国际马克思大会”，1996年在纽约召开的、有1 500多名学者参加的“世界社会主义者大会”，接着，在伦敦召开的、有6 000多人参加、盛况空前的“’96伦敦马克思大会”，以及1998年为纪念《共产党宣言》发表150周年在巴黎召开的、有1 500多人参加的马克思主义国际学术讨论会。此外，1998年在巴黎还召开了有500多人参加的第二届“国际马克思大会”，以及在莫斯科举行的每年一度的国际社会主义研讨会。至于小型的国际学术讨论会则更是不计其数。

2000年是世纪之交，回顾和总结20世纪的社会主义运动，展望21世纪社会主义的发展前景，将是国际理论研讨活动的重要内容。届时法国马克思园地协会将在巴黎举办规模盛大的、题为“全球化与人类解放”的马克思主义国际学术研讨会。会议的主要议题有：20世纪社会主义分析与总结、当代资本主义分析、现代社会劳动的内容和地位、超越资本主义和变革社会的进程与动因、如何实现真正的公有制和新国际主义等。同时，还将在纽约举行有2 400多人参加的“世界社会主义者大会”，讨论当代社会主义面临的新问题、社会主义的历史命运、当代资本主义新变化，以及如何取代资本主义等重大问题。世界其他地区也将举办类似的活动。

以上情况绝非偶然现象，它是当今社会矛盾的反映，是世界进步人士要求变革社会的愿望的表现。当今诸多社会问题和社会矛盾重新激起了人们研究马克思主义的热情，为了解当代社会问题和全球性问题，人们到马克思主义那里寻找思想武器。因此，便出现了法国《世界报》所说的“回归马克思”的热潮。这也许是马克思被评选为千年最伟大思想家的一个重要的现实原因吧。

法国《人道报》在报道1998年巴黎国际大会时有下面一段生动的文字：今年（1998年），从纽约到东京，从圣保罗到耶路撒冷，从新德里到伦敦，到处都奏起了《共产党宣言》的乐章，而这次会议将"再次让历史沸腾起来"；"《宣言》对21世纪仍将发生重要影响"；"马克思主义没有死，马克思仍然活着"。这些撼动人心的话语，道出了世界进步人类的心声。理论研究是社会变革的前导。这林林总总的马克思主义理论研讨活动，将汇成巨流，发出世界最强音，推动当代社会主义运动走出低谷，再度复兴。让我们高扬马克思的旗帜，昂首阔步，迈向21世纪吧！

【资料来源】

——靳辉明：《千年伟人马克思》，《科学社会主义》，2000年第1期

【评述】

马克思被评为"千年伟人"，不仅仅是对马克思所创造的学说和理论体系的评价，更重要的是对其历史和现实政治意义的评价。100多年来，人类社会曾出现过形形色色的"美妙的主义"，但绝大部分"主义"都如同倏聚倏散的过眼烟云，唯有马克思主义具有最强劲的生命力。这里特别要指出的是，马克思被评为"千年伟人"，既不是在社会主义国家评出的，也不是由资本主义国家的无产阶级和劳动人民投票选出的，而是由资本主义国家的一些机构在资产阶级的政治家和知识分子中酝酿遴选出来的。这对于社会主义国家中某些对马克思主义存在淡漠、偏见和动摇态度的人，是一个极大的警醒。

【深度思考】

1. 马克思被评选为"千年伟人"对我们有何启示？

2. 如何正确对待马克思主义？

【阅读材料二】

邓小平重新评价毛泽东的历史地位

1980年8月21日和23日，邓小平同志在会见意大利记者奥琳埃娜·法拉奇时，对毛泽东同志的历史地位作了重新评价。以下是谈话内容：

奥琳埃娜·法拉奇（以下简称“奥”）：天安门上的毛主席像，是否要永远保留下去？

邓小平（以下简称“邓”）：永远要保留下去。过去毛主席像挂得太多，到处都挂，并不是一件严肃的事情，也并不能表明对毛主席的尊重。尽管毛主席过去有段时间也犯了错误，但他终究是中国共产党、中华人民共和国的主要缔造者。拿他的功和过来说，错误毕竟是第二位的。他为中国人民做的事情是不能抹杀的。从我们中国人民的感情上来说，我们永远把他作为我们党和国家的缔造者来纪念。

奥：对我们西方人来说，我们对中国的很多问题不是很理解。例如，中国人民在讲起“四人帮”时，把很多错误都归咎于“四人帮”，说的是“四人帮”，但他们伸出的却是五个手指。

邓：毛主席的错误和林彪、“四人帮”问题的性质是不同的。毛主席一生中大部分时间是做了非常好的事情的，他曾多次从危机中把党和国家挽救过来。没有毛主席，我们中国人民至少还要在黑暗中摸索更长的时间。毛主席最伟大的功绩是把马列主义的原理同中国革命的实际结合起来，并指出了中国夺取革命胜利的道路。应该说，在20世纪60年代以前或50年代后期以前，他的许多思想给我们带来了胜利，他提出的一些根本的原理是非常正确的。他创造性地把马列主义运用到中国革命的各个方面，包括哲学、政治、军事、文艺和其他领域，应该说，他在这些方面都有创造性的见解。但是，很不幸，他在晚年，特别在“文化大革命”中是犯了错误的，而且错误不小，给我们党、国家和人民带来许多不幸。你知道，我们党在延安时期把毛主席各方面的思想概括为毛泽东思想，把它作为我们党的指导思想。正是因为我们遵循毛泽东思想，才取得了革命的伟大胜利。当然，毛泽东思想不是毛泽东同志一个人的创造，许多老一辈革命家都参与了毛泽东思想的建立和发展，当然，这其中主要是毛泽东同志的思想。但是，由于胜利，他不够谨慎了，在他晚年有些不健康的因素、不健康的思想逐渐露头，主要是一些“左”的思想。有相当部分违背了他原来的思想，违背了他原来十分好的正确主张，包括他的工作作风。这时，他接触实际少了。他在生前没有把过去良好的作风（比如说，民主集中制、群众路线）很好地贯彻下去，没有制定也没有形成良好的制度。这不仅是毛泽东同志本人的缺点，我们这些老一辈的革命家，包括我，也是有责任的。我们党的政治生活、国家的政治生活有些不正常了，家长制或家长作风发展起来了，颂扬个人的东西多了，整个政治生活不那么健康，以致最后导致了“文化大革命”。“文化大革命”是错误的……

奥：你们对“四人帮”进行审判的时候，以及你们开下一届党代会时，会在何种程度上牵涉到毛主席？

邓：我们要对毛主席一生的功过作客观的评价。我们将肯定毛主席的功绩是第一位的，他的错误是第二位的。我们要实事求是地讲毛主席后期的错误。我们还要继续坚持毛泽东思想。毛泽东思想是毛主席一生中正确的部分。毛泽东思想不仅过去引导我们取得革命的胜利，现在和将来还应该是中国党和国家的宝贵财富。所以，我们不但要把毛主席的像永远挂在天安门前，作为我们国家的象征，要把毛主席作为我们党和国家的缔造者来纪念，而且还要坚持毛泽东思想。我们不会像赫鲁晓夫对待斯大林那样对待毛主席。

……

奥：你对自己怎么评价？

邓：我自己能够对半开就不错了。但有一点可以讲，我一生问心无愧。你一定要记下我的话，我是犯了不少错误的，包括毛泽东同志犯的有些错误我也有份，只是可以说，也是好心犯的错误。没有不犯错误的人。不能把过去的错误都算成是毛主席一个人的。所以，我们对毛主席的评价要非常客观，第一他是有功的，第二才是过。毛主席的许多好的思想，我们要继承下来，他的错误也要讲清楚。

【资料来源】

——《邓小平文选》（第二卷），人民出版社 1994 年版

【评述】

粉碎“四人帮”后，中国面临又一个历史转折点。评判毛泽东的功过、评价毛泽东思想的历史地位是无法回避的重大问题。在本案例中，邓小平科学地分析了毛泽东的功过，指出对毛泽东晚年在理论和实践上的错误的东西要毫不含糊地进行批评，但是，一定要实事求是；毛泽东的错误在于违反了他自己的正确思想，他的错误和林彪、“四人帮”问题的性质是不同的；在毛泽东的功过之间，功绩是第一位的，错误是第二位的。因此，我们必须反对现实中曾经出现过的两种错误态度：一种态度是因为毛泽东晚年犯了错误，就企图否认毛泽东思想的科学价值，否认毛泽东思想对我国革命和建设的指导作用，这是完全错误的；另一种态度是教条主义地对待毛泽东的言论，以为凡是毛泽东说过的话都是不可移易的真理，只能照抄照搬，甚至不愿实事求是地承认毛泽东晚年犯了错误，并且还企图在新的实践中坚持这些错误，这也是完全错误的。

【深度思考】

1. 邓小平在回答法拉奇的提问时曾表示：天安门上的毛主席像要永远保留下去。这句话有何深刻含义？

2. 结合本案例，谈一谈应该怎样正确评价毛泽东的历史功过。

【阅读材料三】

中国改革开放的总设计师

“小平你好”，源自真诚。朴实无华，人民心声。回溯上下百年，更念伟绩丰功。江泽民主席的悼词可谓是对邓小平同志的最高定论：“邓小平这样说过——如果没有毛泽东同志，我们中国人民至少还要在黑暗中摸索更长的时间。我们今天同样应当说，如果没有邓小平同志，中国就不可能有今天改革开放的新局面和社会主义现代化的光明前景。”

邓小平——一个在20世纪的中国历史上与孙中山、毛泽东起到同等作用的历史巨人。新的历史时期里，他又被赞誉为改革开放的总设计师。在党内，他曾三次被错误地打倒，又三次顽强地站起来。毛泽东对他曾有一个评价：“人才难得。”

他18岁参与创建旅欧中国少年共产党，23岁担任中央秘书长。

在解放战争中，他与刘伯承所指挥的刘邓大军以能完成重大战略任务而闻名天下。

他在党内三起三落，终成领导核心。

邓小平，原名邓希贤，1904年生于四川广安县。1920年，他赴法国勤工俭学，当过钳工和火车上铲煤的司炉，还在饭馆里打过工。他先加入了法国共产党，1922年又参与创建旅欧中国少年共产党，1924年转入中国共产党。随后，他到莫斯科东方大学和中山大学读书。

1927年春，邓小平回到上海，被中央派到西北冯玉祥的部队里做政治工作，不久就被“礼送出境”，转赴汉口中共中央机关工作。同年夏，武汉政府反共，他转入地下，将自己的名字邓希贤改为邓小平。

在八七会议上，列席会议的邓小平首次听到了毛泽东的发言，对他非常钦佩。会后，中共中央迁往上海，23岁的邓小平担任中央秘书长，主管文书、机要、交通、财务等工作。1929年7月，经周恩来推荐，邓小平以中共中央代表的身份到广西南宁，化名邓斌，改造俞作柏、李明瑞的旧军队，在广西建立各级工会和农协。同年秋，邓小平领导了百色起义，建立了左右江革命根据地。这支部队翌年离开广西，经7 000里转战，于1931年夏进入江西与红一方面军会师。

在江西根据地时，邓小平曾担任瑞金和会昌、寻邬、安远三县县委书记。当时，“左”倾的临时中央迁到江西苏区后，排斥毛泽东的正确领导，批判邓（小平）、毛（泽覃）、谢（唯俊）、古（柏），邓小平第一次被撤职打倒。后来，总政治部主任王稼祥起用邓小平代理政治部秘书长。长征时，邓小平随军行动，途中参加了遵义会议。

1937 年全面抗战开始后，红军改编为八路军开赴华北前线。邓小平任八路军政治部副主任，之后任一二九师政委，与师长刘伯承一同随八路军总部战斗在晋冀鲁豫边区。歌曲《我们在太行山上》描述的就是那时的情景。

1945 年日本投降后，刘邓指挥的晋冀鲁豫部队组建野战军，1947 年又奉命挺进中原，在 1948 年的全军整编中又称第二野战军，并与粟裕指挥的第三野战军一同进行了淮海战役。战役期间及此后渡长江时，邓小平任统辖两个野战军的总前委书记。解放战争中，刘邓大军以能完成重大战略任务而闻名天下。

新中国成立初期，邓小平担任中共西南局第一书记，1952 年调京任副总理和党中央秘书长等职务。在 1956 年党的“八大”上，邓小平作了修改党章的报告，会后担任了党中央总书记，党内位置在毛、刘、周、朱、陈之后，居第六位。从“八大”到“文革”的 10 年中，邓小平负责处理党内日常工作。“文革”开始后，他同刘少奇一起被打倒。这是他第二次被打倒。

1973 年，邓小平复出，经毛泽东提议任党中央副主席，因积极纠正“左”倾错误，于 1976 年初第三次被打倒。粉碎“四人帮”以后，邓小平于 1977 年重新任党内副主席。在 1978 年末的十一届三中全会上，邓小平对党的政策的历史性转变起了决定性的作用。他冲破极“左”思潮的束缚，确立了改革开放的方针政策。

进入 20 世纪 80 年代以后，邓小平又任中央军委主席、中顾委主任。1989 年，他辞去中央军委主席职务。1992 年春，他视察南方并发表重要谈话，提出加快改革开放步伐的主张，在重要历史关头又一次为全党指明了方向。1997 年 2 月，邓小平在北京逝世，骨灰被撒入大海。他留下的邓小平理论已成为新时期中国共产党和中国人民宝贵的精神财富。

邓小平理论极其突出的一点，就是肯定科学技术是第一生产力，这同他早年的留学经历密不可分。

历史的巨人诞生于社会变换的伟大时代，邓小平同样如此。他属于中国共产党内最早的一批向西方寻求真理的热血青年中的一员。这些青年人漂洋过海赴法国勤工俭学，在那里接受了共产主义思想，再回来挽救苦难中的中国。他们认识到马克思主义是近代大工业的产物，科学共产主义代表着人类最先进生产力发展的方向。

邓小平在生产力发达的国家里度过了青年时代——这对于他开阔眼界、为中国选择正确的发展方向有着重要的思想奠基作用。邓小平理论极其突出的一点，就是肯定科学技术是第一生产力，这正是同他早年的经历密不可分的。

为了达到美好的理想，他主张利用多方面的成果，“不管黑猫白猫，捉到老鼠就是好猫”这句名言便是该主张的生动体现。在中国的社会主义建设遭遇“文革”的严重挫折时，邓小平带头拨乱反正，提出了走有中国特色的社会主义建设道路的新理论。

20 世纪 80 年代，邓小平在给景山学校题词时，曾写下“面向世界、面向未来、面向现代化”。这其实也是他本人光辉一生的写照——坚持三个“面向”，党的事业便会有光明的前景。

他曾经当过蒋经国的团小组长。

邓小平年轻时曾是刻蜡版的好手，有“油印博士”的美誉。他思维敏锐，喜好打桥牌，生活简朴，善交朋友。早年在莫斯科中山大学学习时，邓小平曾经当过蒋经国的团小组长。他比蒋经国大 6 岁，因为个子不高，排队时常与年龄最小的蒋经国站在一起。蒋经国最爱听他讲述在法国颇有传奇色彩的革命经历，一度把他看成“大哥”、“学长”。不过，由于蒋经国回国后背弃了当初的革命誓言，完全站到蒋介石一边，两个同窗共读的学友最终变成了政治上的对手。

青年时代的邓小平对围巾情有独钟，总爱围着一条蓝白相间的大围巾。他曾解释说，在法国留学的中国学生常去当清洁工，而拣马粪挣钱最多，干一天赚到的钱可以够一个星期的花销。法国的清洁工都围这么一条围巾，因此，中国留学生每人也有这样一条围巾。无论是在法国还是回国后，邓小平经历过种种艰难磨炼，总保持着乐观的态度且无所畏惧。他曾说过一句笑话：“天塌下来也不要紧，反正有大个子顶着。”

邓小平性格中有着非凡的韧性，他一生中曾有三次被打倒的曲折经历，却始终不屈不挠。“文革”期间，他被扣上“中国第二号最大的走资派”的帽子，被遣送到南昌的一家工厂劳动。他当时已 60 多岁，每天徒步上下班，同工人们一起干活。在江西的三年间，邓小平始终和普通群众在一起，切身地感受到“左”的错误在社会上造成的恶果。从那时起，他便考虑将来的整顿问题。

1971 年，林彪叛逃的事件发生后，王震向毛泽东力荐起用邓小平，毛泽东也称赞邓小平有战功。1973 年春，邓小平国务院副总理的职务得以恢复，不久又经毛泽东提议任中央军委副主席兼总参谋长，主持军委工作。1975 年，因周恩来病重，邓小平以党中央副主席身份主持党、政、军的日常工作。

1976年初，他已无法工作，广大人民却把希望寄托在他的身上，并于4月5日清明节痛悼周总理时公开呼喊出这一心声。尽管邓小平被诬指为“天安门事件的总后台”，被错误地撤销了党内外一切职务，但是，全国的人心所向已是无法扭转。待到粉碎“四人帮”之后，要求他重新出来工作便成为全党和全国人民的共同呼声。

邓小平曾幽默地说：“如果对政治上东山再起的人设立奥林匹克奖的话，我很有资格获得该奖的金牌。”历史证明，邓小平确实是一个连对手都不得不佩服和赞誉的伟人。

【资料来源】

——马祥林：《北京青年报》，2001年5月8日

【评述】

邓小平曾经说：“我是中国人民的儿子，我深深地爱着我的祖国和人民。”他是全党、全军、全国各族人民公认的享有崇高威望的卓越领导人，伟大的马克思主义者，伟大的无产阶级革命家、政治家、军事家、外交家，久经考验的共产主义战士，中国社会主义改革开放和现代化建设的总设计师，建设中国特色社会主义理论的主要创立者。作为中共第一代中央领导集体的重要成员、中共第二代中央领导集体的核心，他为中华民族的独立和解放，为中国社会主义制度的建立，为中国改革开放和社会主义现代化建设立下了不朽功勋。他把毕生心血都献给了中国人民，一切以人民的利益为出发点和归宿。他对中国共产党、对中国人民、对马克思主义的最大贡献，就是邓小平理论。1997年2月19日，邓小平逝世。美国总统克林顿在得知这一消息后说的第一句话是：“邓小平是过去20年里世界舞台上的杰出人物。”俄罗斯总统叶利钦说：“他是使伟大而古老的国家发生历史性变化的改革宣告者和设计师。”作为一个为中国的社会主义建设作出了巨大贡献的杰出的政治家，邓小平的名字将永垂青史。

【深度思考】

1. 一代伟人邓小平长达70多年波澜壮阔的革命生涯给了你怎样的启迪？

2. 20多年来，我们取得的每一个进步都和邓小平这个名字密不可分，他是我国改革开放和现代化建设的总设计师。你如何评价邓小平同志的历史功绩？

第二章　马克思主义中国化理论成果的精髓

【导言】

本章要求深刻了解和把握马克思主义中国化理论成果的精髓，了解马克思主义中国化理论成果的精髓同中国共产党思想路线的一致性，认识实事求是思想路线的历史发展和曲折过程，以及其在中国革命和改革建设中产生的巨大作用，在新时期努力做到解放思想、实事求是、与时俱进、求真务实，在实践中把握运用好这一精髓。

对实事求是的认识我们通常可以从三个意义层面上来讲：一是对于我们党来说，它是我们党的思想路线和马克思主义中国化理论成果的精髓；二是对于具体的领导干部和党员来说，它是我们党基本的领导方法和工作方法；三是对于我们生活中每个普通人来说，它是一种科学的认识论，一种朴素的世界观和方法论，是我们做人做事的基本态度、基本方法和基本精神。

【阅读材料一】

学者解读《朱镕基讲话实录》

一、关于政府机构改革

朱镕基：我们一定要奋发图强，励精图治，把我们的政府建设成一个廉洁的、高效的、廉价的政府。马克思在《法兰西内战》中讲过“廉价政府”这个词，实际上就是指一个精简的、成本很低的、不浪费人民血汗的政府。我们一定要以身作则，使我们的政府变成这样一个政府，否则我们完不成这个任务。现在这样下去，是搞不好的。对于我们每个人，首先是我，同志们，你们后面也都跟着几十万人、几百万人，都要以身作则，作表率。只要国务院这个领导班子，包括我们在座的诸位，能够以身作则的话，就可以转变现在的不良社会风气。

在过去几年里，我每晚是一定要看《焦点访谈》的，我觉得我作为总理，如果不去关心人民的疾苦，我当什么总理?！我看完后必定打电话，不是打给部长就是打给书记。尽管我知道打电话只是针对几个农民或者几个百姓的问题，但是，如果我能为这几个农民、几个老百姓申冤，能够解决问题，那么，我会觉得好受一些。大事办不了，办了一点小事也好。（1998 年 3 月 24 日，朱镕基在北京中南海主持召开国务院第一次全体会议上的讲话片段）

华中科技大学政治学梁木生教授：表面上看，朱总理碰到的一些问题到了后来也还存在，某些问题可能还更加严重了，但实际上这并非是最高领导者的问题，即便前后调换一下，所面临的情况还是这样。也就是说，有些问题变得更加严峻，这跟当时的经济环境、社会环境的变化有关，并不是个人能力的差异。

有些问题是十年前解决了一些，近十年又解决了一些，但还是有一些没有解决好的。比如，机构改革，几次精简机构都有反弹，有一类反弹确实有现实的需要，比如，增加了更多政府职能，得配套相关的机构，还有一类反弹就属于人浮于事。这个问题现在还需要解决。

再比如，当时用抓大放小的办法，解决了一部分国企效率的问题，但是，国企垄断的问题就没有解决好，现在的重点就应该是解决垄断问题。早期可能更多的是提出了一些具体措施，解决了一些具体问题，但近期则需要在体制上进行改革。

朱总理强调官员应该多到基层去，了解真实情况，他带头这么做了，这很了不起。但是，这不应该仅仅是个人的工作作风，还应该让官员明了到基层去的根源是什么。官员要讲亲民爱民，但这种情结不能只是建立在清官好官的概念上。实际上，我们讲社会主义政治文明，也讲社会主义民主，这就意味着人民是权力的来源，去接近基层，去倾听群众的呼声，这不只是工作作风的问题，而且还涉及民主制度的落实。

二、关于国企改革

朱镕基：昨天，我会见美国前总统布什，他现在在做生意。他问我，中国的国有企业私有化政策有没有改变？我对他说，我们说的是股份制，没有说过要搞私有化，我们同他的理解不一样。

俄罗斯搞私有化的严重性现在看得很清楚，他们把企业卖给原来的厂长、部长，实际上是工业寡头、金融寡头在控制经济……搞好国有企业，不是靠搞私有化，而是要停止工业重复建设。本届政府批了几千亿元的投资项目，都是搞基础设施建设。银行不能帮地方政府搞重复建设，搞重复建设就是让工人下岗。这个工厂开工之日，就是那个工厂关门之时。

广州一个小乙烯工程花了80亿元，别的地方只要40多亿元。实际上是中间环节中饱私囊，肥了开发商，肥了中间商。工厂若投产，就亏损；不投产，一年还利息也要七八个亿。这不是什么政绩，是个烂摊子！银行不能助纣为虐……现在出现一种错误思想，卖企业已经成风，美其名曰“抓大放小”。(1998年10月20日，朱镕基为全国总工会第十三次全国代表大会做经济形势报告中的片段)

上海交通大学中国金融研究院副院长费方域教授：朱镕基进行国有企业改革的大背景是国家经济各个方面都在逐步和市场接轨，国有企业也必须完成结构的调整，顺应这一大的趋势。在那种情形下，朱镕基的各项国有企业改革制度实际上是从微观技术层面解决了国企如何与市场接轨的问题。

我们现在的企业改革，应当坚持大方向不变。朱镕基提出的一系列改革方向是正确的，但国有企业原有体系存在太多问题，比如说，我们现在的环境还存在着资源分配不合理的情况，国有企业占有大部分的资源，国家的各种补贴和优惠都朝向国有企业，劳动力市场不够开放，国有企业内部行政干预太多，计划经济时代延续下来的规章制度依然没有改革。对于民营企业来说，很多条件都不利于发展，比如说融资，民营企业融资非常困难，这样就不能进行扩张，又怎么能够做大做强？要想彻底改革，必须彻底改变企业内计划经济时代延续下来的一些规章制度。一旦改革，彻底推向市场，公平参与竞争是未来的必然趋势，现在国有企业应该好好考虑自己的未来定位。民营企业应该抓住机会，为新的发展做好准备。

三、关于社会保障

朱镕基：从1997年以来，我们在建立、完善社会保障体系和实施再就业工程方面做了大量深入细致的工作，出了不少政策，中央财政为此花了很多钱，这些钱都是从中央财政预算里拿的。中西部地区都要靠中央补助。特别是再就业服务中心的建立，中央财政拿

60%，地方财政拿10%到20%，基本上都是财政拿的钱，还有一部分是从社会保障基金中的失业保险里拿的。没有这个，社会怎么稳定？人心哪能有现在这样安定？这是一点也不能放松的，特别是去年我们出台的新的再就业政策，一定要继续把它贯彻到底。绝不能忽视这一点，如果忽视这一点就会到处出事，那还怎么搞建设？（2003年1月27日，朱镕基主持召开国务院第九次全体会议上的讲话片段）

上海交通大学高级金融学院副院长朱宁教授：社会保障的问题越来越大，这与历史欠账有关系，新中国成立之后就没有建立很好的社会保障体系。另外，社会保障也不是中国一国经济体制改革所面临的问题，而是今后二三十年里，美国、欧洲都得面对的，人口老龄化，以及国际的经济市场变得越来越动荡，都会加剧这个问题。国内为什么GDP增长挺快但消费不行？一定程度上，大家有一种预防性的心理，担心退休后的生活以及医疗没有保障。朱镕基看待这一点，可能主要是从保障民生、维持社会稳定的角度出发，但现在我们要看到的是，如何转换经济模式，提供一个可靠的安全网。这是个财富问题，同时也是一个经济增长模式问题。

四、关于住房制度改革的问题

朱镕基：从全国来说，经济适用住房建设将是今后长期带动国民经济发展的最重要的消费热点。大力推进住房商品化、发展经济适用住房建设，是振兴整个经济的一个重要途径和必然选择……经过3年多来的深化改革和对宏观调控的加强与改善，我国经济呈现良好发展态势，国民经济保持较高发展速度，通货膨胀得到有效抑制。要充分利用这一有效时机，加快住房制度改革步伐，加大住房建设的规模，适应人民群众购买力的提高和住房需求的增长，大力建造低价的经济适用住房，推进住房商品化。这样做一方面可以大大缓解城镇居民住房的严重困难；另一方面，可为国民经济的进一步发展提供广阔市场。

我讲的是住房，主要是和公积金结合的有一定资金渠道建设的经济适用住房，而不是高级住宅和写字楼……

但是，要提醒一句，千万别借这个名义来复活房地产热。1993年经济过热，热在什么地方？首先就是热在房地产。那次房地产热的主要建设内容是高级写字楼和豪华别墅。由于过高地估计市场需求，至今还有大量建成和未建成的房屋积压待售，起码有几千亿的资金压在房地产上，造成国民经济的重大损失。所以，各地区、各部门要十分警惕，千万不要让过去的房地产热在加快住房建设的名义下复活。

现在不是去建写字楼，建高级商品房，更不是建设别墅，要建经济适用住房，适应大家的需求。(1997 年 1 月 24 日，国务院住房制度改革领导小组在成都召开全国住房制度改革工作会议，此为朱镕基在此次会议上的讲话片段)

中国房地产及住宅研究会副会长顾云昌：当时朱镕基总理亲自领导起草，并提出将住宅建设作为新的经济增长点。根据当时的改革思路，提出了“四个轮子”启动房改，即货币化分配、供应体系改革（对不同收入家庭采取不同供应政策）、建立二手房交易市场，以及房地产金融体系。

其中，针对不同家庭采取不同住房体系，廉租房是面向家庭贫困人群，经济适用房面向中低收入人群，商品房面向收入较高人群。

把经济适用房作为建设主体，主要是因为在我国中低收入群体仍然是社会的主体。可以说，推进住房商品化在当时的情况下对中国经济的迅速复苏发挥了很大的作用。

但后来，经济适用房越建越少，这既有体制问题也有现实问题。从体制上看，因为经济适用房的建设用地需要地方政府划拨，而非公开出售，因此，在建设上面没有足够的动力。另外，在经济适用房的分配体制上，因为分配不透明，甚至出现了外界关注的开着宝马、奔驰却住经济适用房的现象。

因此，后来，将经济适用房改为面向贫困人群的政策调整，使得建房数量减少。但现实是，政策调整后，广大中等收入人群住房问题更加突出，因此，现在政府提出重点发展包括两限房、经济适用房、廉租房在内的住房保障体系。可以说，目前的政策是对过去的落实与完善。

房地产是一个比较容易出问题的行业，美国的次贷危机、邻国日本的经济泡沫等一系列经济危机，都是由房地产泡沫所导致的。

五、关于加快住房制度改革

朱镕基：现在大家为什么只存钱不消费？说到底就是对改革的预期不乐观，总觉得出台的改革措施，都是要自己花钱，比如，孩子教育费用、房租、各种生活服务设施收费的提高，都要增加个人支出，所以，要先把钱存起来。我们现在就要开始关注这个问题，不能让大家认为改革就是让大家多出钱，否则他们将越来越不敢消费了。

另外，在目前房价很高的情况下，买房子靠工资是绝对不够的。所以，还要把原来搞实物分配时投资住房的钱拿出来补贴给个人，这样，财政开支没有增加，只是转换了一个形式。

我刚才讲北京市的情况，大概在三环路以外适中的地区，按房价每平方米 4 000 元估算，一个中等工龄的人，七折八扣，每平方米补贴 1 300 元，如果是双职工就可以补足

2 600元，剩下的1 400 元由他们自己出。（1999 年6 月22 日，朱镕基在浙江主持召开住房制度改革座谈会时的讲话片段）

国家行政学院教授竹立家：改革的思路是很好的，但是，最终要看如何执行下去？在执行过程中面对问题如何解决？

2010 年中国成为世界第二大经济体，从 1998 年开始，我们经济总量翻了两番多，财政收入从 1 万亿元左右一路到了 2010 年的 8. 3 万亿元。但有一个问题，就是职工的工资增长和 GDP 增长之间的差距很大，比如，广东省工会 2009 年的报告显示，广东职工 63% 左右认为工资多年没有增长或增长非常少。中国社科院的报告显示，中国 81. 8% 的人口工资水平在当地的平均工资水平线以下。这反映出的是贫富差距的拉大。

结合到住房方面，这么多年了，我们的安居工程是不成功的。关键在于落实。

朱镕基总理是一个期望改革的人。虽然并不是所有问题都得到有效解决，但是，他确实是在现实中去努力推进和落实的。不论是取消福利分房、税收制度改革还是国有企业改革，当时的难度同样非常大，但他确实将这些改革落实下去了。

【资料来源】

——田享华，孙书博，徐燕燕，陈益刊：《第一财经日报》，2011 年9 月13 日

【评述】

实事求是是我们党的思想路线和马克思主义中国化理论成果的精髓，对于具体的领导干部和党员来说，它是我们党基本的领导方法和工作方法。朱镕基总理的讲话实录和学者们的点评很好地说明了这一点。

【深度思考】

1. 为什么现在在广大老百姓中会流行“朱镕基情结”？

2. 通过朱镕基总理的讲话实录和学者们的点评，你对现在的政府机构改革、社会保障、住房制度改革有什么看法？

【阅读材料二】

专访华西村村长吴仁宝：实事求是最难

一、“天下第一村”大家长

从328米高楼，到金牛、“万米长城”、“小天安门”，华西村和吴仁宝渐成一景。对上，吴仁宝保持着高度政治敏感；对下，他是大家长，不断带给村民超前享受。最后，吴仁宝和他的家族，成为这个村的最高统治者。

11月10日，华西村形象宣传片结束了在美国纽约时报广场为期两个月的亮相。两个月来，每天50次的播放频率，刺激着世界各地到此的行人，传递着华西村跨出国门的雄心。

这期间，华西村建村50周年庆典办得轰轰烈烈。投资30亿建成的328米高楼比肩北京最高楼；楼内置一头重1吨、价值3亿人民币的金牛，加上各种装饰，整幢楼价值近50亿；而村后龙砂山上的“万米长城”、“小天安门”和“美国白宫”，是来华西村游览和学习的国人眼中的神奇景观……随着“大华西”并村，它的面积从0.96平方千米扩张到35平方千米，“天下第一村”即将彻底改写它的身份，它将不再是一个村，它的目标是成为“华西新市”。

吴仁宝治下的华西村一直以来饱受争议。他被认为是这个“独立王国”的“国君”。各种具有象征意味的建筑与行为，是吴仁宝及华西村在经济建设成功之后的一种资本转化，如同富人的成功总要通过慈善和捐款来转化一样，他需要这种表征：把经济地位转化为另外一种地位。

对于只读过几年私塾，却执掌一个村级政权四五十年的吴仁宝来说，他从没想过自己会有这样的成就。

自1961年建村以来，这个面积不足1平方千米、1 600多村民连吃饱饭都困难的村庄，蜕变为2010年销售收入512亿元、人均纯收入8.5万元的超级企业集团，村民都变身为股份持有者。

严格说来，华西并不是完全的社会主义，因为它有严苛的村规民约；它与纯市场经济的股份制也不同，村民的股份无法抽回，如果离开，一切浮华转瞬成空。因此，华西村注定是一个无法复制的成功。

在这个典型的背后，鲜为人知的是，华西村已经成为吴仁宝家族控制的企业。有研究者统计后指出，吴仁宝4个儿子支配的可用资金（可用资金被定义为扣除所得税后的净利润）占华西村资金总量的90.7%。（《北京青年报》2003年7月17日）

从党内职务来看，华西村党委的50多人中，“以吴家为核心的圈子达到36人，占党委总人数的72%”（《21世纪经济报道》2003年7月16日）。有学者整理了42年来华西历任村干部的名单，一个不变的事实是，华西村最高掌权者始终是吴仁宝。

吴仁宝曾经说：“如果我吴仁宝搞个体，华西这些财富就是我一家的了。”

但是，华西并没有走上这条路，他们现在还在坚持集体主义道路。本刊记者曾和吴仁宝及其儿子辈、孙子辈的人交流，感受到他们思想活跃、眼界开阔，与很多现代市民不同的是，他们头脑里集体不散的意识非常强烈。

学者指出，吴仁宝之所以能在华西屹立50年不倒，关键在于“两头保持一致”：对底下，一定满足他们（的需求），不断地满足他们，总是比外面超前；对上面，他有着高度的政治敏感，永远走在时代前列。

吴仁宝在学大寨时期办工厂，在“苏南模式”乡镇企业初兴之时开始走集体股份制，在乡镇企业式微之际搭起海运、航空、金融、旅游的转型平台；政治上则从政治挂帅的年代，集体主义的“主体思想”勇立潮头，一路先进“典型”……

但是，集体的不朽如同南街村的“永动机”一样，令人生疑。84岁的吴仁宝说，村民希望他活到1 000岁，但这只是一个美好的愿望。随着“一分五统”政策下的并村扩张，“拆迁”矛盾在这个“集体王国”中也日益凸显。

如学者所言，华西村和吴仁宝迎来了“后集体主义时代”的各种挑战。家族掌控的集体能否不朽？吴仁宝作为华西村的精神和物质领袖能否不朽？他的后来者能否顺当地安排吴仁宝留下来的政治、经济乃至道德遗产？这一传奇还能持续多久？

只有时间才能给出关于这些问题的答案。

二、吴仁宝的“管理”学

2011年10月8—15日，华西村举行了建村50周年庆典。来自50多个国家175家新闻媒体的500余名记者像报道一场大型国际盛典一样赶赴现场。江苏省电网主动与华西村联系，专门下了长达8天的华西村村庆保电任务。

全国人大常委会副委员长热地，全国人大财经委副主任委员梁保华，江苏省领导石泰峰、黄莉新、张艳，国家新闻出版总署副署长李东东等近百名中央和省部领导出席纪念大会开幕式。央视主持人朱军、朱迅、水均益等一一亮相。

村庆过去20天后，吴仁宝拖着一个黑色拉杆箱，在没有人搀扶的情况下，走进华西村大金塔二楼餐厅。他的步履略带蹒跚，但步步自信。他先在儿孙面前交代一番，然后拉着曾孙子的手上台，台下围坐着二三十桌乡邻朋友，每桌摆着一个生日蛋糕。

吴仁宝清清嗓子，像课堂上的老师对小学生一样，向下面端坐的人群喊道："安静，大家不要讲话了！"往日开会般的领导讲话开始了。背景板上写着"辛卯十月初六"，这一天，是吴仁宝84岁生日。

三、特殊"景点"

华西村的中心位置是幸福园。

园内林立的塑像，将古今中外的"典型"圈到了一起，像极了一场各路神仙的"神仙会"。塑像大多偏矮，唯一高大的是邓小平、周恩来、毛泽东、朱德、刘少奇五人，一字排开，坐北朝南。

"天下第一钟"区域，一侧是女娲、夸父、屈原这些源远流长的古代身影，另一侧则是董存瑞、黄继光、刘胡兰疾恶如仇的青春脸庞；马路边一侧是如来佛祖，另一侧则是耶稣和玛利亚。

《三国演义》中"桃园结义"的场景被塑成像，立在华西村民族宫的门口，只是刘备稳坐桃树下，关羽、张飞则坐到了树上。

"华西村的天是共产党的天，华西村的地是社会主义的地……"由吴仁宝亲自编写的《要看稀奇到华西》和《华西村村歌》每天12小时在中心村区域播放。

在通往华西村背后的龙砂山路上，村民赵望高创作的《西游记》"八十一难"图被雕刻在山崖上，用以象征华西村建设的艰难。早年建起的悉尼歌剧院，墙体已经斑驳，看起来如同烂尾楼；"美国国会大厦"的"美"字也已脱落……

此外，还有华西的新地标——328米高的"华西增地空中新农村大楼"。328米，是要和北京最高楼同高，至于为何命名为拗口的"华西增地空中新农村大楼"，吴仁宝的用意在于"三增"：增地，并村之前的小华西可用土地只有800亩，现在仅大楼就可"借天增地"300多亩；增值，大楼到最后落成的总投资是30多亿，而按照如今的市值至少要50亿；增效，大楼不仅可安排3 000多个就业岗位，而且将为华西创造更多的经济效益和社会效益。但这个名字实在太拗口，最后，华西村将其改为"龙希国际大酒店"，取"龙的希望"之意。

现在，随着华西村的声名远播，村里年接待游客量超过200万人。村里特意在去年购买了两架直升机，开通“空中看华西”项目，花1 000元可在华西村上空飞一圈。但是，很多游客看到的却是“不土不洋”的景观。“怪怪的”，是很多人的第一观感。

当然，游客中，很多人是冲着吴仁宝而来。

吴仁宝的演讲是“免费”的。没有讲稿，他的孙媳妇、华西村党委副书记周丽坐在一旁，将他的外人难以听懂的江阴方言翻译成普通话，一句男声方言，一句女声国语，形式颇像苏州评弹。

与台上诙谐、激昂又细致入微的语言相伴的，是台下村民专注的目光。吴仁宝曾自豪地对原中共中央总书记江泽民说：“吴仁宝10分钟之内能够迅速召集起全体村民大会。”

这一点毫不夸张。与外来游客看热闹的心态不同，经过50年风雨考验，华西村民对于吴仁宝，多是发自内心的钦佩与依赖。

一些略带神话色彩的说法是：老书记不在家，村里就出事；老书记召集开会，从来不下雨；我们外出办事，一提华西，外面人就提老书记的名字，事情马上办得顺利多了；我们华西村要上市发行股票，老书记给李鹏总理写了封信，就批准了……

作为吴仁宝的贴身翻译，1981年出生的孙媳妇周丽是村党委班子中的年青一代。她对于吴仁宝的魅力与权威有着比一般村民更为深入的理解，比如，在嫁入华西村之前，她在周边村长大，“自己的家乡和华西差距很大，经常来华西春游”。

到新西兰读国际贸易归来，周丽回到华西村。“要讲到家乡，我一般都说江阴的，江阴哪个村的，肯定没有人知道。后来我就跟人说，我家是华西村南面的。这样，大家就都知道了。”

嫁入吴家后，周丽愈发觉得“老书记是个伟大的人”：“因为我这么多年来跟在老书记身边，觉得他从来都不考虑自己的事情，24小时，只要清醒着，他都在考虑华西如何发展，都是在考虑公事。确实是大公无私的一个人。所以，很伟大。”

今年吴仁宝在演讲的间隙，因为眼睛不好而摔倒，导致行动有所不便。但是，在周丽印象中，2008年那一次摔跤更加严重，那次摔跤直接使其卧床不起。“坐都坐不动了，眼睛都抬不动了，但是，他想到什么事情还是要立即召开小型会议。”

今年这次摔伤后，吴仁宝把自己的休息室搬到了村党委会议室隔壁，接通了一个麦克风。“我们在这边说话，他那边也能听到，他跟我们说话，我们也能听到，像是远程会议一样。”这样一个象征着吴仁宝权力不倒的场面，令周丽无限感动。

另一个值得提起的细节是，吴仁宝的四儿子吴协恩在接受中央媒体采访时被问到：“你父亲如此权威，你能在以后对华西村的管理中胜过他吗？”吴协恩坦承：“我们兄弟4

个加起来，也比不了我父亲。”

四、“典型”的路径

“今天星期六是工作日，不是休息日。”吴仁宝在其生日宴上的第一句话就重申了华西村的村规：没有周末。

“最近华西喜事连连。50 周年村庆国内外报道都很好。华西村获得了两个批示，一是胡锦涛总书记的批示：（要把）我（吴仁宝）的讲话要传达到国内外。（再就是）华西的文化建设获得中央政治局委员刘云山同志批示，今天三大新闻单位报道了。”

吴仁宝浓重的江阴方言，回响在这座当年华西村的标志性建筑——华西金塔内，塔内设有以建村“功臣”名字命名的各种大厅，但是，除了“毛妹厅”之外，其他几个厅基本都是为吴的家族所有。

无可否认，华西的一切，和“总设计师”吴仁宝密不可分，但显然，3 年的私塾教育，并不足以将他推到今天的位置。吴仁宝说真正教育他的是实践：“50 年代听，60 年代顶，70 年代拼。”

14 岁前，长工吴仁宝“白天放牛喂猪，早晚照顾地主家瘫痪在床的儿子。一年下来，可以赚到 40 斤米。”1949 年 4 月，江阴全境解放，21 岁的贫农吴仁宝第一次分到了 2.4 亩地。紧随而至的朝鲜战争，让这位一腔热血的青年决定从军报国，却因为“严重的关节炎”落选，一时报国无门。

此后，吴仁宝几乎事事先进，捐粮给朝鲜战争前线，他跑在前；在互助合作中，帮工换工跑在前……很快，他被驻村工作组注意到，被任命为江阴县瓠岱乡（华西村前称）第三村村长、民兵中队长，后任乡财粮委员兼会计。

在浮夸风盛行的年代，吴仁宝被选举为华西村（时为瓠岱乡二十三社）党支部书记。一上任就遇上“大跃进”。“在一次报产量放卫星会议上，第一个发言的支部书记报亩产 2 000斤，第二个 3 000 斤……最后数字竟上到了 1 万斤。”

“1 万斤是不低了，可还是跟不上跃进形势，比不过其他公社。吴仁宝同志，你们大队亩产多少，你们的稻子长势比其他大队的好，能突破万斤大关吧?”怀着当“种田神仙”梦的吴仁宝简直无法相信自己的耳朵，但是几十双眼睛齐刷刷看着他，他猛抽口烟：“3 700 斤。”答案随着烟雾飘然吐出。“会场顿时骚动，但大多数人却暗自庆幸吴仁宝犯傻，垫了自己的底。”

“仁宝同志，你太保守，产量高低是政治问题，也是党性问题，你再考虑考虑。”

吴仁宝要求公社收割时，到队里监收监打，“多收 1 斤我们宁愿挨饿，也多卖给国家

10 斤，少收 1 斤，你们补给我 1 斤就行啦。”吴仁宝最终以此解了围。

这一段历史，被吴仁宝在以后的日子里反复提起，最终形成了他的著名论断“千难万难，实事求是最难”。

现在，华西村幸福园内，有一处“龙珠之地”。传说神龙天降，在此地戏水丢失了龙珠，生气之下便用龙尾将华西之地拍得高低不平，难以耕种，民不聊生。传说推演至现实，大致为 1960 年华西遭遇罕见的自然灾害，亩产锐减。每年 18 斤的口粮使得村民开始抱怨吴仁宝将余粮卖给了国家。

吴自是迷惘：“对党的话我时时听，事事听，结局却是如此？这难道就是我们要建设的社会主义新农村?”

为了缩减规模以便管理，吴仁宝多次提出分拆管理，但未得允许。1961 年 10 月，吴仁宝乘公社党委主要负责人外出，将公社拆分，华西村由此而来，这一日则被定为华西村的建村之日。

当时，“华西大队下辖 10 个生产小队，人口 667 人，土地面积 845 亩，粮食亩产 681 斤，集体积累 1 764 元，人均分配 53 元，欠债 1.5 万元，有 12 个自然村落”，这就是华西村的肇始，也是吴仁宝的起跑线。

分拆后的华西村做的第一件事就是平整土地，吴仁宝满脑子的“社会主义新农村”。直至 1964 年学大寨风潮起，吴仁宝看到了“新农村”的目标。在淳朴的干劲和政治风潮的引领下，吴仁宝带领村民将分散的村落集中，将弯曲的河道拉直，将高低的田地铺平。

在随后的一年里，水稻亩产 1 050 斤，人均收入增加了 40 元。华西村很快成为江阴的 5 个样板村之一。这样的“典型”第一次为华西村带来了“独立王国”的称号。而一向以实事求是自居的吴仁宝，此时是惯于“顶”的年纪。

“仁宝同志，你这里废塘废墩多，适宜植树造林。”“树是要栽的，但只能在河渠旁。”

“仁宝同志，每亩地要施土杂肥 400 担，你们样板大队要带好头。”“我不能干，也不能让别的大队干这种累死人不见效的蠢事。”

……

一而再地“不听话”，最终使“吹牛大队”的称号取代了华西的“样板大队”之誉。吴仁宝在接踵而至的“文革”大潮中，被“造反派”推上批斗的台面。1967 年，“造反派”分化，吴仁宝得以脱身到大寨学习，再一次被大寨打动。回到华西后，他建电站、修水渠……轰轰烈烈的造村运动再次开始。1968 年起，《新华日报》、《人民日报》等相继走进华西，吴仁宝就此带着华西村踏上“典型”之路。

五、"典型"的便利

华西金塔下，有两座桥，分别为山寨版的"南京长江大桥"和"武汉长江大桥"。经过一片熊猫、牛等动物的石像，踏上"南京长江大桥"可以到达华西村的"动物园"。今天看来，这个"动物园"更像是养殖场。看园子的工人是连云港人，在华西已有五六年，他负责喂养"动物园"内的鸡鸭鹅，在金塔的宾馆需要的时候，为他们宰杀。

"动物园"内还有 3 只猴子。金塔工作人员称，起先有 4 只，前年饲养员给猴子喂食的时候，其中一只猴子挣脱了锁链，将饲养员的腿咬掉一整块肉，"畏罪潜逃"。华西村直接通知江阴市公安局，将这只在逃的猴子击毙。

"因为华西村是特殊的地方，所以，一只猴子跑了，连江阴市公安局都出动了。"事实上，走出华西村，国人眼中的华西和吴仁宝都是"典型"。正是这样的地位，为华西村换来特殊待遇。

这一点，20 世纪 90 年代末期离开华西村创业的老村长朱兴度感受深切："华西村集体的品牌相当管用。"他说，从华西出来，当个体老板，自由度和个人收益无疑是大了许多。但是，工作压力很大，最头痛的事情是经常要与工商、税收、环保等地方政府部门打交道。他们总时不时上门找茬，但从不惹华西，与其关系相当密切。

20 世纪六七十年代，吴仁宝初尝典型之味，在"顶"的年月里悟出"明顶"和"暗顶"之别。"于是一边争当学大寨的典型，一边在暗中办起了小五金厂。""实践是检验真理的唯一标准"的提出者胡福明总结道："因此也赚了不少钱，首先富了起来。"

多年以后，华西村 80 多家企业遍及各地，而这一处最初被用作小五金厂厂房的 4 间小平房被保留在了"龙珠之地"旁边，门是开着的，屋子是空着的，屋顶爬出的绿色植物再一次获得生长。

1982 年底，胡福明第一次见到吴仁宝。此时的华西村已经盖了不少新房子，"有条很长的走廊，蓬蓬勃勃的，很兴旺。我也赞成乡镇企业。当时的无锡是全国乡镇企业的发源地，我们谈论起来一见如故"。吴仁宝告诉胡福明："老百姓现在都有饭吃，有钱赚。有人说我们向钱看，我们是勤劳致富，三中全会不是号召我们要勤劳致富吗?"吴仁宝的自信给胡福明留下深刻的记忆。

此后，胡福明每隔一两个月便会来一次华西。

"有一次，他问我：全国都在搞家庭联产承包责任制，我想从实际出发，劳动力都在工业上，老农民去专门搞农业，分配也是统一分配。种田的和进工厂的一样，工厂加大了对农业的投资。"此时村里种地的人已寥寥，只有少数几人在操持农业，大多数人都暗中转投了村里的工业。“这个时候分地，都没什么人愿意去种田了。”

“开了很多次会，在这个问题上基本没有人反对他。”吴仁宝的表弟朱善达表示，即便当时他同意分田到户，“我们当着面也不敢说什么，心里应该是反对的”。“宜统则统，宜分则分”这一个政策如今每一天都会出现在吴仁宝对游客的演讲中，以证明他当时没有分田的科学。

1992 年邓小平南方谈话后，吴仁宝认定将有经济上的开放和起飞，于是，第二天就向无锡市市委申请了 1 000 万元贷款。长子吴协东曾经向媒体公布的数据是：“村里当时购进的铝锭 6 000 多元/吨，3 个月后就涨到了 1.8 万多元/吨。”

这 1 000 万元的贷款，在那样的年代，普通企业难以想象。华西村这一年上马的贷款 6 000多万元的线材厂，从上海钢铁二厂（国有企业）得到了一批廉价的设备和原料，这是华西集体工业大发展的标志。

1998 年华西村计划上市。该计划由吴协恩力推，但是，吴仁宝并不支持。“他觉得这是在骗人。”吴协恩在上市问题上也多次与父亲产生矛盾。

于是，村党委开会表决，结果只有吴仁宝一票反对，“最后他只能少数服从多数”。计划通过后，上市的进程并不顺利。村民中流传着“老书记直接写信给时任国务院总理的李鹏提出华西村上市”的说法。

当时的“铁姑娘”赵毛妹，是负责四处疏通关系的人。“我们去北京找了当时国务院办公厅副秘书长周正庆，当时的周是证券委的一把手……后来周正庆在他的工作会议上讲到华西的毛妹，又不打扮，又不涂口红，还表示了赞赏。”

这其中，又是托了苏州人范敬宜牵线搭桥。“当时范在《人民日报》，写华西的人很多，我经常去，所以认识。”赵毛妹说。

1999 年，华西村股份有限公司在深圳证券交易所正式挂牌上市交易，吸收社会成员参股，成为中国第一家村级上市公司。

成为全国知名典型的好处当然不止于此。

多年前，华西村的宝昌化纤厂以一个村的名义，突破烟草专卖的政策壁垒，申请到华西烟的品牌，此后，该公司长期成为华西村众多企业中效益最好的；2002 年，华西村投入 15 亿元，在河北唐山合作兴建年产 120 万吨的“北钢”，得到了江苏省原省长、后任河北省省长季允石的帮助……

华西村的 50 周年村庆，就是由于十七届六中全会刚刚召开，吴仁宝再一次以灵敏的政治嗅觉，率先搭起了华西村文化建设的高台——新华社、新闻联播等中央和地方媒体纷至沓来。记者们坦言，此次采访有高层批示。

就这样，84岁的吴仁宝，每天除了为一拨拨游客演讲并与之合影外，一项重要的工作是接受各路记者的采访。对此，吴协恩在接受媒体采访时的解释是："当一个村庄的名字和一个民族、一个国家紧密相连的时候，它所承载的，已不单纯是个体命运的沉浮，而是整个时代的生动缩影。"

六、挑战者

2011年10月18日，华西村村庆、高楼和金牛揭幕后的第10天，距离华西村实施"一分五统"的并村制度已有10年，《江阴日报》发表吴仁宝的署名文章《"独立王国"与"华西爱国"——我对〈民生中国，还是独立王国〉的一点看法》。

很多人读到这篇文章或许一时摸不着头脑，而事情的真正起因是："在华西村庆期间，被华西村合并的五村有位叫戴进兴的村民，准备了10万份题为'民生中国，还是独立王国'的小册子，在社会上散发，还准备了4条大型横幅标语和200个牌牌，要在华西50周年开幕期间进行游行。意在抨击我吴仁宝和影响华西村50周年村庆活动。"

"一分五统"的"大华西"将华西村周边20个村合并进来，重新整合为华西一至十三村。2010年，在华西三村的村道上，曾经因拆迁上演了大规模的村民堵路一幕。

这位叫戴进兴的60岁老人，在散发小册子之后的第二日，就被当地公安部门行政拘留。"没有拘留证，只有拘留释放证。"戴的儿子在父亲被拘留10天释放后，将其送到北京朋友家居住。

这本名为"民生中国，还是独立王国"的小册子，列举了"华西村近十年来干了些什么"，薄薄14页列举了华西村7条"损害周边村民利益"的事项，小册子的署名为"农民普法宣传维权协会"。

在这个小册子中，"非法侵占周边13个村2万数千亩土地"、"利用拆迁大榨村民血汗钱"两条，是涉及华西村实行10年之久的"大华西"并村战略的。

对此，华西村党委工作人员反复向记者强调："并村实行的是自愿政策，想要并进来的村必须村民100%签名同意，才能并入大华西。"

但中心村以外的华西一至十三村的多位村民并不认同这个说法。他们表示："关于并村的合同和文件从未看见，更无从说签字。"

站在龙砂山上，能清楚地看到在一排排红色屋顶的别墅之间，很不合时宜地点缀着几处黑色瓦房，如一件新衣裳被打上了丑陋的补丁。

"那些都是不愿意拆迁的村民，老书记的政策是'等待'，老书记说，要等掉一代人才能解决问题。"村党委工作人员转述吴仁宝的观点。

在华西一村和二村的别墅区，村民告诉记者，“这样一套别墅的价格是52万，拆掉自家房子抵掉七八万，家中积蓄二三十万，然后再借十几二十万，换来这套别墅，还没有装修，再借点钱贴几片瓷砖，刷刷墙就可以住了”。

在华西三村和五村，这样举债住新房的村民并不鲜见。买不起别墅的，还有别的选择，华西村在华西商贸城后建了一片小区公寓楼。大华西村民在这里可以以1平方米700～1 500元不等的价钱买到100多平方米的公寓楼。无论是公寓楼还是别墅，非大华西村民可以目前楼市的市场价买下，当然还是没有个人产权的。

村民失去的田地以一年1 500元补偿，大华西村民还能获得每人每年300斤大米、两桶油的补偿。村民称，1 500元的土地补偿由华西村下发到各村村委，村委工作人员的收入从中支取之后，将剩余的分发给村民。

实行“一分五统”并村政策的过程中，华西村由原先0.96平方千米扩大到目前的35平方千米。人口则由原先的2 000名中心村民，扩展为2万多大华西人口，华西村合并了周边20个村，分编为华西一至十三村，加上35 000多在华西的外来务工人员，华西的人口与一个县级市的人口相当。

这似乎是吴仁宝所梦想的将华西变为“新市”的重要一步。但是，这一步对华西来说并不轻松。矛盾不仅来自中心村以外，还来自吴仁宝的亲属。

向阳村与华西村隔着一条泰清河。该村的党委书记是吴仁宝的外甥李国良。这位“流落村外”的外甥显然并不支持吴仁宝的“一分五统”政策。

不愿透露姓名的吴仁宝身边人透露，吴曾多次让李国良并入华西，而李国良的父母兄妹均已在华西生活，其弟李满良亦是华西村党委副书记。李国良回复吴仁宝：“娘舅，你年纪大了。”

“言下之意是娘舅你快要不话事了。”最终向阳村并未并入华西村。结果是，华西村在两村交界处建了一排外来工公寓楼，将两村间正常进出的通道堵上，留下一座小桥供打工人员进出。记者多次约访李国良，其均以“不方便”拒绝。

拒绝采访的还有在2000年左右从华西村党委副书记任上出走的瞿建民。“瞿建民当时年纪轻，有文化，临时要叫他去做工厂里的保安，他哪里受得了，他原来是当厂长的。”如今瞿建民在华西村的区域内办了一家印染厂。“千万的收益，做做小生意还算满足。”一直留在华西村的赵毛妹，回忆了最初村党委几位骨干的离去。

比瞿建民早出走几年的朱兴度，是脱离华西村的几个人中，办私营企业最为成功的。离开华西村的时候朱兴度是华西村的村长。“他是因为当时从包头进的钢坯质量不好，后来就降价了，产品出去不过关，最后亏损了2 000万，不能再担任这个厂长了。”

朱兴度当时在高频焊管厂，本应该是赚钱的。“按照华西村的‘村规民约’，他要离开就得把家里的房产什么的都交掉，他是拿了些衣服净身出户的。”朱兴度走后，吴仁宝开会还时常表扬他，说他这人能力不错，但不说想要他回来。

一位华西村的研究者写道：“不管其中原因为何，早退者、被罢免者绝非吴氏家族成员。是否因家族精英的排斥？虽不得而知，但他们发生在家族精英对村集体精英的取代过程中，似又不可不疑。”

七、“家华西”

华西村对其中心村的村民而言，是一个离不开的家，离开家，一切的财富将化为乌有。而这个“家”，吴仁宝无疑是最大的“家长”。

吴仁宝的家居华西中心地带，但看起来鲜有人知。“万米长廊”经过现华西村村委小楼，再经过一张波尔布特参观华西村时的展览照片，从紧要处旁逸斜出，通向一家餐厅碗柜间的后门。长廊的尽头有保安室，后门入口有值班室。

从碗柜间进入一个颇具20世纪70年代特色的院子，有直径7米开外的池塘，一座小拱桥立于其上。院内有些花草，在院子与长廊廊檐的结合处用铁丝网封闭。蓝色的斑驳墙体内部，便是媒体反复报道吴仁宝“作秀给干部看”的家。

屋内抬头45°角仰望的视野范围内，都是镜框装裱的照片。大多为集体照，从照片上几乎能窥见一个国家近50年的政治更迭。

妻子赵根娣坐在一楼西房内，几名妇女陪同。西边的房间据称是吴仁宝和赵根娣的卧室，房内像宾馆标准间一样摆放着两张床。小楼两层，就着逼仄阴暗的楼梯拾级而上，依然是空旷的房间，卫生间内的旧式浴缸保持着洁白。

穿过二楼西边一道暗门，50平方米左右的一间房令人豁然开朗。南面墙上是红底白字的横幅——“华西村、党、企干部学习室”。有20世纪六七十年代的破旧真皮沙发和家具，这里是吴仁宝经常半夜召集三套班子开会之地。屋内周边摆满社会各界赠送的藏品，门口的供位放的是当今总书记的塑像。吸烟室位置挂的书报袋内，插满了不同年代各界寄来的贺年卡，寄信人上到中央领导，下到平民百姓，也有其当年偶像陈永贵。

这是一处没有烟火味，只有政治味的住宅。屋内所有的家具都有恍如隔世的陈旧，吴仁宝将华西村再三包装，此处却连脱落的墙皮也依旧。

贫苦的出身在政治挂帅的年代为吴家平添了“先进”，农家的严苛也并未使其在日后的交往中失去礼数。父亲良善，“母亲管起家来厉害”：“家教很严，亲戚朋友来了，怎么吃饭，怎么服务，都很严格。如果你错了一点，她当时就看看你，等客人走了，就要打了，逃都逃不了”。吴仁宝对这样的棍棒教育表示感恩：“当时打了，我现在高兴。为什么？因为家教严格对我有好处。”

此后，吴仁宝家延续了这种严苛的家教。“5个孩子，个个被他打过。还没人敢去劝，弄不好连劝的人也要打。”老村长赵毛妹是目前村里和吴仁宝一同“开天辟地”的为数不多的几大元老之一。

有一年，吴仁宝和邻居吵架，“因为那人拌嘴说他母亲留给他的房子比留给他弟弟的房子好”，吴仁宝犟得要去打架，“当时还摔了一个碗，赵根娣要我去劝架，我没有拉住他反倒被他掀翻了”。

在吴仁宝孙女吴洁的印象中，家里的衣食住行都有规矩。赵毛妹称吴一向注重礼数，早年带着村里技术员到上海接待客人，客人还没到，技术员就要动筷子，吴仁宝夺下了技术员手中的筷子，并狠狠地批评了他。

1949年江阴解放前夕，母亲朱玉娥在弥留之际唤来21岁的吴仁宝，嘱其叫来唐家巷赵家之女赵根娣。原来，早在几年前两人就已按照当地习俗经人说合订下了亲事。赵根娣未及踏进吴家大门，朱玉娥便溘然离世。赵根娣便由此伴随了吴仁宝一生。

“我佩服我奶奶的一生！她默然无声，但一定是个了不起的女人，我对她的敬佩甚于爷爷。”吴仁宝最大的孙女吴洁拍着胸脯说。此时的吴洁已经是负责华西村教育的村党委副书记、华西实验学校党委书记。

吴洁的佩服不无道理。据赵毛妹称，在华西的创业时期，吴仁宝很少在家，“家里5个孩子都是赵根娣一个人带，家中条件又差，常常5个孩子一字排开趴在一张木条桌上吃饭，只有一盆酱油用来蘸着下饭”。

吴洁的丈夫孙云南是华西村早期不多的大学本科生之一，毕业于大连海运学院国际贸易专业，随后被吴仁宝送往日本早稻田大学留学3年，现任华西集团股份有限公司总经理。

毕业于江阴幼师的吴洁，最初以为考上幼师就可以脱离华西村，“当时考上中专就意味着可以有城市户口，脱离农村了”。吴洁从小讨厌干农活，但是，她最终被爷爷说服回村而放弃了自己的愿望。

幼师在读期间吴洁就有了心上人，“我知道当时我先生心里也有”，但她与丈夫的这段姻缘似乎是延续了吴仁宝自己的经验，那就是“将村里优秀的青年结合到了一起”。

现任华西村党委书记吴协恩的人生经历，被广泛流传为“老书记”爱民如子的典范。吴协恩11岁那年，华西村村民孙良庆12岁的儿子溺死河中。“孙良庆哭啊哭啊，老书记就去劝。劝到最后说：你别哭了，我把我的儿子给你。”赵毛妹对这段轶事记忆深刻：“阿四（吴协恩）是被他爸拖着去孙家的。孙家给他吃红蛋，用筷子夹开送到他嘴里，他吐掉；孙家包了压岁钱塞进他皱巴巴的中山装口袋，他就掏出来扔地上。”

“但是，老书记决定了的事，无人能改”，最终吴协恩仍然过继到了孙家。7 年后孙庆良去世，孙家母女要求吴协恩成为孙家女婿。而此时吴协恩亦心有所属，但吴仁宝几乎没有多与儿子商量，便允下了婚事，将吴协恩入赘给孙家。今日其子孙喜耀已经负责起了华西在昆山投资创办的科技园。

订婚后的吴协恩愤然离家参军，前来车站送行的只有姐姐吴凤英和嫂子，“因为家里是坚决反对的”。“我就是想试试，自己离开父亲能走多远。”吴协恩并没有走太远，也许是初次离家，他很快理解了父亲。“大概在当兵当了几个月以后，我终于理解了父亲，他是把华西人都作为家里人来看待，他的心比我大、比我宽。既然我想明白了，那就要全力地支持我父亲了。”

退伍后，吴协恩还是回了华西。2002 年，吴仁宝与吴协恩商量村委书记继任事宜。个性自我的吴协恩从之前的无声反抗转为向父亲放出狠话：“你要是让我做这个书记，我就脱离华西村！”

此后，吴仁宝再没有与吴协恩商讨此事。及至 2003 年开村党委会时，吴仁宝主动提出换任。吴协恩怕落到自己头上，急忙推荐了另一人。但是，显然吴仁宝并没有听从他的意见。在推荐吴协恩的同时，他还多说了几句：“我的看法，最好得票率能够集中一点，这可以体现每个党员的素质，是否讲党性，是否讲原则，是否讲良心。”

吴协恩心里清楚，父亲一定已经与几个哥哥、村党委主要人员都单独商议过此事了。事实上，早在 1976 年，吴仁宝大儿子吴协东就已成为了村支部副书记，后任村长。1983 年、1989 年他的二儿子吴协德、女婿缪洪达分别进入村党委班子，侄媳妇包丽君也开始主管会计业务。

“选阿四是选对了人的。”赵毛妹事后感叹。当时的吴协恩管理着华西村宝昌化纤公司，即华西村众多企业中最为特殊的烟草行业，“他的公司每年都是效益最好的。阿四做人沉稳，不像老大说话没有顾忌，乱来的”。据赵毛妹透露，20 世纪 80 年代吴仁宝落选党代表，是因为吴协东在老干部中的口碑不好，影响了父亲的选举。“一个县委书记，没有当选党代表，这在全国都是没有的事。”

吴协恩在接受新华社记者采访时坦言：“我在做书记之前对政治是不感兴趣的，我负责抓经济。有些理论还是做了书记之后才开始学的。”初继位的半年，吴协恩尤其不适应。“太多官话空话，我都不懂。我只知道低头做事。”

吴协平被称为是 4 个儿子中最为“调皮”的一个。他与严父的故事也广为流传。其在华西村宾馆负责期间，因为供销员用了劣质酱油，被父亲从总经理的位置贬到厨房洗碗。如此故事，都已成为吴仁宝在村中树立威信的基石。由于他的严苛，其多位子女都曾表露过：内心里希望做个普通人家的孩子。

有研究统计指出，“自1995年起，华西村党委班子构成中，吴仁宝的子女及家族共11人进入了村领导岗位”。从目前华西村的村党委成员可以看出，41名党委副书记中，以吴仁宝为核心的家族成员占据了20多人。而华西集团八大公司负责人中，除了杨永昌是外来人员，其余都是吴仁宝的嫡系近亲。

这些，或许从一个侧面表明，外人想进入吴仁宝的信任系统，并不容易。一个曾被研究者引用的例子是，有一次，吴仁宝去查看金塔的工程进度，当时镇土地所所长正和华西负责基建的队长聊公事，见吴仁宝过来，基建负责人抽身离开。吴的第一反应便是，几人正在背后谈论他。于是，他问土地所所长：“你觉得××（基建负责人）如何？”“他是你用的人，你应该比我更了解他，还用问我？”之后不久，那位基建负责人就被降职。

有学者认为，从村党委改选的结果看家族权力的产生，总不免像外人一样有改选是否真正合理、公正和民主的疑问。其实，深入其境，我们可清楚意识到：无论这个村的选举过程是否民主公正，结果都可能完全相同。

因为一方面在中国社会大环境中，家族成员作为村庄自治选举的必然结果已经被不少研究所证实。华西村不会例外。推举家族成员做集体的领头人，从经济学角度讲，存在一个最小风险的道理。在乡村熟人社会，人们一向排斥外人，不轻易相信外人，因为外人从来就被当作掠夺资源的侵略者；相反，人们对土生土长的自家人有一种天然的亲和与依赖，可以在共同利益意识中达成最低成本的社区整合。另一方面在华西村小环境内，普遍的报恩心态促成了村庄居民对族长式人物的绝对敬仰和顺从。“书记一家人都为村庄的富裕作奉献”这句话既是村庄老少皆有的口头禅，也是他们依从权威领导的心理价码。

八、实事求是最难

记者：外面崇拜您的人很多，每天到华西村来参观，听您讲座的人更是数以千计，您觉得自己的过人之处在哪里？

吴仁宝：我觉得我的性格可能和别人有不同之处。具体来说：第一，我喜欢无论什么事情都要以很快的速度去办，如果不办，我睡不着觉；第二，我办这个事情之前，会反复思考利弊关系，不脱离实事求是、依法办事。所以，几十年下来，我一直在坚持此种做法。但是，为什么要实事求是？比如，20世纪50年代的时候，有些政策和华西不符合，怎么办？开头我是往上顶，但后来我发现顶是不行的，因为领导来讲话你不能顶，不做没有关系，但顶不行，顶了哪怕做了，领导还是不满意的。所以，后来，我就学了个形式主义。形式主义有个好处：我是当面答应，谢谢领导关心，但如果这事不符合实际，我就不执行，该怎么做还是怎么做。这样形式主义就可以用来对付官僚主义，官僚主义又欢迎形式主义，虽然谁都不肯承认官僚主义。

原来，我只知道实事求是，但是，我说，实事求是最难，有时候，为了应付一些情况不能实事求是，最终来实现我“自己的实事求是”。这一点，是和别人的不同之处。人家一般认为，上面说的都好，自己不太喜欢思考，该做不做也不急，照样睡觉，我是睡不着觉的。所以，我认为自己是办事认真的人。

记者：您如何看待每天那么多人对您像朝圣一样的个人崇拜？

吴仁宝：他们来定要听我说话。为啥要听我说话？我讲的话他们认为是真话，是实话，没有套话。所以，他们爱听，所以，他们要来。

记者：您年轻时候有过怎样的梦想？您在华西创造的一切，是您当初梦想的样子吗？

吴仁宝：年轻时候，我要实现社会主义，要实现人民共同富裕。但是，搞了10多年的社会主义，结果是共同穷，而不是共同富。为什么？我想，凡事搞一刀切、一个模式那不行，要自己有思想。所以，在改革开放还没有开始前，我就搞工业了。后来，改革开放的时候，我早就放开了。

我年轻时候，从来没有梦想到会是今天这个样子。（华西的现状）超越了我的梦想，没有想到要搞这个大楼，也没有想到华西的资产会是300亿，更没有想到华西的农民会富到这个程度。所以，我现在非常高兴。梦想实现之后仍需反复想：做什么，为什么这么做，这样做对国家和人民有什么影响。所以，我有两句话：不怕多交税，就怕交不出税。最怕国家来救济你，你穷才需要救济。

记者：作为5个孩子的父亲、一家之主和作为一村之主，这两者间有什么区别吗？

吴仁宝：有区别，也没有区别。有区别是因为：我的子女是共产党的人，不是我吴仁宝的人。没有区别那是因为：作为我的子女，做父亲的责任是教育他们。教育他们爱党，爱中国特色社会主义。

记者：您觉得华西村离得开您吗？

吴仁宝：我的看法是，华西村离得开我，也离不开我。为什么？从现在来看离得开我了，从过去，可能离不开我。我华西建村50周年，我叫新书记开幕，我搞闭幕。所以，我这个50年可以说起到一定很主要的作用。现在开始今后的50年，就不需要我了，他们去开幕了，我就闭幕了。现在我个人，还要关心方针政策，党纪国法，管好自己，这些还要考虑考虑。

记者：您会不会觉得您的村民特别离不开华西村？

吴仁宝：……华西是个村，为什么华西人不愿意离开，因为华西是个幸福之地。如果搞不好，不幸福了，不仅外面的人不来，自己的人也会走。社会上现在有很多的村都是空村。所以，发展是第一要务，只要把这块地方搞美了，幸福了，来的人就多了。像上海一样，原来只是个滩，为什么现在变成了国际都市？就是因为发展了。

【资料来源】

——《南方人物周刊》，2011 年 11 月 18 日

【评述】

华西村是中国在改革开放中涌现出的社会主义新农村建设的先进典型，其代表性人物吴仁宝也成为人们纷纷传诵的传奇性人物。他根据中国的国情和华西村本地的实际，因地制宜、因时制宜、实事求是、解放思想、辛勤创业，使华西村成为中国改革开放中一块最神奇、最令人向往的土地。

【深度思考】

1. 吴仁宝同志在华西村几十年的建设发展过程中，是如何理解和坚持实事求是的？
2. 你是如何理解吴仁宝所说的“实事求是最难”这句话的？

【阅读材料三】

新东方董事长俞敏洪先生在北京大学 2008 级新生典礼上的讲话

各位同学、各位领导：

大家上午好！（掌声）

非常高兴许校长给我这么崇高的荣誉，让我来谈一谈我在北大的体会。（掌声）

可以说，北大是改变了我一生的地方，是使我提升的地方，是使我由一个农村孩子最后走向世界的地方。毫不夸张地说，没有北大，肯定就没有我的今天。北大给我留下了一

连串美好的回忆，也留下了一连串的痛苦。我正是在美好和痛苦之间，在挫折、挣扎和进步之间，最后找到了自我，并开始为自己、为家庭、为社会做一点事情。

学生生活是非常美好的，有很多美好的回忆。我记得我们班有一个男生，每天都在女生宿舍楼下拉小提琴，（笑声）希望能够引起女生的注意，结果后来被女生扔了水瓶子。我还记得我自己为了吸引女生的注意，每到寒假和暑假都帮着女生扛包。（笑声、掌声）后来我发现那个女生有男朋友，（笑声）我就问她既然有男朋友为什么还要让我扛包，她说为了让男朋友休息一下。（笑声、掌声）我也记得刚进北大的时候我不会讲普通话，全班同学第一次开班会的时候互相介绍，我站起来自我介绍了一番，结果我们的班长站起来跟我说："俞敏洪，你能不能不讲日语？"（笑声）我后来用了整整一年时间，拿着收音机在北大的树林中模仿广播电台的播音，但是，到今天普通话依然讲得不好。

人的进步可能是一辈子的事情。在北大的这段经历是我们进步的一个开始，而不是结束。有很多事情特别让我感动。比如说，我们很有幸地见到了朱光潜教授。在他人生最后的日子里，是我们班的同学每天轮流推着轮椅在北大里陪他一起散步。（掌声）那时，每当我推着轮椅的时候，心中就充满了对朱光潜教授的崇拜，一种神圣感油然而生。所以，我在大学看书最多的领域是美学。他写的《西方美学史》是我进大学以后读的第二本书。

为什么是第二本呢？因为第一本是这样来的，我来北大后第一次走进宿舍时，有个同学已经在宿舍了。由于那个同学当时正躺在床上看一本书，叫做《第三帝国的兴亡》。所以，我就问了他一句："在大学还要读这种书吗？"他把书从眼睛上拿开，看了我一眼，没理我，继续读他的书。这一眼一直留在我心中。它使我知道进了北大不仅仅是来学专业的，还要读大量的书。只有这样，你才能够有资格把自己叫做北大的学生。（掌声）所以，我在北大读的第一本书就是《第三帝国的兴亡》，而且读了三遍。后来，我就去找这个同学，并对他说："咱们聊聊《第三帝国的兴亡》。"他说："我已经忘了。"（笑声）

我也记得我的导师李赋宁教授，原来是北大英语系的主任，他给我们上《新概念英语》第四册的时候，每次都把板书写得非常地完整、非常地美丽。永远都是从黑板的左上角写起，等到下课铃响起的时候，刚好写到右下角结束。（掌声）我还记得我的英国文学史老师罗经国教授，在北大的最后一年我由于心情不好而导致英国文学史这门课考试不及格。我找到罗教授说："我如果这门课不及格就毕不了业了。"罗教授说："我可以给你一个及格的分数，但是，请你记住了，未来你一定要做出值得我给你分数的事业。"（掌声）所以，北大老师的宽容、学识、奔放、自由，让我们能够真正地成为北大的学生，能够真正地领会北大的精神。当我听说许智宏校长为学生唱《隐形的翅膀》的时候，我打开视频，感动得热泪盈眶。因为我觉得北大的校长就应该是这样的。（掌声）

我记得自己在北大的时候有很多的苦闷。一是普通话不好，二是英语水平一塌糊涂。尽管我经过3年的努力考到了北大——因为我落榜了两次，最后一次很意外地考进了北大，但是，我从来没有想过北大是我能够上学的地方，她是我心中一块圣地，我总觉得自己永远都够不着她。第三年考试时我的高考分数超过了北大录取分数线7分，我终于下定决心咬牙切齿地在高考第一志愿栏里填了“北京大学”四个字。我知道一定会有很多人比我分数高，我认为自己是不会被录取的。没想到北大的招生老师非常富有眼光，料到了30年后我的今天。（掌声）但是，实际上，我的英语水平很差，在农村既不会听也不会说，只会背语法和单词。刚进大学我们班分班的时候，50个同学分成3个班，因为我的英语考试分数不错，就被分到了A班，但是，一个月以后，我就被调到了C班。C班叫做“语音、语调及听力障碍班”。（笑声）

我也记得自己进北大以前连《红楼梦》都没有读过，所以，看到同学们一本一本地读书，我拼命地追赶。结果我在大学差不多读了800多本书，用了5年时间。（掌声）但是，依然没能赶超过我的那些同学。我记得我的班长王强是一个书癖，现在他也在新东方，是新东方教育研究院的院长。他每次买书我就跟着他去，当时北大给我们每个月发20多块钱生活费。王强有个癖好就是把生活费一分为二：一半用来买书，一半用来买饭菜票。买书的钱绝不可以被用来买饭票。如果他没有饭菜票了就到处借，借不到就到处偷。（笑声）后来我发现他这个习惯很好，于是也把自己的生活费一分为二：一半用来买书，一半用来买饭菜票。饭票吃完了我就偷他的。（笑声、掌声）

毫不夸张地说，我们班的同学当时在北大，真是属于读书最多的班之一。而且我们班当时非常地活跃，光诗人就出了好几个。后来挺有名的一个诗人叫西川，真名叫刘军，就是我们班的。（掌声）我还记得我们班开风气之先，当时是北大的优秀集体，但是，有一个晚上大家玩得高兴了，结果跳起了贴面舞，第二个礼拜被教育部通报批评了。那个时候，跳舞是必须跳得很正规的，男女生稍微靠近一点就被认为违反风纪。所以，你们现在比我们当初要更加幸福一点。不光可以跳舞，而且可以手拉手地在校园里面走，我们如果当时男女生手拉手在校园里面走，一定会被扔到未名湖里，所以，一般都是晚上12点以后再在校园里面走。（笑声、掌声）

我也记得我们班50个同学，刚好是25个男生25个女生，我当时听到这个比例以后就非常地兴奋，（笑声）我觉得大家就应该是一个配一个。没想到女生们都看上了那些外表英俊潇洒、风流倜傥的男生。像我这样外表不怎么样，内心充满丰富感情、未来有巨大发展潜力的，女生一般都看不上。（笑声、掌声）

我记得我奋斗了整整两年，希望能在成绩上赶上我的同学，但是，就像刚才吕植老师说的，你尽管在中学、在高考时可能考得很好，是第一名，但是，北大精英人才太多了，你的前后左右可能都是智商极高的同学，也是各个省的状元或者说第二名。所以，在北大追赶同学是一个非常艰苦的过程，尽管我每天几乎都要比别的同学多学一两个小时，但是，到了大学二年级结束的时候，我的成绩依然排在班内最后几名。非常勤奋又非常郁闷，也没有女生来爱我，安慰我。（笑声）这导致的结果是，我在大学三年级的时候得了一场重病，这个病叫做传染性侵润肺结核。当时我就晕了，因为当时我正在读《红楼梦》，正好读到林黛玉因为肺结核吐血而亡的那一章，（笑声）我还以为我的生命将从此结束，后来，北大医院的医生告诉我现在这种病能够治好，但是，需要在医院里住一年。我在医院里住了一年，苦闷了一年，读了很多书，也写了600多首诗，可惜一首诗都没有出版过。从此以后，我就跟写诗结上了缘，但是，我这个人虽有丰富的情感，却没有优美的文笔，所以，终于没有成为诗人。后来，我感到非常地庆幸，因为我发现真正成为诗人的人后来都出事了。我们跟当时还不太出名的诗人海子在一起写过诗。后来，他写过一首优美的诗歌，叫做《面朝大海，春暖花开》，我们每一个同学大概都能背。后来当我听说他卧轨自杀的时候，号啕大哭了整整一天。从此以后，我放下笔，再也不写诗了。（掌声）

记得我在大学四年级毕业时，成绩依然排在全班最后几名。但是，当时我已经有了一个良好的心态。我知道尽管自己在聪明程度方面比不过我的同学，但是，我有一种能力，就是持续不断的努力。所以，在我们班的毕业典礼上我说了这么一段话，到现在我的同学还能记得。我说：“大家都获得了优异的成绩，我是我们班的落后同学。但是，我想让同学们放心，我决不放弃。你们5年干成的事情我干10年，你们10年干成的我干20年，你们20年干成的我干40年。”（掌声）我对他们说：“如果实在不行，我会保持心情愉快、身体健康，到80岁以后把你们送走了我再走。”（笑声、掌声）

有一个故事说，能够到达金字塔顶端的只有两种动物。一是雄鹰，靠自己的天赋和翅膀飞了上去。我们这儿有很多雄鹰式的人物，很多同学学习不需要太努力就能达到高峰。很多同学可能很轻松地在北大毕业以后进入哈佛、耶鲁、牛津、剑桥这样的名牌大学继续深造。有很多同学身上充满了天赋，不需要学习就有这样的才能，比如说，我刚才提到的我的班长王强，他的模仿能力就是超群的，到任何一个地方，听任何一句话，听一遍模仿出来的绝对不会两样。所以，他在北大广播站当了整整4年的播音员。我每天听着他的声音，心头咬牙切齿充满仇恨。（笑声）所以，有天赋的人就像雄鹰。但是，大家也都知道，有另外一种动物，也到了金字塔的顶端。那就是蜗牛。蜗牛肯定只能是爬上去。从底下爬到上面可能要一个月、两个月，甚至一年、两年。在金字塔顶端，人们确实找到了蜗牛的痕迹。我相信蜗牛绝对不会一帆风顺地爬上去，一定会掉下来、再爬、掉下来、再爬。但是，同学们要知道的是，蜗牛只要爬到金字塔顶端，它眼中所看到的世界，它收获的成就，跟雄鹰是一模一样的。（掌声）所以，我们在座的同学也许有的是雄鹰，也许有的是蜗牛。我在北大的时候，包括到今天为止，我一直认为我是一只蜗牛。但是，我一直在爬，也许还没有爬到金字塔的顶端。但是，只要你在爬，就足以给自己留下令生命感动的日子。（掌声）

我常常跟同学们说，如果在我们的生命里不为自己留下一些让自己热泪盈眶的日子，那么我们的生命就是白过的。我们很多同学凭着优异的成绩进入了北大，但是，北大绝不是你们学习的终点，而是你们生命的起点。在 1 岁到 18 岁的岁月中间，你听老师的话、听父母的话，现在你真正开始了自己的独立生活。我们必须为自己创造一些让自己感动的日子，你才能够感动别人。我们这儿有富裕家庭来的，也有贫困家庭来的，我们生命的起点由不得你选择出生在富裕家庭还是贫困家庭，如果你生在贫困家庭，你不能说老爸给我收回去，我不想在这里待着。但是，我们生命的终点是由我们自己选择的。我们所有在座的同学过去都走得很好，已经在 18 岁的年龄走到了很多中国孩子的前面去，因为北大是中国的骄傲，也可以说是世界的骄傲。但是，到北大并不意味着你从此大功告成，并不意味着你未来的路也能走好，后面的 50 年、60 年，甚至 100 年你该怎么走，成了每一个同学都要思考的问题。就本人而言，我觉得只要有两样东西在心中，我们就能成就自己的人生。

第一样叫做理想。我从小就有一种感觉，希望穿越地平线走向远方，我把它叫做“穿越地平线的渴望”。也正是因为这种强烈的渴望，使我有勇气不断地高考。当然，我生命中也有榜样。比如，我有一个邻居，非常地有名，是我终生的榜样，他的名字叫徐霞客。当然，是 500 年前的邻居。但是，他确实是我的邻居，江苏江阴的，我也是江苏江阴的。因为崇拜徐霞客，直接导致我在高考的时候地理考了 97 分。（掌声）也是徐霞客给我带来了这种穿越地平线的感觉，所以，我也下定决心，如果徐霞客走遍了中国，我就要走遍世界。而我现在正在实现自己的这一梦想。所以，只要你心中有理想，有志向，同学们，你终将走向成功。你所要做到的就是在这个过程中要有艰苦奋斗、忍受挫折和失败的能力，要不断地把自己的心胸扩大，才能够把事情做得更好。

第二样东西叫良心。什么叫良心呢？就是要做好事，要做对得起自己对得起别人的事情，要有和别人分享的姿态，要有愿意为别人服务的精神。有良心的人会从你具体的生活中做的事情体现出来，而且你所做的事情一定会对你未来的生命产生影响。我来讲两个小故事，讲完我就结束我的讲话，已经占用了很长的时间。第一个小故事。有一个企业家曾对我讲起过他大学时候的一个故事，他们班有一个同学，家庭比较富有，每个礼拜都会带

6 个苹果到学校来。起初，宿舍里的同学以为是 1 人 1 个，结果他是自己 1 天吃 1 个。尽管苹果是他的，不给你也不能抢，但是，从此同学们对他形成了一个印象，那就是这个人太自私。后来，这个企业家做成功了事情，而那个吃苹果的同学还没有取得成功，于是就希望加入到这个企业家的队伍里来。但后来大家一商量，说不能让他加盟，原因很简单，因为在大学的时候他从来没有体现过分享精神。所以，对同学们来说在大学时代的第一个要点，你得跟同学们分享你所拥有的东西，感情、思想、财富，哪怕是 1 个苹果也可以分成 6 瓣大家一起吃。（掌声）因为你要知道，这样做你将来能得到更多，你的付出是永远不会白费的。

我再来讲一下我自己的故事。在北大当学生的时候，我一直比较具备为同学服务的精神。我这个人成绩一直不怎么样，但我从小就热爱劳动，我希望通过勤奋的劳动来引起老师和同学们的注意，所以，我从小学一年级开始就一直坚持打扫教室卫生。到了北大以后我养成了另一个良好的习惯，每天为宿舍打扫卫生，这一打扫就打扫了 4 年。所以，我们宿舍从来没排过卫生值日表。另外，我每天都拎着宿舍的水壶去给同学打水，把它当作一种体育锻炼。大家看我打水习惯了，最后还产生这样一种情况，有的时候我忘了打水，同学会说："俞敏洪，怎么还不去打水？"（笑声）但是，我并不觉得打水是一件多么吃亏的事情。因为大家都是同学，互相帮助是理所当然的。同学们一定认为我这件事情白做了。又过了 10 年，到了 1995 年年底的时候新东方做到了一定规模，我希望找合作者，结果就跑到了美国和加拿大去寻找我的那些同学，他们在大学的时候都是我的榜样，包括刚才讲到的王强老师等。我为了诱惑他们回来还带了一大把美元，每天在美国非常大方地花钱，想让他们知道在中国也能赚钱。我想大概这样就能让他们回来。后来，他们回来了，但是，给了我一个十分意外的理由。他们说："俞敏洪，我们回去是冲着你过去为我们打了 4 年水。"（掌声）他们说："我们知道，你有这样的一种精神，你有饭吃肯定不会给我们粥喝，所以，让我们一起回中国，共同干新东方吧。"于是，才有了新东方的今天。（掌声）

人的一生是奋斗的一生，但是，有的人一生过得很伟大，有的人一生过得很琐碎。如果我们有一个伟大的理想，有一颗善良的心，我们一定能把很多琐碎的日子堆砌起来，变成一个伟大的生命。但是，如果你每天庸庸碌碌，没有理想，从此停止进步，那未来你一辈子的日子堆积起来将永远是一堆琐碎。所以，我希望所有的同学能把自己每天平凡的日子堆砌成伟大的人生。（掌声）

最后，我代表全体老校友向在座的 3 000 多位新生表一个心意，我代表全体老校友和新东方把 200 万人民币捐给许校长，为在座同学们的学习、活动和成长提供一点帮助。（掌声）

【资料来源】

——俞敏洪在北大 2008 年开学典礼上的发言，http://www.sina.com.cn，2008 年 9 月 28 日

【评述】

新东方教育科技集团董事长俞敏洪先生的这段讲话，语言朴实无华，说理简明深刻，令人回味深思。他用诙谐幽默的语言描述了自己难忘的大学生活，表现了自己平凡而崇高的人生理想。这则讲话在广大青年学子中影响较大，反应良好，值得大家认真一读。

【深度思考】

1. 你是怎么理解“理想”和“良心”的?

2. 我们怎样才能实事求是地看待自己的优缺点，给自己一个正确的定位？我们应该怎样通过自身的不断努力和奉献，过好自己的大学生活，实现自己的人生理想?

第三章 新民主主义革命理论

【导言】

新民主主义革命理论是以毛泽东同志为主要代表的中国共产党人，坚持马克思列宁主义基本原理与中国革命具体实际相结合，不断进行理论创新，逐步形成和发展起来的具有独创性的关于中国革命的理论。新民主主义革命理论是对中国革命实践经验的概括和总结，是指导中国革命取得胜利的指导思想，是马克思主义中国化的重要成果。

【阅读材料一】

蔡和森对共产国际的一次抗争

1926年2月10日，中共中央局委员蔡和森写了一个《关于中国共产党的组织和党内生活向共产国际的报告》，长达六七万字。此文虽然在1987年第1、2期《中央档案馆丛刊》上发表过，但似乎未引起人们足够的注意，在研究蔡和森和共产国际的论文中也很少被引用。随着《共产国际、联共（布）与中国革命档案资料丛书》的出版，提供了一大批相关资料，因此，对这个报告有重新提起并加以研究的必要。这个报告涉及内容很广，其中一个重要内容是对共产国际提出了尖锐的批评和真诚的希望。这是中国共产党人在关键时刻对共产国际的一次抗争。

一、批评共产国际重视国民党、轻视共产党、忽视工农革命运动

这个报告全面系统地介绍了中共四大以后，特别是五卅运动前后，中共中央和地方组织机构、党内生活、宣传工作、五卅运动全过程、国共两党合作和中共与共产国际的关系等。引人注意的是，在谈及上述问题时大多都要涉及对共产国际，特别是对其派驻中国的代表鲍罗庭、马林等提出了尖锐批评，并在报告的最后作了总的评价。批评的焦点集中在共产国际在对中国革命的指导中重视国民党、轻视共产党、忽视工农革命运动等问题上，态度强烈、用词尖锐，有时流露出压抑在内心的不满情绪。

蔡和森在报告中记述了共产国际重视国民党的大量事实。他认为，共产国际及其代表有意或无意地将国民党视为“中国唯一的政党”。马林到中国一开始就说，国民党“是按照集中制原则建立起来的无产阶级政党”。鲍罗庭也认为，国民党是像英国工党那样“集中的党”。因此，难怪在苏联出版的小册子和报刊中，都“把中国工人运动当成了纯粹的国民党运动”。鲍罗庭在帮助国民党改组的过程中，将国民党“建成为一个庞杂的官僚主义机构”，其工作人员月薪由60元到400元不等（而中共机关工作人员从上至下月薪仅30元）。鲍罗庭把他工作的重点仅仅放在广东的军事工作上，而对全国工农革命运动的组织和发动工作不闻不问。他使用的主要手段是给国民党大量的武器和经济援助。在鲍看来，“国民党是中国政治上的傀儡”。

与对待国民党的态度形成鲜明对比的是轻视共产党。蔡和森的总印象是“共产国际很少注意中国共产党”。而鲍罗庭，“不关心党，认为党是无用的”。在他看来，“中国工人阶级尚不能登上政治舞台”。因此，他从一开始就不尊重中国共产党。在国民党改组前，他曾与陈独秀商谈过，但不提对国民党的策略；在工作中，他“独自解决一切问题”，不信任党的组织。国民党二大时，他将自己对政治形势的估计强加于广东党组织，造成广东党组织与中央立场的对立。在广东，他总是私自把某个同志叫去，下达指示，从不找组织商量。孙中山北上时，他觉得需要争取工人群众，便找来一个党员，要他制定工作预算，并一切听从他的指挥。鲍罗庭经常不征求党中央和地方党组织意见，调走一些领导骨干，如要瞿秋白去当翻译。“似乎党像给他供应翻译的机关”，党简直成了鲍罗庭的“工具”。中央调周恩来、陈延年、李富春去加强广东区委的工作，鲍罗庭不与中央商量就按照自己的意愿对他们的工作作出了安排。在共产国际资助中共经费的问题上，中共与鲍罗庭经常发生争执。如在国民党改组后，他答应拨付50万元，但后来不说原因就扣发了这笔款项。而对中共每月的正常资助竟比给国民党主办的《民国日报》一家报纸的资助还要少，致使中共中央有时甚至支付不了十分必要的邮电费用。因此，蔡和森在报告中，不止一次地指

出：鲍罗庭、马林“推行了一条不十分正确的政治路线”，“从始至终都不了解中国共产党在这个时期的作用”；“这一切，当然是由于鲍罗庭同志不正确的政策造成的”；甚至用“中央反对鲍罗庭同志的这种行径”来表达自己强烈的气愤。在对共产国际的意见中，蔡和森还提出了一条从来没有人提出过的意见，他认为，中共派几百名同志到莫斯科学习是非常重要和必要的，对他们严格的教育也是应该的，但他不同意共产国际、联共（布）不管他们原来是中共党员、共青团员，甚至是国民党员或非党人士，都一律让其加入苏共的做法，特别指出“绝对不能鼓励在中国同志中发展某些派别”。为此，他指出，如果将此带回中国，其影响将非常恶劣。后来事实的发展证明了蔡和森的预见。

重视国民党、轻视共产党，必然忽视工农革命运动。最典型的表现就是鲍罗庭反对举行香港罢工，以支持由上海发起的五卅运动。鲍罗庭认为，香港一宣布罢工，英国会派来军舰并推翻他全力支持的广州政府。在动员组织各界群众支援五卅运动和省港罢工问题上，他也采取消极实质上是反对的态度。当五卅运动发展到高潮时刻，这本来是动员和组织群众的大好时机，此时，中共中央不止一次地提醒和建议鲍罗庭拨付经费用于组织发展，而鲍罗庭却以沉默态度敷衍过去，严重影响中共把五卅运动推向高潮、推向全国。当时有人对经费使用提出质疑，鲍罗庭气愤地说：“这个问题与中共无关，这是苏联和国民党的外交问题。”一句话道出了问题的本质。

二、在批评共产国际的同时，还向他们提出了恳切的希望

随着国内外形势的发展和中国革命的深入，由于共产国际上述错误指导，使中国革命特别是国共合作中出现了许多难以解决的问题，国共两党矛盾发展到近于白热化的程度。国民党中的右派采取种种手段，企图将中国共产党驱逐出国民党，有时中派也倒向右派。在孙中山逝世、廖仲恺被谋杀以后，国民党右派更是甚嚣尘上。面对此种情况，中共党内也出现分歧：一派认为，国民党右派分子的形成，将阻挠我们与国民党建立联系，我们只能通过左翼与国民党保持关系，不理睬右派；另一派认为，全体共产党员应该退出国民党，以党外联盟的方法，组成两党联合战线，因为以前国民党人不相信我们，他们说我们不是真正的国民党党员，现在我们已没有与他们一同在党内共事的可能。

因此，是否坚持国共合作、采取什么形式维持这种合作，就成为当前必须回答的问题。为此，蔡和森在报告中认真而诚恳地提出了自己的想法，希望共产国际给予帮助：

第一，怎样在左派国民党人的领导下在城乡发展国民党组织？

第二，需要再次确定国民党组织的性质。在国民革命运动开始分裂的情况下，能否把国民党建成一个联盟；国民党应否是集中的党，如果是，那么，应集中到什么程度？

第三，产业工人加入国民党问题。在解决这个问题时应当看到，在中国工人阶级成长的情况下，中国共产党极力想组织一个完全独立的阶级的政党，同时还想在国民革命运动中建立一个党外联合战线。如果产业工人不加入国民党，那么，城市小资产阶级和农民在国民党内实际上便没有无产阶级领导。

第四，应重新评价与国民党的联合战线的形式。旧的形式是共产党员以个人身份加入国民党，但在工作过程中发生了矛盾。右派和中派对这种情况一直表示不满，并反对中共。现在是否需要寻找另外一种联合形式呢？如果联合战线按党外合作的方针建立，那么，到底应该是什么形式呢？

关于共产国际对中国资助经费问题，蔡和森不同意鲍罗庭的“这是苏联与国民党的外交问题”的辩解，他理由充分地指出，鲍罗庭不仅是孙中山的顾问，同时还是共产国际驻中国的代表，一身二任。他为此在报告中提出了这样的质疑：“如果共产国际认为，中国共产党的工作不应超出现有的范围，那么，解决中国共产党的经费问题是对的。如果共产国际认为，在革命运动高潮时期，中国共产党应积极组织无产阶级，使其在革命运动中起领导作用，那么，自然共产国际就应增加中国共产党的经费。”他特别强调：“实际上，这个问题与中共的工作有很大的关系”，否则那就是“共产国际还不相信中国共产党的工作”。

总之，蔡和森认为，“共产国际应加强对中国共产党的领导。在中国发生各种事件时，共产国际应对事件作出总的估计，提出进一步的方针，决不应等待事件的发展”；对于共产国际派驻中国的代表表示十分欢迎，希望“不仅要增加其数量，而且要改进其质量”。

在报告中，蔡和森详细记述了五卅运动的全过程及中共在其中的地位和作用，其用意十分清楚，在于以大量的事实论证中国共产党已经从一个“人数不多的团体变成群众性的党”。经过五卅运动的锻炼和考验，中国共产党从数量上已发展到近5 000人，是四大前的5倍。更重要的是，从中央到地方的党组织都是按布尔什维克主义的原则建立的，有严密的组织系统。为了更具说服力，他详细介绍了中共严格按照集中制原则建立组织的3个发展阶段，特别是从党的三大开始逐步调整国共合作中与国民党的关系，如何在马林所主张的“一切到国民党中去”的口号下，将中共从“国民党化”中摆脱出来，逐步把“政治领导集中在我们党中”，从而克服了上述危险倾向。党的四大以后，尤其是五卅运动以后，显示出党的领导地位和作用的提高。这突出表现为在五卅运动中适时提出不同的战略口号和相应行动；谨慎地处理了在五卅运动中与资产阶级、小资产阶级、学生界、农民的关系；正确领导了由政治罢工向经济罢工的过渡；发动全国各界支援五卅运动，其中包括发动省港罢工，使得这场斗争开展得有声有色，形成了前所未有的中共领导下的反帝爱国统一战线。

蔡和森诚恳地表明，中共希望在共产国际的正确指导和帮助下，将中共建设成为一个“真正能领导中国革命的党”、“全中国的党”、“不仅有产业无产阶级的地方组织，而且应当在乡村建立组织”。蔡和森的这些希望，在一定程度上，至少从一个重要方面，反映了中国共产党的实际，代表了中国共产党人自国共合作以来对共产国际的看法，是在中国革命的转折关头提出来的，其意义和影响不可小视和低估。

三、斯大林的召见加速了蔡和森这个报告的产生

蔡和森是于1926年初到达莫斯科的。他是作为中国共产党代表团团长来参加共产国际第六次执委扩大会的。斯大林于1925年2月5日接见了蔡和森。关于斯大林接见时的谈话未见发表，在《斯大林文集》俄文版第8卷所附的《年谱》中有关于此次接见的记载。接见5天后，蔡和森送上了这个报告。

在蔡和森写这个报告的当天，共产国际执委会主席团举行第六次执委扩大会的准备会，从会议的记录中也可找到这个报告产生的线索。据记录所载，共产国际执委洛佐夫斯基在他的发言中说：“建议委托刚从中国来的同志”，“起草一个关于中国党的这种特殊情况和中国工人运动情况的书面报告”。这个发言中所说的是指：“中国是我们在那里有民族统一战线的唯一国家，中国共产党是革命民主主义政党的一个组成部分”，“从同资产阶级作斗争的角度来看我们策略”，既有“特殊性”，又有“灵活性”。这一情况清楚地表明，共产国际执委会主席团成员关注的中心问题与中共中央及其派出与会的代表蔡和森的认识是一致的，由此可见解决这个问题的必要性、紧迫性和重要性了。

但是，这次会议记录表明，共产国际执委会主席团成员对中国共产党在国共合作乃至在中国革命中的地位和作用的看法分歧很大。维经斯基认为，国民党是“大的人民民主政党”，“国民军和国民党都是国民革命运动的领导力量”，而“国民党中有我们共产党，共产党实际领导着国民党”；国民党已“开始发生分化”，“资产阶级开始离开工人运动”，“在国民党内形成了右派”，他们“在争夺党内大多数、争夺机关”；目前的对策应该是：“设法孤立右派，但不指责整个党”，揭露其中不仅要脱离国民党而且企图分裂党的分子。他认为最近的基本任务是“保持和扩大统一战线”。

而洛佐夫斯基认为，随着帝国主义的干涉和工人运动的发展，会激化党内的社会矛盾。他预言：“同工人阶级一起进行反帝斗争的资产阶级，将转到帝国主义方面来反对工人阶级。已有迹象表明在国民运动内部就要发生分化。”他指出，力量对比对中共非常“不利”。

谢尔马则对中共的“真实”领导作用和中共是否是国民党政治机关、工会机关和农民运动的“真正主人”提出怀疑。

共产国际执委会主席季诺维也夫则认为，国民党有变成孟什维克党或资产阶级政党的“可能”；而中国无产阶级则在“一定意义上”，通过工人运动领导着中国的革命运动，但就中国共产党本身来说，“没有能力在中国实施领导权”，“而是借助于苏维埃俄国和日益坚强的共产国际，这个弱小的中国无产阶级就能够实施领导权”。他特别强调共产国际及其代表在中国革命指导中的重要作用。他举例说，中国的广州其实是“中国的莫斯科”，“在那里发号施令的首先是共产国际同志，即鲍罗庭同志”。他甚至提出这样一种怀疑：“我们是否在国民党中的影响太大了”，“共产党的影响太大了，很难划清两党之间的界限，几乎领导权都掌握在共产党人手里”，“是否应该使国民党摆脱共产党的影响，享受更多一些自由呢?”

由此可见，共产国际执委会主席团成员之间、这些成员与蔡和森之间存在着多大的原则分歧，像这样意见分歧的主席团怎么能够制定出正确指导中国革命的决议呢？这更进一步证明蔡和森写的这个报告不仅十分及时，而且有相当的针对性。关键的问题是他的报告送上去后，共产国际领导人，特别是斯大林，如何对待他提出的尖锐批评和诚恳希望，并在不久后制定中国革命政策和策略时能起到多大作用。

四、共产国际对蔡和森的回答

1926 年 2 月 17 日，也就是蔡和森的报告交上去的第 7 天，共产国际第六次执委扩大会在莫斯科开幕。在开幕式上，蔡和森代表 100 万中共党员和共青团员向大会献词，受到欢迎。

应邀出席开幕式的还有东方各国革命党的代表，其中包括中国国民党中央执行委员、粤军总司令胡汉民。出人意料的是，胡汉民却以“中国人民、中国工人和农民的名义”向大会献词。他在献词中说：“国民党的口号是：‘为了人民群众，政权应由工农来掌握’。”最后还高呼了“全世界共产党万岁”的口号。会后发表的新闻报道中说他的献词曾几次被热烈的掌声所打断，结束时全场报以“暴风雨般的掌声”，与蔡和森献词时形成较大的反差。季诺维也夫在 2 月 20 日的工作报告中谈及东方各国革命党时特别提到：“有 40 万党员的中国国民党，历史的明天将使它在全国掌权。”

蔡和森对胡汉民这个人还是很了解的。国民党改组后，特别是孙中山逝世后，胡汉民甚至表现得比汪精卫还要左。但在商团叛乱中他的表现却又极端地右。廖仲恺被暗杀后，胡曾被逮捕，他又一反常态，提出国民党应变成工人党，应加入共产国际，一时间又红得发紫。因此，他在大会上的发言内容对蔡和森而言是在预料之中的，在思想上也是有警惕的。

于是，在季诺维也夫讲上述那番话的第二天，即1926年2月21日，蔡和森在大会的东方委员会中国分会上作了一个发言。他有针对性地再次详细分析了五卅运动前后中国革命形势和敌我双方的实力变化，展望了中国革命发展的三个趋势：工人运动和革命力量沿着上升路线发展、革命力量正在逐步组织起来、中共具有充分的组织力量。同时，他提出了影响当前革命发展的两大难题，请求共产国际研究解决：

第一，中国共产党早就同国民党建立联系，但迄今为止这种联系没有固定的形式，国共之间的关系不明确，要求共产国际使其明确起来。

第二，中国共产党过去与整个国民党一道工作，而现在仅仅同国民党左派一道工作。中国共产党过去还不是群众性的党，而现在已成为群众性的党，现在同国民党的关系应当是怎样呢?

十分清楚，蔡和森把2月10日所写的报告中提出的问题再一次直接摆在共产国际面前，逼得他们不得不作出抉择和回答。值得注意的是，斯大林和季诺维也夫分别是东方委员会的第一、第二位组成成员，因此，也可以说是蔡和森向共产国际、联共（布）中央，特别是最高决策人斯大林提出了十分重要的问题。

斯大林如何回答这样一个问题呢？据共产国际、联共（布）公布的有关资料表明，此间斯大林确实写过一个关于中国问题的指示，并把这一指示发给了刚从中国返回莫斯科的共产国际代表维经斯基和正在中国解决和调查有关问题的联共（布）中央政治局中国使团团长布勃诺夫，听取他们的意见，并提出若干问题请他们作出回答。可惜，斯大林的指示信尚未发表。仅找到维经斯基对斯大林的指示信的答复信。信是1926年2月16日写给斯大林的。信中回答了斯大林提出的7个问题。但其中没有一条是关于中国共产党的；有3条涉及国民党和国民军；有1条是询问国民党右派和左派对中东铁路的政治态度；有1条写到共产党在近年来党员增加了2倍，而国民党党员则增加了5～6倍。从这个情况可以大致表明斯大林当时所关心的主要问题，可以肯定地说，他主要不是探讨国共合作中两党关系应采取的正确政策和策略。

不过，蔡和森终于还是盼来了共产国际的答复，当然主要包括斯大林对中国问题的看法。先是1926年3月2日大会提出了《中国问题提纲》，不久于3月13日又通过了《关于中国问题的决议》。《提纲》和《决议》篇幅都很长，内容面面俱到，其中强调了农民问题的重要性；再次提出了无产阶级在民族民主革命中的领导权问题。《决议》继续坚持认定，“国民党是工人、农民、知识分子和城市民主派的革命联盟”，广州政府“是中国人民争取独立斗争的先锋队”；《决议》继续坚持中国共产党与中国国民党进行党内合作的政策，虽然承认存在着大资产阶级的国民党右翼，但不主张左右派公开分裂，并预言国民党右派不会和帝国主义联合起来破坏革命；《决议》提出中国共产党必须在政治上保持独立自主，同时要反对右倾取消主义和极左情绪。这样一个《决议》把中国革命、中国共产党和蔡和森推到了一个模棱两可、左右为难、无可奈何、无所适从的艰难境地。

这次会议是3月15日闭幕的。出乎共产国际、联共（布）和斯大林预料的是，仅仅在5天之后，中国广州就发生了举世震惊的“三二〇”中山舰事件。被大会任命为共产国际执委会主席团“名誉委员”的蒋介石拘禁了苏联顾问和中国共产党人。

上述事实已经十分清楚地表明，共产国际、联共（布）和斯大林并没有接受蔡和森的尖锐批评和诚恳请求。他们为什么如此固执己见呢？原来这是他们对中国革命的一贯指导方针，不会因为此前陈独秀的多次拒绝执行和此间蔡和森的意见而轻易作出改变。现仅举几例来说明问题的严重程度：

早在1923年8月2日，斯大林在任命鲍罗庭为孙中山政治顾问和共产国际派驻中国共产党的代表时，他就明确地指示鲍罗庭：“与孙中山的工作中，遵循中国民族解放运动的利益，决不要迷恋于在中国培植共产主义的目的。”到了1925年4月2日，斯大林在与维经斯基的一次谈话中说：“共产党人已熔化在国民党内，没有自己的独立组织，一般都受到国民党的‘虐待’。”维经斯基说：“斯大林同志对共产党人的这种寄人篱下的处境表示遗憾。认为也许在中国现在的这种处境是历史的必然。”

当中国革命迅速发展，五卅运动蓬勃兴起，共产党人在国民党内得到一些领导职务，从而掌握了一些领导权时，1925年8月21日联共（布）中央政治局中国委员会召开会议决定，中共必须对国民党“避免加剧关系”。根据这个决定，共产国际东方部于9月28日发出了《共产国际执委会给中共中央的指示草案》，指示中共“立即审查同国民党的相互关系”。要求“对国民党工作的领导应当非常谨慎地进行”；中共“党团不应发号施令”，“共产党不应要求必须由自己的党员担任国家和军队的领导”。与此形成鲜明对照，于此后的第3天即1926年9月30日，斯大林签字批准同意向广州黄埔军校调拨总额达390万卢布的武器装备，并给广州政府调拨15架飞机。对国民党、共产党孰重孰轻即不言自明。

鲍罗庭在中国的行动都是按共产国际、联共（布）特别是斯大林的指示行事的。其间虽然共产国际东方部主任维经斯基与鲍罗庭有不同意见，但不可能动摇鲍罗庭在中国革命指导中的独特地位。不仅如此，为表彰鲍罗庭在中国的杰出贡献，斯大林于1926年12月13日特授予鲍罗庭苏联国家红旗勋章。

从已经公布的共产国际的档案资料中可以查出，鲍罗庭在1925年5月对中国共产党的看法是这样的：中共中央“没有给他留下一个紧密团结、有朝气的机关的印象，罢工之类的地方事件临时把他们抛在面上，否则它就会待在自己的小天地——租界里，事后从那里发指示”。他还认为，中共中央“落后于时局的领导，落后于在南北方的紧急任务”。鲍罗庭为什么在中国自己决定一切并历来不尊重中共中央和中共地方组织呢？这也是斯大林在任命他时有言在先：“责成鲍罗庭同志与苏联驻北京的全权代表协调自己的工作，并通过后者同莫斯科进行书信往来。”

看来，共产国际、联共（布）和斯大林将按照他们既定的一贯方针走下去，中国大革命失败的命运已经注定。越是这样，就越证明蔡和森在关键时刻对共产国际的这次抗争，“敢于在太岁头上动土”，显示出非凡的胆略和勇气。

【资料来源】

——马连儒：《蔡和森对共产国际的一次抗争》，《百年潮》，2003 年第 9 期

【评述】

蔡和森是中国共产党早期的卓越领导人之一，在大革命面临失败的危急关头，他对党内右倾机会主义错误进行了严肃批评，并多次提出应对危局的建议。在党的八七会议上，他支持毛泽东的正确意见，主张土地革命和独立开展武装斗争，为党确立土地革命和武装反抗国民党反动派的总方针起了重要作用。历史也已经证明，中国革命要取得胜利就必须把马克思列宁主义同中国的实际相结合，走中国自己独立自主的革命之路。

【深度思考】

1. 谈谈你对马克思主义中国化的认识。
2. 如何认识独立自主原则对中国革命和建设事业的重要性？

【阅读材料二】

从南昌起义到井冈山革命根据地的创建

1927 年大革命失败后，国内政治局势急剧逆转，原来生机勃勃的中国南方此时一片腥

风血雨。蒋介石在南京建立政权后，经过一系列新军阀混战，建立起在全国范围内的统治。这个政权对外实行反苏、亲帝的政策，对内竭力维护官僚买办资产阶级和封建地主阶级的利益，限制和压制民族资本主义的发展，残酷地镇压、屠杀共产党人和革命群众。因此，同北洋军阀一样，它仍然是一个代表大地主大资产阶级利益的独裁专制政权。

在这样的政权统治下，中国共产党必须继续进行反帝反封建的民主革命，首先必须直接反抗国民党的反动统治。

然而，这时的党却遇到了前所未有的困难。据不完全统计，从 1927 年 3 月到 1928 年上半年，被杀害的共产党员和革命群众达 31 万多人，其中共产党员 2.6 万多人。在极其险恶的局势下，党内思想异常混乱，一些同志和不坚定分子离开党的队伍，党员数量急剧减少到 1 万多人。与此同时，工农运动走向低谷，相当多的中间人士同共产党拉开了距离。事实表明：中国革命已进入低潮。

但是，在严峻的生死考验面前，在革命前途仿佛已变得十分黯淡的时刻，中国共产党和中国人民并没有被吓倒，被征服，被杀绝。他们从地下爬起来，擦干净身上的血迹，掩埋好同伴的尸首，又继续战斗了。

1927 年 7 月中旬，中共中央临时政治局常委会断然决定了三件大事：将党所掌握和影响的部队向南昌集中，准备起义；组织湘、鄂、赣、粤四省的农民，在秋收季节举行暴动；召集中央会议，讨论和决定新时期的方针和政策。

为彻底清算并纠正党在过去工作中的严重错误，决定新的方针，中共中央于 8 月 7 日在汉口秘密召开紧急会议，即著名的八七会议。会议彻底清算大革命后期陈独秀的右倾机会主义错误，确定了土地革命和武装起义的方针，并选出以瞿秋白为首的中央临时政治局。这次会议给正处在思想混乱和组织涣散中的党指明出路，为挽救党和革命作出了巨大贡献。这是由大革命失败到土地革命战争兴起的一个历史转折点。

按照中共中央的部署和八七会议确定的方针，中国共产党人在黑暗中高举起革命的旗帜，以血与火的抗争来回击国民党的屠杀政策。党派出许多干部分赴各地，恢复和整顿党的组织，组织武装起义。

8 月 1 日，以周恩来为书记的前敌委员会及贺龙、叶挺、朱德、刘伯承等人，率领党掌握或影响下的北伐军 2 万多人在南昌举行起义。10 月初，起义军在南下广东的途中遭到失败。保存下来的部队，一部分转移到广东海陆丰地区同当地农民武装汇合，另一部分在朱德和陈毅的率领下转入湘南。南昌起义打响了武装反抗国民党反动派的第一枪，标志着中国共产党独立地领导革命战争、创建人民军队和武装夺取政权的开始。

八七会议后，毛泽东作为中央特派员到湖南改组省委并领导湘赣边界秋收起义。起义于9月9日发动。在进攻长沙受挫后，以毛泽东为书记的前敌委员会当机立断，改变原定部署，决定到敌人控制比较薄弱的山区寻求立足地。随后进行了著名的三湾改编，将党的支部建在连上，在部队内部实行民主管理。10月7日，毛泽东率部到达江西宁冈县茅坪，开始了创建井冈山革命根据地的斗争。

12月11日，在广东省省委书记张太雷和叶挺、叶剑英等人的领导下发动了广州起义。起义军一度占领广州绝大部分市区，成立了苏维埃政府。在优势敌人的进攻下，起义失败，张太雷和许多同志壮烈牺牲。退出广州的起义军一部分转移到海陆丰参加革命斗争，一部分到广西左、右江一带同农民起义军汇合。广州起义是对国民党屠杀政策的又一次英勇反击。

除了这几次规模较大的起义外，党还先后领导了海陆丰、琼崖、鄂豫边、赣西南、赣东北、湘南、湘鄂西、闽西、陕西等地区的武装起义。到1928年初，党先后发动近百次武装起义。这些起义有一部分很快地失败了。它们的失败证明：在中国当时的情况下，企图通过城市武装暴动或攻占大城市来夺取革命胜利是行不通的。而一些坚持下来的起义军，大多活动在位于数省边界、距离国民党统治的中心城市较远的偏僻农村地区，这就为后来红军和革命根据地的发展奠定了初步基础。

尽管这时党发动了多次武装起义，但革命形势依然处于低潮。然而，中共中央没有认清形势。1927年11月召开的中央临时政治局扩大会议，确定了以城市为中心的全国武装暴动计划，使“左”倾盲动主义在全党取得支配地位。这次会议后，一些地区盲目暴动带来的惨痛失败，使中共中央冷静下来重新考虑问题。1928年4月，中央临时政治局发出通告，承认党内存在着“左”倾盲动主义错误。至此，这次“左”倾错误在全国范围的实际工作中基本停止。

为什么革命处在低潮而党内却会出现“左”倾盲动主义错误呢？这是因为中共中央和许多共产党人对中国政局的复杂性和中国革命的长期性缺乏认识。对敌人野蛮屠杀的满腔愤恨和复仇渴望，像一团烈火燃烧在许多革命者的胸中，使他们容易产生一种近乎拼命的冲动，并把一部分先进分子的认识水平误看成是广大群众的认识水平。这种情绪在当时是相当普遍的。

在各地武装起义蜂起的时候，中共中央仍然留在上海，党的工作重心依旧放在城市。实际上，从外国搬来的“城市中心论”是脱离中国实际情况的。毛泽东、朱德领导的井冈山革命根据地的斗争，在如何认识中国革命发展的客观规律，走出一条符合国情的革命道路方面作出了突出贡献。

井冈山位于地处湘赣边界的罗霄山脉中段。毛泽东率领秋收起义部队到达这里后，抓住统治阶级内部发生新的破裂的时机，粉碎国民党军队的“进剿”，并全力进行党、军队和政权的建设，使得以宁冈为中心的湘赣边革命根据地有了初步基础。

朱德、陈毅率部分南昌起义保留下来的部队和当地农民在举行湘南起义后，向井冈山转移，于1928年4月下旬同毛泽东率领的部队会师，合编为工农革命军第四军（不久改称工农红军第四军），毛泽东任党代表和军委书记，朱德任军长。在成立中共湘赣边界特委和边界苏维埃政府后，红四军接连击破国民党军队的三次“会剿”，井冈山革命根据地得以发展和巩固。7月，彭德怀、滕代远、黄公略领导一部分国民党军队在湖南平江举行起义，组成红军第五军，12月到达井冈山与红四军会合，进一步壮大了红军的力量。

根据地的武装斗争同土地革命是分不开的。井冈山革命根据地建立初始阶段的主要任务是发动农民打倒土豪劣绅，分田工作只在个别地区试行。随着根据地的逐步稳定，1928年5月至7月，在边界各县掀起全面分田的高潮，年底颁布了《井冈山土地法》。

在创建井冈山革命根据地的过程中，红军中有人对于在四周白色政权的包围之中，小块红色政权的存在和发展缺乏信心，提出了“红旗到底打得多久”的疑问。1928年10月召开的湘赣边界党的第二次代表大会，通过毛泽东起草的决议回答了这个问题。决议指出，由于中国是帝国主义间接统治的经济落后的半殖民地国家，地方性的农业经济（不是统一的资本主义经济）和帝国主义划分势力范围的分裂剥削政策，造成了各派新旧军阀之间的矛盾以至连续不断的战争。红色政权可以利用这种条件坚持下来并得到发展。只要有继续向前发展的革命形势，有很好的党并制定正确的政策，有很好的群众，有相当力量的红军，有便利于作战的地势和提供足够给养的经济力，红色政权就能够存在和发展。

毛泽东、朱德等领导的井冈山革命根据地的斗争，代表着中国革命发展的正确方向。在革命处于低潮的时候，井冈山革命根据地的创建，以及在武装斗争、土地革命和根据地建设等方面的成功实践，不仅为各地起义部队实行“工农武装割据”树立了榜样，并且在革命者的心中燃起新的希望。

【资料来源】

——中共中央党史研究室：《中国共产党简史》，中共党史出版社2001年版

【评述】

南昌起义是中国共产党直接领导的带有全局意义的一次武装暴动。它打响了武装反抗国民党反动派的第一枪，宣告了中国共产党把革命进行到底的坚定立场，标志着中国共产党独立地创造革命军队和领导革命战争的开始。而井冈山革命根据地的创建，为中国共产

党领导的各地武装斗争树立了榜样，成为中国革命走上建立农村根据地，以农村包围城市，最后夺取全国胜利的道路的开端。

【深度思考】

1. 谈谈你对“三大法宝”之一——武装斗争的认识。
2. 阅读毛泽东同志的《星星之火，可以燎原》，并谈谈你的体会。

【阅读材料三】

遵义会议

遵义，自古就是黔北重镇。1935 年 1 月，中国工农红军在长征途中解放了这座城市。1 月 15 日，党中央政治局扩大会议即遵义会议就在遵义城琵琶桥（后改名子尹路，又改称红旗路）东侧 87 号原贵州军阀师长柏辉章的公馆里召开。红军入黔攻占遵义城以后，这里一直是中央军委、红军总司令部的驻地。

出席遵义会议的有政治局委员和候补委员毛泽东、周恩来、朱德、陈云、张闻天（洛甫）、秦邦宪（博古）、刘少奇、王稼祥、邓发、何克全（凯丰），中央秘书长邓小平，红军总部和各军团负责人刘伯承、李富春、聂荣臻、彭德怀、杨尚昆、李卓然、林彪，共产国际派来的军事顾问李德，翻译伍修权。

会议的主要议题是总结第五次反“围剿”以来的经验教训。首先由博古作关于反对敌人第五次“围剿”的总结报告。他的报告对这次反“围剿”战争失败缺乏应有的认识，并为其错误辩护。接着，周恩来代表军委作军事工作报告。他在报告中客观地总结分析了第五次反“围剿”战争以来的全面情况，批评了博古、李德在战略战术指导方面脱离中国革命战争实际情况的严重错误，并诚恳地作了自我批评。他认为红军正面临着比第五次反“围剿”战争时期更加严重的敌情，只有改变错误的军事领导，让善于运用运动战的毛泽东来指挥红军，红军才有希望，革命才能成功。周恩来的发言使与会同志看到了红军一定会获救和取得胜利的光明前景。

张闻天在会上作了批判“左”倾军事路线的报告，批判了博古、李德在军事问题上的一系列严重错误。他作为当时中央政治局委员兼书记处书记，能从“左”倾路线分离出来，对会议纠正错误的军事领导起到了重要的作用。

毛泽东在会上作了重要的长篇发言，着重批评了“左”倾冒险主义在军事领导上所犯的一系列根本性的错误；并用前四次反“围剿”的事实，据理批驳了博古在总结报告中为第五次反“围剿”失败辩护的错误观点。与会同志绝大多数明确表示支持毛泽东的正确主张，批评博古、李德在军事指挥上的错误。

政治局扩大会议根据绝大多数同志的意见和要求，改组了中央书记处和中央革命军事委员会，毛泽东被选为政治局常委，取消了博古和李德的最高军事指挥权。推选张闻天代替博古在中央负总责，毛泽东、周恩来负责军事。随后，又成立了以毛泽东为首，周恩来、王稼祥参加的三人军事指挥小组。从此结束了王明“左”倾冒险主义在党中央的统治，确立了毛泽东在红军和党中央的领导地位。

遵义会议是中国共产党第一次独立自主地运用马克思列宁主义基本原理解决自己的路线、方针和政策方面问题的会议。它使红军和党中央在极其危急的情况下得以保存下来。从此以后，红军转败为胜，转危为安，胜利地完成了两万五千里长征。

【资料来源】

——人民网（http://www.people.com.cn/GB/historic/0115/647.html）

【评述】

在革命危急关头，党召开了具有伟大历史意义的遵义会议，确立了毛泽东同志在红军和党中央的领导地位，确立了毛泽东军事思想、政治思想的指导地位。这次会议是我们党走向成熟的重要标志。正因为有了以毛泽东同志为核心的党中央的正确领导，我们党才能坚持按照马克思主义基本原理，紧密结合中国的具体实际，独立自主地解决中国革命的重大问题，使中国革命转危为安，走上顺利发展的道路。

【深度思考】

1. 请谈谈遵义会议在中国新民主主义革命中的地位。

2. 请谈谈“左”倾路线对中国革命的危害。

【阅读材料四】

延安整风运动

一、延安整风运动的缘起

1942年是红军长征胜利的第六个年头，也是抗日战争爆发的第五个年头。为什么要在这么一个时候搞整风运动？这主要源自两个方面的原因：一是我们党在历史上曾犯有“左”右倾机会主义路线错误，特别是王明“左”倾冒险主义路线错误曾给我们党造成了极为严重的危害，致使中央红军不得不撤离中央苏区井冈山革命根据地，被迫实行战略转移。王明“左”倾路线错误虽已在1935年遵义会议上被纠正，但其危害没有来得及清算，流毒和影响没有来得及肃清。其表现是党风还不够端正，认识还不够统一，行动还不够一致。这种不端正、不统一、不一致的隐患，仍不时地干扰党的正确路线的贯彻执行，影响革命队伍的团结。因此，清算王明“左”倾路线错误的危害，肃清其流毒和影响，挽救那些因受影响而犯有错误的同志，势在必行。二是红军长征到达陕北后，不仅根据地得到了巩固和壮大，革命队伍也有了空前发展。从1937年到1940年7月，党员队伍由4万人猛增到80多万人。队伍的扩大，说起来是件好事，可是，这几十万新入党的党员，大多数来自农民及其他小资产阶级。他们虽有可贵的革命积极性，却不同程度地把一些非无产阶级的思想和作风带入了党内。不少人组织上入了党，而思想上并没有完全入党，甚至是完全没有入党。这样，党内就出现了马克思主义与非马克思主义的矛盾，埋下了思想不纯、组织不纯的种子。因此，整顿组织，清除某些混进党内的异己分子，整顿思想，开展一场马克思主义理论教育，已迫在眉睫，极为必要。

二、延安整风运动的内容

延安整风运动是有组织、有领导、有计划进行的。整风的内容是根据当时党内存在的问题和隐患，并在调查研究基础上设定的。其内容概括起来就是“反对主观主义以整顿学风，反对宗派主义以整顿党风，反对党八股以整顿文风”。

反对主观主义是延安整风运动的中心内容。因为它是当时存在于党内的一种危害极为严重的学风。它的主要特征是主观与客观相分离，理论与实践相分离。工作中，不从客观实际出发，只凭主观愿望办事。主观主义是反科学、反马克思主义的学风，它只能把革命引向邪路。主观主义分为两种：一种是教条主义，一种是经验主义。教条主义无视革命实际，不能用马克思主义的立场、观点和方法解决中国革命的实际问题，只能把马克思主义教条化。教条主义是当时存在于党内的主要危险，因为它最容易装出马克思主义的面孔，吓唬工农干部，欺骗天真烂漫的青年。经验主义则轻视革命理论的指导作用，把局部经验当作普遍真理。教条主义、经验主义，两者都是主观主义，都是“左”右倾机会主义的思想基础，是无产阶级革命的大敌。

宗派主义也是延安整风运动重点整治的内容。宗派主义说到家也是主观主义。不过，它是主观主义在组织关系上的一种表现。宗派主义最大的特点就是拉帮结伙，组织派别，破坏党的团结和统一。它是革命团体、革命组织的害群之马，是党内分裂的隐患。组织上的宗派主义同政治上的机会主义是联系在一起的，两者都根源于思想路线上的主观主义。政治上的机会主义必然表现为组织上的宗派主义。同样，组织上的宗派主义也必然会背离马克思主义的政治路线。在中国共产党的历史上，宗派主义曾多次给党的事业造成危害。第一次国内革命战争时期的陈独秀，土地革命战争时期的张国焘、王明等，都是通过组织上的宗派主义推行其政治上的机会主义的。宗派主义也有两种：一种是对内的宗派主义，一种是对外的宗派主义。对内的宗派主义倾向产生排内性，妨碍党的团结和统一；对外的宗派主义产生排外性，有害于党对全国各族人民的团结，破坏党的统一战线。不铲除宗派主义，中国共产党就难以领导人民取得民主革命的胜利。

党八股是主观主义、宗派主义的宣传工具和表现形式，是一种束缚人的思想，窒息马克思主义革命精神的形式主义。反对主观主义、宗派主义，也就必然要反对与其相匹配的党八股文风。1942 年 2 月，毛泽东在为整风运动所作的《整顿党的作风》、《反对党八股》报告中，都提到了“党八股”这个概念，并历数了它的八大罪状：第一，空话连篇，言之无物；第二，装腔作势，借以吓人；第三，无的放矢，不看对象；第四，语言无味，像个瘪三；第五，甲乙丙丁，开中药铺；第六，不负责任，到处害人；第七，流毒全党，妨害革命；第八，传播出去，祸国殃民。因此，不清除党八股，就不能启发生动活泼的革命思想，不能发扬实事求是的精神。

三、延安整风运动的宗旨和方针

延安整风运动的预备阶段始于 1941 年 5 月毛泽东同志在延安干部会议上《改造我们的学习》报告，止于 1944 年 4 月毛泽东同志在延安高级干部会议上作《学习和时局》的讲话，历时 3 年。这期间，既有来自日军、伪军“扫荡”的干扰，也有来自国民党顽固派制造的摩擦和封锁挑衅。然而，整风运动却进展顺利，成绩斐然。这除了得益于党中央的精心安排外，主要得益于党制定并始终坚持了得人心、顺民意的政策原则和宗旨方针。毛泽东同志曾反复强调："我们反对主观主义、宗派主义、党八股，有两条宗旨是必须注意的："第一是'惩前毖后'，第二是'治病救人'。"他说："全党要团结……要避免历史上错误的斗争方法，要实行惩前毖后，治病救人。"

"惩前毖后，治病救人"是说对以前的错误一定要揭发，不讲情面，要用科学的态度来分析批判过去的坏东西，以便使后来的工作慎重些，做得更好些。但是，我们揭发错误，批判缺点的目的，好像医生治病那样，完全是为了救人，而不是为了把人整死。任何人犯了错误，只要他不讳疾忌医，不固执错误，以至达到不可救药的地步，而是老老实实，真正愿意医治，愿意改正，我们就要欢迎他，把他的病治好，使他变为一个好同志。

"惩前毖后，治病救人"的方针既说明了整风运动要达到的目的，也讲清了人们在整风运动中应持有的态度和做法，使大家都感到放心、安心、舒心。全党同志在这一正确方针的指引下，很快就行动起来，积极地学习马克思主义理论，主动地揭发问题，自觉地开展批评与自我批评。不少受"左"右倾路线错误影响而犯有错误的同志也都放下包袱，端正态度，自觉地交代问题，自我爆发思想革命。一些新入党的同志则刻苦学习党的文件，钻研马克思主义著作，增强自身素质，提高理论水平。对于党的历史问题，由领导干部带头，在学习研究《"六大"以前》、《"六大"以来》两本党的文献资料前提下，联系实际，实事求是地批评了王明"左"倾冒险主义路线错误，使全党同志在马克思主义思想理论基础上获得了空前的团结和统一。"惩前毖后，治病救人"的方针，保证了延安整风运动的深入发展，健康有序。

四、延安整风运动的意义

延安整风运动是一场全党范围内的马克思主义教育运动，是一场以无产阶级思想克服一切非无产阶级思想的思想革命运动，也是一场党内打破"左"右倾机会主义错误思想禁锢的思想解放运动。这场运动不仅提高了党的无产阶级先进性，而且培养造就了一大批党员干部，为夺取抗日战争的胜利，乃至民主革命在全国的全面胜利奠定了基础。

【资料来源】

——杜宝玉：《中共党建史上的一面旗帜——1942 年延安整风运动》，《春秋》，2010 年第 3 期

【评述】

20世纪40年代的延安整风，是中国共产党历史上一次全党范围的普遍的马克思主义教育运动，也是一次伟大的思想解放运动。通过延安整风，中国共产党不仅初步确立了实事求是的思想路线，破除了将苏共经验和共产国际指示神圣化的教条主义，而且将马克思主义中国化的第一个理论成果——毛泽东思想确定为党的指导思想，从而极大地推动了马克思主义中国化的进程，对中国革命和建设事业产生了深远的影响。

【深度思考】

1. 请结合史实谈谈我党有关党的建设的理论。

2. 请谈谈你对我党“三大法宝”相互关系的认识。

第四章　社会主义改造理论

【导言】

"我们不但要善于打破一个旧世界，还要善于创造一个新世界。"当中国共产党脱下征衣，以胜利者和领导者的姿态"进京赶考"时，一个重大的考题迎面而来——如何在中国这样一个人口众多、经济文化落后的国家确立社会主义公有制制度。

以毛泽东为主要代表的中国共产党人，创造性地运用了马克思主义关于社会主义革命的理论，结合中国实际，实现了中国历史上最广泛、最深刻的社会变革。

【阅读材料一】

专家带来600吨资料　中国"一五计划"苏联帮忙

2011年3月14日，在十一届全国人大四次会议闭幕会上，《中华人民共和国国民经济和社会发展第十二个五年规划纲要》高票获得通过。60多年来，"五年计划"已成为我国最重要的整体发展规划。但在半个世纪前，制定和实施这样的规划对中国来说却相当艰难，在完成这一艰巨任务的过程中，苏联专家提供了重要的援助。

一、中国为"一五计划"向苏联求援

1951年春，从战争废墟中站起来的新中国为恢复和加速经济发展，开始编制《中华人民共和国发展国民经济的第一个五年计划》（以下简称"一五计划"），并计划从1953

年起开始执行。然而，新中国的缔造者们却面临着一个巨大的难题，那就是干部文化水平偏低，许多人无法胜任专业技术领域的管理工作，编制这样一项大规模经济建设计划更是难上加难。

新中国成立初期，新中国从国民党当局那里接收下来的各类工程师和技术专家只有2万余人，而且其中许多人尚未树立正确的政治观点。在当时的鞍钢，70名工程师中竟有62名是伪满时期遗留下来的日本技术人员。在遣返了政治立场不明的日本技术人员后，作为全国钢铁产业中心的东北，技术人员仅占全行业总人数的0.24%。在各工业领域中，全国总共只有78个设计单位，而各单位的设计人员均不超过500人。如此单薄的力量根本无法满足新中国全面恢复和建设国民经济的要求。在严峻的现实面前，周恩来总理认为，技术干部严重不足“将是中国工业化的一个重要障碍”，他感到中国迫切需要苏联专家帮助进行这一复杂的工作。

二、制订“一五计划”花了4年时间

早在1949年6月，刘少奇率领中共代表团访苏时，就提到了邀请苏联技术专家来华的相关事宜，并带回了200余名苏联专家，然而，对于编制“一五计划”这样的宏伟巨篇，这些专家显然不够。

1952年，“一五计划”的编制进入了第二个年头。8月，周恩来总理专程赴莫斯科与斯大林商谈，要求增派专家800名，数量之多让斯大林也感到为难。此外，中方还希望苏联提供各种工业标准和技术资料，用于“一五计划”的制订和实施。于是，1950—1953年间，苏联专家带来了大量科学文献和技术资料，总重达600吨。

在与斯大林的会晤中，周恩来还专门就“一五计划”的编制请教了这位苏联领导人。斯大林指出，“一五计划”草案中规定工业总产值每年递增20%，太高了，应降到15%或14%。他还说，计划不能订得太满，要留有后备力量，以应付意外困难。斯大林的这些意见得到了采纳。

为讨论中国经济建设问题，苏联援华总顾问阿尔希波夫还召开了连续3天的专家会议。在会上，许多来华的苏联顾问从各自的角度反映了当时中国存在的众多棘手问题。经过热烈的讨论后，阿尔希波夫充满信心地说：“很明显，问题很多，需要一个个解决。我们来中国不是为了游山玩水，也不是为了夸夸其谈，而是为了工作，工作！中国朋友完全信赖我们。所以，我们提出每一项建议时，一定要经过周密的调查研究，弄清楚实际情况，切不可粗心大意，匆忙下结论。我们的工作不允许我们犯错误！”

尽管各方为了尽快拟定“一五计划”倾注了大量心血，但这毕竟是中国历史上第一次有计划地进行大规模经济建设，加上受到朝鲜战争的影响，“一五计划”虽几经修改，但直至1953年仍未最终定稿，然而，中国经济建设的脚步不能再等了。于是，中国政府果断地决定按预定时间表开始进行大规模经济建设，“一五计划”进入边实施边编制的状态。

1953年4月，苏联方面向中国政府通报了苏共中央、苏联国家计委和有关专家对“一五计划”草案的几点意见：工业化和发展重工业的方针是正确的；要从政治上、舆论上、人民情绪上考虑，计划不仅要保证完成，而且一定要超额完成；要注意培养自己的专家；要加强地质勘探等发展经济的基础工作；要注意农业、手工业和小工业的发展等。这些意见虽是根据苏联经验而提出的，但基本符合中国实际，成为修改“一五计划”的重要参考。1955年7月，历经4年多的编制与修订后，“一五计划”终于在第一届全国人大第二次会议上通过。此时，这项计划已经实施两年多了。

三、“一五计划”奠定了新中国工业化基础

1956年，中国宣布“一五计划”提前实现。在“一五计划”实施期间，苏联总共援助了新中国150项（原计划为156项）建设项目，尽管这些援助都不是无偿的，但当时的这种援助确实是真诚的。这些项目帮助中国建立起了比较完整的基础工业体系和国防工业的骨架。有中国学者后来评价说，正是这些项目，为新中国奠定了工业化的初步基础。

除了援建项目，苏联援华专家也功不可没。据统计，到1956年底，在华工作的苏联专家人数超过了3 000人。他们传授先进的生产经验和技术，为新中国的经济建设作了很大的贡献。以石油工业为例，在学习了苏联的石油勘探方法后，中国石油工业的劳动生产率在3年间提高了3倍。

苏联专家的另一项贡献是帮助中国培训了大量技术人才。此外，中国还大量派遣人员到苏联学习考察，先后有近4万名中国公民赴苏学习，日后担任中国领导人的江泽民、李鹏等人都曾在这一时期赴苏学习，成为中国经济发展的骨干力量。

通过“一五计划”，中国建立了工业化的基础，拥有了自己的科技队伍。在此基础上，中国又相继完成了9个五年计划，逐步走上了经济发展的快车道。

【资料来源】

——张伟：《环球时报》第23版，2005年10月12日

【评述】

第一个五年计划是指从1953—1957年新中国仿照苏联工业化模式实施的第一个为期

五年的国民经济发展计划。到 1957 年底，第一个五年计划超额完成。“一五计划”奠定了我国社会主义工业化的初步基础，提高了人民生活水平，显示了社会主义制度的优越性，并初步积累了社会主义建设的经验。

【深度思考】

1. “一五计划”期间，我国取得了哪些经济成就？

2. “一五计划”有哪些经济影响和重要意义？

【阅读材料二】

三大改造：一代人的命运转折

新中国成立后的 1949—1956 年，成为民族工商业积极改造的 6 年，中国民族资本主义在此时迎来了历史上的最大转折。

一、荣毅仁接受改造，陈毅称其为“红色资本家”

新中国成立前，位于上海及江浙一带的民族工商业的商人，又开始了大规模的关于出路的抉择。当时的“十大资本家”，有 9 家举家迁徙，有的出国赴美或者赴欧，有的则跟随蒋介石去了台湾。

荣氏家族的大部分人也选择了离开，唯独荣德生执意留下来。他对此是有考量的，当年他在无锡创办的公益小学，在无锡解放前的两年里，一直是中共无锡工作委员会机关所在地。

1948 年底，中共无锡工委书记高山通过地下党转告荣德生，“搞好生产，不要外迁”。而荣德生对于共产党的“发展生产，繁荣经济，公私兼顾，劳资两利”的新民主主义的经济政策也十分重视，曾经反复研究。

荣毅仁的家眷，此时已经先期去了香港。对于荣毅仁的留下，如今有两种说法：一种是他决定与父亲共进退而自愿留下；一种是他那时在上海还有一起官司需要出庭，正好赶在上海解放那天，阴差阳错地留下了。

留下的荣毅仁接手了上海的荣氏企业。而此时的荣氏工厂已经成了个烂摊子。据上海市纺织工业局一份史料记载，当时，被其他荣姓家族抽走海外的资金高达1 000多万美金。

1949年6月2日，上海工商界人士在上海外滩中国银行大楼4层举行座谈会。荣毅仁第一次见到了当时的上海市市长陈毅和副市长潘汉年。

陈毅的一句“共产党鼓励工商业者在新上海的建设中起积极作用”，终于让荣毅仁心中的石头落了地。

之后，陈毅还带着家人公开到荣毅仁家里做客，表示要与荣毅仁交朋友。这些做法，在人心还不稳的上海迅速传开，有人称，这是“共产党团结工商界的一次感人动作”。

“团结”很快就真的有了动作。

1950年2月，国民党的飞机再次轰炸上海，导致了上海工商业的突然崩溃：工厂停工，资金短缺，销路不振。当时正值春节前夕，申新纺织几乎发不出工资。

一些申新六厂的女工直接找到荣毅仁家，堵在荣家的客厅，大有“不拿到工资不出荣家门”的架势。陈毅得知此事后，马上找总工会的负责人前去做疏通工作，并帮厂里申请了贷款，让他们暂渡难关。

1950年，荣毅仁从申新自身的生存出发，思考出关于“加工订货”的想法。这是针对很多工厂商品卖不出而想到的法子。当时的中央财委主任陈云对此高度重视，很快就将这一方法在全国进行推行。

所有这些，都让荣毅仁兴奋不已。只是他没想到，后面的转变比预料得更快。

下半年，朝鲜战争爆发，这对商人们来说又是一次发财的机会。许多商人不愿再接受加工订货，而想把商品拿到市场上卖高价。但为了完成政府任务，有些商人开始在商品里以次充好。最严重的是，解放军攻打舟山群岛，需要白棕绳，而次品使得在战斗中绳索绷裂，造成11艘船沉没，80人牺牲。

陈毅对此大怒不已，1951年底开始了“三反”、“五反”运动，在上海，让工人当面揭发“资本家”。有文章记录，那段时间，经常能看荣毅仁在8楼会场外眉头紧锁，兜圈子，踱方步，可见，当时他的思想斗争非常激烈。

1952年底，荣毅仁父亲荣德生去世，直到死荣德生仍不能理解“工厂全归工人主政”等违背企业运营模式的做法。

1954年，荣毅仁带头拉开申新纺织与政府公私合营的大幕。许多股东都不能理解，担心财产会全部被充公。荣毅仁却说：“社会主义是大势所趋，不走也得走。只要接受改造，大家就都会有饭吃有工做，而且可以保留消费财产。”

由此，荣家发展了半个世纪的产业变为国家所有。同年，申新集团成立，荣毅仁成为总经理。

而荣毅仁也因此举获得了共产党的尊重。当时的国务院副总理陈毅因荣毅仁率先接受改造而以上海市前市长的身份为他助选上海市副市长。荣毅仁最辉煌时，曾担任中国国家副主席。

二、新中厂总经理魏如：交出半生心血决心难下

一张62年前的照片，摄于上海虹口区保定路2号，主角是名噪一时的新中厂。

几间尚算高大的厂房，屋角却露出了木头椽子。总面积不过200平方米，约略容得下历经迁徙的几十台机器，为其遮风挡雨。

这看来似乎只是暂时的落脚之地。但年过半百的公司总经理魏如却没有料到，他开创的事业从此会在这里落脚，并与新时代同步前行。

1. 赫赫有名的公司只能借款苦捱

上海解放前半个月，魏如和他的新中公司面临绝境。

1925年，新中厂在泗泾路6号的一座小楼上挂牌，最初以生产抽水机、小型柴油机起步，在壮大之际迎来抗战。8年间，新中厂带着设备，一路迁徙至武汉、湖南、贵阳、重庆等地，为军队生产炮弹引信和江上船用发动机。

1947年，抗战胜利后，新中厂迁徙回上海，买下虹口区保定路2号重新开业。一年后，新中公司拥有了各种机床设备153台，生产各种引擎和柴油煤气发动机，还从美国引进“密烘铸铁”，改进和提高了铸铁技术。

在当时的上海乃至全国，新中公司赫赫有名。

盛名之下，新中公司却已举步维艰。在8年的迁徙生涯中，公司厂房曾多次遭受日军轰炸，损失惨重，另受1948年金圆券风波和货币贬值的影响，当年年终结账，公司账面仅盈余金圆券2.7万元，折合银元200元。

1949年，新中的经营状况进一步恶化，到4月份时，只能全靠借款和变卖材料支付员工薪水。当年5月8日，时任新中公司代总经理的魏如，在第十五届股东大会上作业务报告时说：“回忆去年股东会议时，本公司业务尚可。现受时局影响，营业萧条，门可罗雀，不胜感慨。公司从去年11月以来，每况愈下，全靠借款度日，前已借款约700银元，近为应付工资，又借美金2 000元。”

四处告贷之余，独坐时闻炮声，对于新中的存亡，魏如此时可谓失其方寸，只是勉力支撑。

2. 下决心公私合营

1949 年 5 月 27 日，红旗插满了上海的各个角落。这并没有立时卸下魏如心头的重负。作为资本家的他，对于新社会心存一丝本能的惶惑。

几天后，陈毅市长在中国银行大楼接见上海各界人士，魏如也在其中。陈毅谈到了新政权的经济政策是“发展生产，繁荣经济，公私兼顾，劳资两利”，凡是有利于国计民生的民族工商企业，党和政府都是会保护的。

这让一干企业家们心安了些。

作为国民经济恢复的基础，新政府对新中公司给予了大力扶持，政府订单相继递来，有淮南煤矿定制的抽水机，航运处定制的 75 匹、150 匹马力蒸汽引擎，工业部门定制的鼓风机，钢珠轴承以及密烘铸铁……

新中一改窘迫景象，当年年底，不但全部偿还了拖欠员工的工资和借款，还盈余人民币 9 100 万元（旧）。在旧时代苦辛备尝的魏如，此时对于新政权的好感自是不言自明。

1949 年 9 月，中华人民共和国成立前夕，《中国人民政治协商会议共同纲领》里提出了“公私合营”的口号。1950 年 12 月，政务院颁发《私营企业管理条例》，首次以法律形式提出公私合营，并指定分红方式——私方企业主占企业赢利分红的 60%。

好友胡厥文对魏如接受公私合营多有推动。胡厥文是魏如所在的民主新中国成立会的创办人之一。新中国成立后，胡厥文主动领导和主持夏令学习会、新时代工商学习会等各种形式的宣传活动，带头将自己的新民工厂转为公私合营。

也是因为胡厥文的态度，在 1952 年以前，参加公私合营的民族资本家，清一色都是民建的成员。

还有一个原因也促使魏如考虑公私合营方案。随着朝鲜战争的爆发，他所在的新中厂，已经开始为解放军试制各种军需装备，比如，在 1950 年 8 月，新中公司就为解放一江山岛承接了人民解放军所交办的“海格拉斯”汽缸头的试制任务。

交出自己倾注半生心血的工厂，这个决心魏如下得不轻松。连当时被誉为“红色资本家”的荣毅仁，在谈起自己那些转为合营的家族企业时，也不禁落泪。

1950 年末，魏如代表公司向上海市政府提出了公私合营的申请。一年后，新中公司与华东军政委员会工业部机械工业管理局签订协议书，决定成立公私合营新中机器厂。

从协议到实现公私合营，新中又等待了将近 1 年，其间因“三反”运动，一直到 1952 年 11 月 1 日才正式实现。1952 年 8 月“三反”结束，上海市人民政府副市长潘汉年宣布 303 家私营企业“五反”定案结果，新中公司被定为基本守法户。11 月 1 日，经华东财经委员会批准，新中公司正式实行公私合营，更名为“公私合营新中机器厂”。魏如被任命为厂长。

3. 当家做主人

1953 年的魏如，大部分精力投入了支援朝鲜战争，他作为第三批慰问团代表赴朝鲜慰问，新中也为前线生产了无数的汽车等物资。

这时，他所属的阶级赢来了真正意义上的公私合营运动。

1953 年 6 月，毛泽东在中共中央政治局扩大会议上提出了中共在过渡时期的总路线，也是这一年，明确提出了对民族资产阶级“利用、限制、改造”的六字政策。公私合营的速度开始加快。

华东局统战部和上海市委统战部召开了一次工商界人士座谈会。会上，统战部的领导们要求民族企业家开始实行公私合营。

与仓促应对的同行们相比，较早接受了公私合营的魏如，这时充当了大家的精神导师和与政府沟通的信使。他被工商联安排与资本家们座谈，向他们讲述公私合营的好处，推行爱国主义教育。1954 年，魏如当选为全国人大代表。

据好友胡厥文的回忆文章，随着时间流逝，魏如对公私合营越来越认同。毕竟，新中厂在公私合营后，工人的劳动效率上去了，厂区也开始扩展。

“当时都说当家做主人。”已经 80 岁的徐贵 16 岁时开始在上海一家机械工厂做工，他说，以前只是拿钱走人，到了公私合营后，他开始真的把厂当成了家。

无论私方还是公方的人，在最初的几年里，都表现得很敬业，企业井井有条。据上海工商联的资料记载，公私合营后，由于公方进行扩建和技术投资等，公私合营企业的劳动生产率比起同期的私营企业，增长了 1 倍多。

不过，依然有一些小私营业主并不愿意合营。周南的父亲就是一个。

现在已经去世的老人当时开着一间不大的杂货铺，他固执地认为，这是他的祖业，不能为外人所用。老人坚持到了 1955 年底，终于写下检查，主动申请公私合营。

1955 年 12 月，毛泽东在一次座谈会上再次提出：“工商业和手工业的社会主义改造，也应当争取提早一些去完成。”

全国掀起了公私合营的高潮。私人企业主的利润分红被取消，改为根据股份每年发放相当于股价 5% 的利息。10 年后，这些私有资产全部收归国有。

1955 年末，上海工商联召开了 15 场大会，由荣毅仁、魏如和胡厥文等 15 位参加了全国工商联大会的委员向大家传达中央指示。

1956 年 1 月 20 日，上海市工商联在中苏友好大厦（今上海展览中心）正门前广场上召开“上海市资本主义工商业申请公私合营大会”，上海剩下的私营业主都在这一天提交了公私合营申请书。

又过了10年，私人工商业收归国有的期限来临，新中正式与魏如脱离联系。也是在这一年10月，魏如患膀胱癌去世。按照他的遗嘱，家人将他的遗体捐给华山医院做医学用途。

1980年，国有的新中机器厂迁至共和新路。今日，原地已是一片居民区，没有人知道，50多年前这里是鳞次栉比的私营厂房。

改制后的新中机器厂，人员换过几茬，跟魏氏后人失去了联系。这位曾负盛名的企业家和他的机器厂在新中国产业史上留下的辙印，只能从书籍和档案资料中搜寻了。

三、"火柴大王"刘鸿生：受周恩来感召返回大陆

旧中国著名的"实业大王"刘鸿生的产业也随着近代中国变动的政局而飘摇不定。

他曾说："中国之所以受气，是因为没有工业，没有科学，因此就想利用口袋中的现钞做点事。"于是，他相继开创了一系列的民族企业。

20世纪20年代初，刘鸿生以自己的经济实力，开始经营火柴、水泥、纺织、码头等与民生攸关的实业，业绩显著。

1934年，他兼并了长江沿岸7家中小火柴厂，成立了大中华火柴公司。不久，"大中华"的资本激增至365万元，年产火柴15万箱，成为当时中国规模最大的火柴公司，刘鸿生也被人们冠以"中国火柴大王"的称号，并以此开始了"刘氏托拉斯"的梦想。

"刘氏托拉斯"和同时代的民族企业一样，在政治的变动中风雨飘摇。

20世纪30年代，刘鸿生因同意出任人人视为畏途的招商局轮船公司总经理而得罪了一批官商。与此同时，他自己的"刘鸿记账房"也陷入欠债危机，当刘鸿生向曾经许诺的宋子文求助时，却只得到了宋子文的嘲笑。

抗战开始后，住在上海租界的刘鸿生不仅担当起了中国红十字会总会副会长，而且还动员子女参加"八一三"淞沪抗战爱国后援工作。在受到蒋介石家庭宴请后，他更是担当起了向"大后方"提供物资援助的重任。

刘鸿生积极部署，在港、渝、川东创办了火柴厂、毛纺织厂、火柴原料厂，并冒着虎口夺食的危险，派四子刘念智将浦东章华毛纺织厂的机器费尽千辛万苦从上海运出，辗转缅甸仰光运抵陪都重庆。

然而，在随后筹款开工时，刘鸿生却遇到了无法解决的困难，此时他才大呼上当："我这个昔日上海的大老板，如今倒成了他们的小伙计啦！"

1949年4月，他远走香港，后来在周恩来的感召下，毅然返回大陆。1956年初，官

方实行公私合营政策，刘鸿生拿出其价值 2 000 多万元的刘氏企业申请公私合营。

同年 10 月 1 日，刘鸿生平静地离开人世。他告诫后人："定息可以分取，但不要多取，每人至多拿几万元，拿多了对你们没有好处。其余的全部捐献给国家，这是我对中国共产党一点微小的表示，也是我最后的嘱咐。"

四、张小泉剪刀：手工业改造成就最鼎盛时期

2007 年 6 月 9 日是中国第二个"文化遗产日"，文化部在这一天公布了第一批国家级非物质文化遗产传承人名单。其中，徐祖兴和施金水两位老人作为张小泉剪刀锻制工艺的传承人代表位列其中。

中国剪刀素有"北有'王麻子'，南有'张小泉'"之说，杭州"张小泉"剪刀经历 300 多年的风吹雨打流传至今。"张小泉"剪刀与其说是一种传统技艺和企业品牌，更不如说是一种民族文化的象征。

72 道传统手工锻造技艺，344 年炉火不熄。

"申遗"成功后，两位古稀老人频频露面，作为特约嘉宾出席各种文化活动，接受当地主要官员的接见，并向外宾展示中国传统的手工技艺。

1．最后的传承人

1963 年，徐祖兴锻制的民用剪刀被选为国礼，在刘少奇主席出访印度尼西亚等 5 国时赠送给外国元首作为礼物。1965 年以来，他锻制的民用剪刀连续 5 次获得全国剪刀质量评比第一名。

美人迟暮，英雄气短。古稀之年的徐祖兴很长时间只能做象征意义的表演，现在却连表演也力不从心。前段时间厂里说要让他带个徒弟，把他的技术保留下来，但一直没动静。徐祖兴说："我想现在的年轻人很难有毅力学这个，古语说世上三般苦：打铁、撑船、磨豆腐。父母万不会让儿女从事这三样苦职业的。"

徐祖兴当初走上做剪刀之路完全是迫不得已。他是萧山人，6 岁时和父母、姐姐一起到杭州谋生。生活清苦，为了补贴家用，13 岁时他被介绍到一家剪刀作坊当学徒，备尝艰辛。

徐祖兴也是认同那句古训的，他也没有将自己的技艺教给儿子，他儿子对记者笑着说"做剪刀太苦了"，他对这项古老技艺也没有太多兴趣。

施金水也是出生在萧山的贫苦家庭，兄弟 5 人，还有 2 个妹妹。为了能吃上饭，15 岁的施金水到杭州的一家剪刀小作坊做工。

施金水的身体尚算硬朗，他的家就住在张小泉剪刀厂的附近，厂里有什么活动他都能

骑车过去。他的小儿子现在在剪刀厂上班，当初为了让儿子进厂顶自己的班，他在1983年提前退休。然而，这并不是所谓的“子承父业”。在现代化的生产状况下，他的小儿子只负责工业生产中的一个环节。

按照张小泉的剪刀工艺，手工锻制一把剪刀要经过72道工序，而在工业生产下，制作一把剪刀的工序则从72道减为24道，甚至只有9道。弃简从繁，没有人去做这样的选择。

据杭州张小泉剪刀集团的统计，能够用纯手工制作“张小泉”剪刀的老师傅尚有46位在世，现在只有徐祖兴和施金水两位老人的身体能够支撑着制作剪刀，更多的老人则神志模糊，一些老人已经躺在床上不能动弹了。

徐祖兴感叹说：“很多老人都已经走了，当初建厂的时候我还是年轻小伙子，现在也老了。”施金水也表示了自己的担忧，这项历经344年的传统手艺即将面临失传的危险。

2. 344年的手艺

早在半个世纪前，张小泉的制作工艺还是一派欣欣向荣的景象。当时，张小泉的剪刀作坊在西湖边已经屹立了近300年，几十家小作坊在热火朝天地生产。

“一台炉灶一把锤子，一只风箱一把钳，一柄锉刀一条凳，一块磨石一只盘。”这是纯手工制作一把剪刀的必备工具。从一根铁到一把剪刀，共有72道工序，全部靠手工凭体力完成。

剪刀师傅有句俗话：“后面扑扑叫，前面结糊焦。”这话是用来形容剪刀师傅冬天干活时的辛苦的：背后的衣服被西北风吹得扑扑响，很冷很冷，而前胸却在炉膛烘烤和锻打的共同作用下，像饭锅底烧焦结成的锅巴。

徐祖兴回忆说：每天早晨3点左右，他和两个师兄弟就得起床，先把做剪刀的工具收拾好，然后一直做到晚上8点多，晚上就在门板铺上睡觉。师傅也就管饭，学徒是没有一分钱工资的，这样的生活持续了整整5年。

徐祖兴年满18岁出师，按照旧社会的规矩，学徒出师的第一份工作必须是师傅介绍的。

按照祖辈的传统，徐祖兴将来也会开作坊，收徒弟。正是依靠这样的薪火相继，张小泉剪刀才能在西子湖畔生根发芽、世代相传。

此时，历史的时针指在1953年，共和国的工商业改革在全国展开。在政府部门的组织下，原先的小作坊全部统一在一起，成立了一个制剪生产合作社，有职工423人——这一年被认为是张小泉剪刀厂的诞辰。

虽然是成立了合作社，但原先作坊里的工人并没有感觉到太多的异样，伴随着他们的依然是灼热的炉火和“叮叮当当”的敲打声，没有弹簧锤和电脑办公，当时的剪刀厂和300年前张小泉的手工作坊并没有差别。

徐祖兴有一手娴熟的制剪技术，因为是熟练工，他拿到了几十块钱一个月的高工资。施金水当时也是工厂里的骨干，一般人要苦学3年才能独立做一把剪刀，而施金水只用了1年的时间便做到了。他在厂里负责质检。

3．福兮祸兮

很快，这个新成立的合作社迎来了一个发展的高潮。

1956年，毛主席在《加快手工业的社会主义改造》一文中特别指出：“……提醒你们，手工业中许多好东西，不要搞掉了。王麻子、张小泉的刀剪一万年也不要搞掉。我们民族好的东西、搞掉了的，一定都要来一个恢复，而且要搞得更好一些。”

这个指示在张小泉的发展史上产生了里程碑式的意义，制剪社正式恢复了张小泉称号。国家拨款40万元，加上筹备会自筹的20万元，新企业在1956年10月破土动工。

1957年是张小泉剪刀手工锻制的最鼎盛时期，企业有70余台炉灶，上百名钳手。到了1958年，地方国营杭州张小泉剪刀厂正式被政府授牌成立，当时企业的员工已达816名。

但谁也没有意料到，之后的技术革新会出现得如此之快：1959年，弹簧锤开始在剪刀制作中得到应用，这被称为中国剪刀史上一次历史性革命，中国剪刀延续3 000多年历史的手工锻制被机械取代。

施金水说：“机器生产减少了工序，劳动强度降低，工作效率提高。”虽然在剪刀“咬口”的细节处理上，没有纯手工的细微，但在工业化生产的状况下，那都是可以忽略不计的小问题。

徐祖兴说，按照原来人工的生产速度，5个人的小作坊一天只能做100把半成品剪刀，而且质量参差不齐。工业化的情况下则可以大规模生产，而且质量都牢靠。

以1985年一份剪刀市场的销售报告为例：全国10多亿人口，2亿多个家庭，一个家庭5年买一把剪刀，全年就需要有5 000万把，靠手工怎么能满足市场的需要？由此可见，没有任何理由排斥新技术的应用，于是，从1962年开始，张小泉剪刀厂开始了机械化生产的第一步：引进了弹簧锤。原本沉重的人工锤打被工业机器取代，此后宕磨机、砂轮机、鼓风机等被陆续应用，在随后的发展中，电镀等工艺都由机器完成，张小泉生产和技术水平产生了极大的飞跃。

从这时候开始，徐祖兴和施金水再也不用像以前那样辛苦地做剪刀了。

4．“断档”的危险

到20世纪80年代，“张小泉”剪刀90%以上的工序实现了机械化和自动化。小作坊时代一去不返，做一把剪刀最少只需9道工序。

徐祖兴和施金水不再是传统剪刀作坊里的大师傅，而是工业生产下一个环节的操作者。1967年，徐祖兴任工业剪刀车间的主任。1981年，他被调到供应科工作。1984年，成为门市部负责人，一直到1991年退休。

施金水也一直担任企业的管理人员，直到退休。

他们对手工制作张小泉剪刀的各个程序都了然于胸，提供给记者的履历表上，也写着他们传艺带徒的经历，但这和他们当年手工作坊下拜师学艺是完全不一样的。

徐祖兴说：“我在厂里虽然也带过徒弟，但不是过去那样，我只是教会他们某一部分的程序，他们没有完全掌握手工制作的全过程。”

在政府支持下，张小泉集团正对传统手工锻制工艺采取抢救性保护措施，一方面，收集整理施金水、徐祖兴等传承人的技艺，编撰成书籍保存；另一方面，想办法利用现有生产线培养一批技术能人，学习完整的传统工艺，恢复72道工序的古法工艺流程。

但直到现在，徐祖兴和施金水还是没有收到徒弟。施金水的大儿子曾经做过手工剪刀，但现在也已经改行，“太苦，也赚不到什么钱，费那么大力气不如做别的了”。

两位老人担心，传承344年的技艺真要在自己手里“断档”了。

【资料来源】

——1. 吴琪：《三联生活周刊》，2009年第18期

——2. 龙婧：《瞭望东方周刊》，2009年第12期

——3. 张圻福，韦恒：《火柴大王刘鸿生》，河南人民出版社1990年版

——4. 王彬，赵永久：《张小泉剪刀：最后的传承人》，《都市文化报》A5版，2007年7月19日

【评述】

我国对农业、手工业和资本主义工商业生产资料私有制的社会主义改造，在理论上和实践上丰富和发展了马克思列宁主义的科学社会主义理论，极大地促进了工、农、商业的社会变革和整个国民经济的发展，实现了把生产资料私有制转变为社会主义公有制的任务。我国初步建立起社会主义的基本制度，并从此进入社会主义初级阶段。

【深度思考】

1. 社会主义改造采取了哪些形式？

2. 社会主义改造的实质是什么？有何历史意义？

【阅读材料三】

新中国成立初期：由新民主主义社会理论到过渡时期总路线

社会主义作为一种理想制度，在19世纪末20世纪初就已被介绍到了中国。但是，对于究竟社会主义是什么样子的和怎样实现社会主义等问题，不仅一般人不清楚，就是以它为远大目标并为之奋斗的中国共产党人在那时也不甚了了。中国共产党对社会主义的认识来源有两个：从理论思想来说，主要是来自马克思、恩格斯、列宁，还有后来的斯大林等人的著作；就实践模式而言，则是来自苏联铸就的社会主义制度。理论毕竟是原则的、抽象的，并带有主体的想象成分。20世纪30年代中期，苏联宣布建成社会主义社会以后，我们党对社会主义的认识基本上以苏联模式为蓝本，认为这是按照马克思、恩格斯的理论设计筑成的社会主义大厦，没去怀疑过它的规格与质量是否符合标准，并且无限向往。1938年四五月间，毛泽东在给陕公、抗大的学生发表演讲谈及苏联社会主义时说：现在中国县长月薪不过200元，而苏联工人有500元的进款；苏联从前非常朴素，现在却富裕得很；每个人可当大学生，不论马夫、伙夫、农人都可以天天看电影，可以学科学，可以每人有汽车。他谈到共产主义社会时说，苏联今天还是社会主义社会，而共产主义却是"各尽所能，各取所需"。我想要多少衣服便有多少，你要帆布床便给帆布床，家里小孩子多便多要小桌子。为什么能那样？因为丰富得很，所以能解决问题。苏联今天还不是这个样子，只能"各尽所能，各取所值"。如一家8口，2个人做工，得300元；5口人家2个人做工，也得300元。这是不平等。人手少，病多，小孩子多的便吃亏。苏联的社会还不能平等，因为没有这么多的东西呀！要到共产主义社会，一切都好办，那便到宿营地了。

毛泽东的这两段话是对社会主义、共产主义的形象描绘。现在看来，虽然它把握住了社会主义社会的两个基本点——公有制基础上的普遍富裕和各尽所能、按劳分配原则下的平等，但毕竟比较漫画化，即对苏联的描绘理想化了，与苏联20世纪30年代的实际不完全相符。毛泽东当时没到过苏联，难免有上述局限。但就是在苏联生活、学习和工作过的一些同志回到国内后也大都是这样介绍的。在20世纪30年代，我们党对于社会主义的认识还处于幼稚阶段，既有几分天真烂漫，又不能不带有某种表面性、片面性和盲目性。这种认识影响了我们党几十年，直到新中国成立初期还未摆脱，尽管已有了一些理论性的表述。这就是党对社会主义认识的起点。

尽管对于社会主义蓝图，中国共产党当时不可能有更多的独立思考，但是，在中国实现社会主义的途径上，中国共产党则表现了巨大的创造性。《新民主主义论》的伟大功绩在于，它不仅提出了新民主主义革命的正确理论，而且提出了新民主主义社会的正确理论，即在新民主主义革命取得胜利之后建立新民主主义社会，然后过渡到社会主义社会。党的七大和七届二中全会继续阐发并深化了新民主主义社会的理论，为实现中国革命的转变作了重要准备。

按照《新民主主义论》，新中国成立，既意味着新民主主义革命的胜利，也意味着要建设新民主主义社会。中国人民政治协商会议通过的《共同纲领》，最初曾拟名为“新民主主义的共同纲领”，后来几经修改才去掉了“新民主主义”的定性称谓，但新民主主义社会的思想没有改变。《共同纲领》实质上是一个建设新民主主义社会的纲领。它描绘了新民主主义社会的蓝图，规定了新民主主义社会的各项政策。后来，刘少奇讲“巩固新民主主义制度”，并没有提出另外的构想，其主旨是强调贯彻《共同纲领》所制定的各项新民主主义政策。新中国成立头三年，中国共产党是老老实实、不折不扣地按照《共同纲领》来建设新民主主义社会的。尽管其间一部分党内同志有些急躁情绪和糊涂观念，但党中央领导人的基本思想是一致的。七届三中全会统一了党内认识，带领全国人民经过3年时间，迅速恢复了遭到严重破坏的国民经济，到1952年底全国工农业生产已超过历史最高水平。

正当全党和全国人民努力建设新民主主义社会的时候，毛泽东与党中央其他领导人开始酝酿过渡时期总路线问题，并于1953年向全党正式提出，1954年被载入中华人民共和国宪法。这是不同于原来的新民主主义社会理论的向社会主义转变的又一个设想。它的提出和实行对于共和国的历史发生了深刻影响。

新民主主义社会理论到新中国成立之初虽然已有10多年历史，但作为一种理论在全国范围内的全面实践则仅仅是开始。为什么毛泽东不强调贯彻这个理论，并要改变这个理论的实践呢？过渡时期总路线尽管有一个酝酿过程，从有关文献中也能找到一些材料说明这个思想的逐步形成和完善过程，但是，从党的思想发展史来看，毛泽东提出这个思想的直接动因是什么？他的思想理论为什么会有这样的变化？对于这些问题，目前党史界正在展开深入的研讨，这里只能作些初步的大概的分析。

第一，新中国成立以后，各项政治运动和国民经济恢复工作的顺利开展，为毛泽东提出或明确社会主义改造任务创造了良好的客观环境。由新民主主义阶段理论到过渡时期总路线的一个重要变化是提出或明确了社会主义改造问题。毛泽东原来说 20 年转入社会主义和在很远的将来实行私营工业国有化和农业社会化，是就完成这些任务的下限时间或终点讲的，至于何时开始进行这些工作，他没有明确的时间表。新中国成立以后实行的对官僚资本主义企业的没收和对私营工商企业实行的加工订货、统购包销等初级国家资本主义形式，以及对老解放区互助合作运动的提倡等，尽管在当时还没有产生逐步在向社会主义过渡的观念，但这些工作的进行无疑促进了这个思想观念的形成。那几年其他各项工作的顺利开展或提前完成，也使毛泽东感到有了一个很好的历史机遇。在 1958 年春天的成都会议上，他在回顾这段历史时说：七届二中全会对社会主义问题已讲清楚，当时没有公开讲，直到 1953 年才讲，原因是朝鲜战争、恢复经济、土地改革。但是，那时做的 80% 是社会主义的，20% 是半社会主义的。当时不讲有个策略问题。这把他的一些深层想法讲得比较清楚。对于过渡时期的《宣传提纲》，他解释说：在头三年中，人民民主专政的政权巩固了，社会主义经济在整个国民经济中的比重增长了，它的领导作用确立了而且加强了，经济恢复工作基本上完成了。从 1953 年起，我国已从经济恢复阶段进入了有计划的经济建设阶段，党在过渡时期的总路线也就有了更进一步明确化和具体化的必要。

第二，经过同资产阶级一次又一次的较量与斗争，毛泽东对于资本主义经济有利于国计民生的积极作用估量不足，也就是过重地估量了其消极破坏作用，忽视了其长期存在的历史价值，因而明确提出改造、消灭的政策。对资产阶级政策的变化是提出总路线后最带有实质性的变化。1951 年 7 月 5 日，刘少奇在对中央党校学员的报告中曾讲到资产阶级的态度对党的政策的影响，他说：实行工业国有化是一个严重步骤，性质是开始破坏资本主义的私有制，方式现在不能决定，实行时间和方式要看当时情况和资产阶级的态度才能决定；资产阶级的恶劣态度可能逼迫我们要早一些，并采取激烈一些的方式来实行这一步。对资产阶级表现的认识，正是毛泽东改变政策的一个重要原因。尽管七届二中全会指出了限制和反限制的斗争是新民主主义国家内部阶级斗争的主要形式，并号召全党要有一定的警惕，但这毕竟只是抽象的认识。新中国成立伊始，私人投机资本对物价和市场的猖狂破坏，不法资本家对朝鲜战争中援朝物资的偷工减料以及盗骗国家资财等种种活动，将资产阶级唯利是图、贪婪无度的本性以及强烈发展资本主义的倾向和竭力摆脱国家限制的欲望暴露无遗。在国家正常的经济秩序尚未建立，相应的法律体系还不健全的条件下，人民政府组织一次又一次的斗争打击资产阶级的违法活动，使其陷于完全孤立的境地，在社会上变为“臭阶级”。“三反”、“五反”运动以后，资产阶级也深深感到无路可走，不能自立，于是主动要求国家“计划他”。这样，便提出了在过渡时期经过国家资本主义去完成对于资本主义工商业的社会主义改造的重大政策。

第三，苏联过渡时期的理论和实践的影响。毛泽东在1955年的党代表会议上说，过渡时期总路线是“根据列宁关于过渡时期的学说，总结了中华人民共和国成立以来的经验”而提出的。其实，列宁关于过渡时期的学说有一个变化过程。在十月革命后实行战时共产主义政策时，列宁对过渡时期无产阶级与资产阶级的斗争看得十分严重。而1921年新经济政策的提出则标志着列宁根据小农经济占极大优势的苏联的具体条件改变了他原来对资产阶级在过渡时期作用的认识。后来，斯大林改变了新经济政策，恢复列宁1921年前讲的过渡时期理论，在苏联实行农业全盘集体化运动，向社会主义过渡。毛泽东提出过渡时期总路线是以列宁1921年前的和斯大林的过渡时期理论与实践为根据的。中宣部的《宣传提纲》在说明总路线时也主要引述的是列宁和斯大林在这方面的言论。这与新中国成立初期号召全党学习《联共（布）党史》第9章到第12章和列宁、斯大林论社会主义改造与建设的著作不无关系。1955年9月，过渡时期的提法由“从新民主主义到社会主义”改为“从资本主义到社会主义”，也是沿用列宁、斯大林的上述观点。我认为，这不仅仅是一个提法的改变，还表明毛泽东已认为新民主主义社会理论完成了它的历史作用，不再具有积极的现实价值。1956年初，我国在社会主义改造超前实现之后宣布进入社会主义，也是以斯大林的“小过渡”理论和实践为依据的。斯大林在1930年7月联共（布）第十七次党代表大会上谈到苏联社会主义改造已经完成之后说：“我们已经走出旧意义上的过渡时期而进入在全线直接展开大规模社会主义建设的时期。很明显，虽然我们离建成社会主义社会和消灭阶级差别还很远，但是，我们已经进入社会主义时期。”在1956年1月的全国知识分子会议上，毛泽东在讲话中说明我国已进入社会主义时，将“进入”与“建成”加以区别，其理论根据亦源于斯大林（当然，这个区分是正确的）。

第四，哲学观点上的变化和“不断革命”思想的形成是提出过渡时期总路线的哲学理论根据。抗战初期，毛泽东在抗大讲演了《实践论》和《矛盾论》。新中国成立之后，毛泽东对“两论”进行了校正、修改，分别于1950年12月和1952年4月发表。对《矛盾论》，毛泽东作了较大修改。其中一个较为显著的改动是更加强调客观事物的可变动性和转化性，批评僵死的、凝固的观点。人们熟悉的共产党人的任务就是“促成事物的转化，达到革命的目的”之名句，正是修改时添加的。毛泽东的这个观点是对中国革命经验，特别是抗日战争和解放战争经验的总结。就解放战争而言，毛泽东很强调部队打仗要不怕疲劳和连续作战，认为这是打败蒋介石的重要方法，也是我军的十大军事原则之一。在占领南京后，毛泽东还强调要乘胜追击，革命到底（这些都是正确的决策）。《矛盾论》的修改不能不对这些经验作哲学概括（这个概括无可非议）。毛泽东当时虽然没有使用“不断革命”的概念，但这个思想已经有了。所谓“趁热打铁”，即是其通俗表述。周恩来在解释过渡时期总路线的提出时说：毛主席指导工作有一个原则，当一个任务完成了的时候，就要赶快提出新的任务，以免松懈下来，我们现在就应该提出新的任务。毛泽东后来在成都会议上谈及新中国成立初期的有关情况时说：过去曾发生老区土改后社会主义改造的劲差一些；原因是新区土改后接着搞合作社，群众没有习惯于“新民主主义秩序”——实际上是资本主义民主秩序，发展资本主义；不断革命就是从这里来的。这就道出了他的思想变化的缘由之一。

第五，新民主主义社会理论本身的某些不明晰和不确定性，使毛泽东在贯彻理论的彻底性原则时不能不将它加以改变。新民主主义理论是伟大的创造性理论，但是，它对于新民主主义社会的某些论述却存在漏隙。例如，关于两个阶段转变时间的衔接不明确。《新民主主义论》说：通过新民主主义革命建立新民主主义社会，以完结中国革命的第一阶段，然后再使之发展到第二阶段，以建立社会主义社会。在这里，新民主主义社会作为第一阶段革命的结束是明确的，但是，立即开始第二阶段的社会主义革命还是经过一段新民主主义社会之后再进行社会主义革命则不明确。既然不明确，就可以有两种理解。总路线提出前，刘少奇是作后一种理解。毛泽东提出总路线，属前一种理解。这就是党内最初的认识分歧的一个由来。再如，对于新民主主义社会实质的认识，毛泽东是不确定的。在相当长的时间内，毛泽东认为新民主主义社会即是新资本主义社会。在1944年3月的一次讲话中，他说：现在我们建立新民主主义社会，性质是资本主义的，但又是人民大众的，不是社会主义的，但也不是老资本主义的，是新资本主义。1945年在党的七大的结论中，他还说：蒋介石是半法西斯半封建的资本主义，我们是新民主主义的资本主义；新民主主义的资本主义将来还有用。到了1948年9月的政治局会议，他又批评这种提法说：外面有人说，我们的经济是“新资本主义”，我看这个名词是不妥当的；因为他没有说明在我们的社会经济中起决定作用的东西是国营经济、公营经济；名字还叫新民主主义经济好。新中国成立以后，党既掌握政权，又控制国家经济命脉，于是就存在一个发展方向问题，也有一个明确新民主主义社会的性质问题。他批评“新民主主义秩序”是“资本主义民主秩序”、表明他又回复到了新民主主义社会是“新资本主义社会”的认识。如果说在抗战时期，为了成立国共合作的联合政府，强调“新资本主义”有策略的考虑，那么，新中国成立之后，持这种观点，真的搞20年的“新资本主义”，对于毛泽东来说，已经是难以容忍了。提出过渡时期总路线，就是要进一步明确中国革命的社会主义发展方向。

【资料来源】

——石仲泉：《我观毛泽东》，中共党史出版社 2004 年版

【评述】

中国必须要走社会主义道路，新民主主义社会要过渡到社会主义社会，这在民主革命时期已经明确。但是，对于何时过渡，怎样过渡的问题，毛泽东和党的其他领导人的认识经历了一个从先搞工业化建设再一举过渡到建设和改造同时并举、从中华人民共和国成立起即逐步过渡的发展变化过程。过渡时期总路线的提出和实行对于共和国的历史发生了深刻影响。

【深度思考】

1. 新中国成立后，如何实现从新民主主义社会向社会主义社会的过渡？

2. 中国为什么在 20 世纪 50 年代选择了社会主义？

第五章　社会主义的本质和根本任务

【导言】

"什么是社会主义，怎样建设社会主义"，这是邓小平理论探讨的主旋律。社会主义的本质实际上已回答了"什么是社会主义"这一主题。从了解我国对社会主义的初步认识到社会主义本质最后提出的过程，为我们党对社会主义本质的论述提供了有力的保证。另外，在此基础上，对社会主义根本任务的探讨使社会主义的目标更加切合实际。这是本章的基本线索。但是，理论是抽象的，如何使抽象变得更为具体，如何使实践能印证理论，这就需要我们阅读更多的典型案例和历史资料。

【阅读材料一】

苏联解体回头看

一、苏联解体渐成必然

2006年12月25日是苏联解体15周年的日子。

回顾1991年苏联解体的历史，看看近15年来在这片土地上发生的变化，人们不免感慨万千。一个昔日的世界超级大国似乎顷刻间就瓦解了，今天，在它的基础上诞生的众多国家亦是几家欢乐几家忧。

1991年是苏联存在的最后一年，也是独联体各国纷纷获得独立的一年。这一年的12

月 8 日，俄罗斯、乌克兰和白俄罗斯三个苏联加盟共和国的领导人叶利钦、克拉夫丘克和舒什克维奇，在白俄罗斯的别洛韦日签署了《独立国家联合体协议》，宣布“苏联作为国际法主体和地缘政治现实将要停止存在”。12 月 21 日，苏联加盟共和国俄罗斯、乌克兰、白俄罗斯、摩尔多瓦、阿塞拜疆、亚美尼亚、哈萨克斯坦、乌兹别克斯坦、吉尔吉斯斯坦、塔吉克斯坦和土库曼斯坦在哈萨克斯坦首都阿拉木图会晤后，签署了《关于建立独立国家联合体协议的议定书》，正式宣布独联体成立（格鲁吉亚后加入）。12 月 25 日，戈尔巴乔夫黯然辞去苏联总统一职，同时，苏联国旗从克里姆林宫总统府楼顶被降下，只差 5 天就满 70 年的苏联悄然退出国际政治舞台。

镜头回放到 1922 年 12 月 30 日，在列宁的建议下，当时在俄国版图上建立的各民族国家或俄联邦代表在莫斯科召开苏维埃代表大会，会上通过了苏维埃社会主义联盟（简称“苏联”）宣言和联盟条约，正式宣告苏联诞生。这是继 1917 年十月革命后，在俄国和世界历史上发生的重大事件之一，它奠定了苏联后来成为世界超级大国的政治基础。从斯大林领导的工业化、赫鲁晓夫时代的“赶超”到勃列日涅夫时代提出建成“发达的社会主义社会”，苏联经过 50 多年的努力，到 20 世纪 70 年代综合国力已经达到与美国相匹敌的程度，成为世界第二大强国。

然而，在苏联经济迅速发展的过程中，所伴生和积累的一些体制性弊病也暴露得日益明显，并且开始制约着经济稳定增长和社会健康发展。政治上的一党乃至一人集权，领导人的年迈体弱，以及党政机构的特权和腐败等都致使国家政治空气压抑难耐，社会死气沉沉；经济上高度的计划体制，逐步由原来的高效率转变成为抹杀包括公有制在内的各类经济体和个人积极性及创造性的罪魁祸首，苏联经济出现了体制性衰退的明显趋势。到 1982 年勃列日涅夫去世时，苏联的这些体制性弊病已经达到积重难返的程度。此后上任的安德罗波夫虽有心改革，但力不从心；后契尔年科带病上台，人们对他毫无指望。1985 年 3 月，戈尔巴乔夫当选苏共总书记，给苏联社会带来了一线改革的希望。

戈尔巴乔夫带着苏联人民和社会迫切要求全面改革的期望上台，改革的任务千头万绪。人们在总结戈尔巴乔夫领导苏联改革失败的原因时多认为，他最大的失误之一是没有把经济改革放在第一位。事实上，苏联改革初期正是从经济开始入手的，政治改革只是相伴随的，但是到了改革中期，政治改革的力度逐渐加大，超过了经济改革的速度，最终导致政治失控，经济混乱，乃至社会危机不断加深。这个时期的历史轨迹大致是：从 1985 年 3 月到 1987 年 11 月，是戈尔巴乔夫提出“经济加速战略”和“实行经济体制改革”的阶段；从 1987 年 11 月戈尔巴乔夫新著《改革和新思维》的出版到 1990 年 1 月允许“多党制”的出现，是转向政治体制改革，同时逐渐偏离改革轨道，从而社会开始动荡的阶段；1990 年 1 月到 1991 年发生“819 事件”，是改革思想摇摆不定、社会政治经济危机日益严重化以及联盟面临存亡的阶段，同年年底苏联解体。

1. 1991 年 12 月 25 日，苏联国旗从克里姆林宫悄然降下，俄罗斯国旗缓缓升起，标志着一个旧时代的结束和另一个新时代的开始

上述情况说明，尽管到 1985 年戈尔巴乔夫上台前，苏联社会危机已经接近国民容忍的“临界点”，但是，如果戈尔巴乔夫采取正确而有力的改革政策和措施，苏联完全有可能走出危机，走向健康发展，只是他选择了错误的改革战略和政策，最终把苏联推向解体的边缘。正如乌克兰首任总统克拉夫丘克在苏联解体 15 周年之际所说，当“他与叶利钦和舒什克维奇聚首别洛韦日时，谈的已经不是苏联要不要解体的问题，而是如何在解体过程中避免流血”。俄罗斯首任总统叶利钦也在苏联解体 15 周年之际指出：“当时的形势非常明朗，在经过 10 年的停滞之后，人民希望变革。当时俄罗斯人已经认为自己就是俄罗斯国家的主人，他们的政治热情空前高涨，关键就看我们这些领导人如何继续行动，所以，我们只是顺势而动。”

2. 解体的教训值得汲取

苏联解体已过去 15 年，汲取苏联从兴而衰直至解体的教训已成为各大国特别是新兴大国崛起过程中的重要课程。

大国的崛起需要强有力的领导才能实现，但像苏共那样高度的“一党专制”必然会扼杀社会活力，把社会引向体制性腐败和沉闷。

苏联在短时间内实现工业化，成为世界超级大国之一，与苏共及其领导人强有力的领导能力分不开。但也正是苏共高度的“一党专制”导致对党的领袖个人崇拜盛行，对党和国家的各级领导干部及其权力缺乏有效的监督和约束机制，造成权力机关各类特权和贪污腐败成风，党和国家在民众中的威信日下。被专制政权压抑的民众或者选择保持沉默，或者选择在时机到来时起来推翻这个政权。1991 年发生的“819 事件”中，尽管发动政变的“紧急状态委员会”握有党政军大权，也有按当年 3 月 17 日全民公决 70% 以上的苏联公民支持“保留苏联”这样的民意作基础，更有“维护苏联国家不被解体”的正当理由，但是，人们最终却站在了反对苏共专制政权的叶利钦一边，支持他推翻已经失去民心的这个政党和政权。

另外，发展经济必须将政府调控与市场调节相结合，同时，提高国防实力时要兼顾到人民生活水平的提高，避免出现军事实力持续提高，百姓生活水平不断下降的局面。

经济问题处理不当，是苏联解体的根本原因之一。苏联在 20 世纪 20 年代到 80 年代始终实行高度的计划经济体制，国家通过指令性计划，将财力、物力和人力主要集中到发

展军事工业和与其直接相关的重工业上，片面追求与美国的军事力量对称，制造出 2 万多枚核弹头（目前按俄美 2002 年协议，双方各将核弹头减少到 2 500 枚以内，俄为销毁多余的核弹头需花费数百亿美元）和大量战略武器，而忽视对与人民生活息息相关的轻工业产品和农产品开发。结果到 20 世纪 80 年代，苏联虽然在军事力量上达到可与美国抗衡的程度，但国内市场食品和日用生活品供应匮乏，于是，不得不利用国外卖方贷款大量进口食品和日用品以解百姓急需。这致使苏联解体时外债达到 1 200 亿美元之多，同时也失掉了人民对执政当局的信任和支持。

苏联解体给我们另一个启示就是国内政治经济的任何改革都要立足于国情实际，选择适当的目标和政策，要充分考虑本国的文化传统和民众的承受能力，而不能“为改革而改革”，更不能在改革中把国家推向混乱和无序。

苏联解体的直接原因之一是戈尔巴乔夫领导的改革逐渐脱离国情实际，想在短时间内使苏联急速走上“西方式的民主之路和市场经济轨道”。他提出的“新思维”中许多理念与国情实际相去甚远，引发上层激烈政治斗争和权力之争，也使民众不明白他究竟想干什么和想把国家引向何处。改革的理念不清、脱离实际和无休止的权力斗争，导致苏联社会法制混乱，生产秩序遭到破坏，国家逐渐陷入无序状态直至最终解体。

二、中国特色社会主义是对苏联模式的根本否定

苏联模式是 20 世纪二三十年代苏联特殊历史条件下的产物，它曾在历史上起过积极的作用。但是，苏联模式从它形成之日起就包含有深刻的矛盾和严重的弊端。后来，随着苏联模式的日益僵化，这些矛盾积重难返，弊端日益严重，最终导致了苏联的解体。更为严重的是，苏联模式还被推广到了国际共产主义运动中去，使国际共产主义运动遭受了极为惨重的损失，这其中也包括中国。

新中国建立后，在社会主义建设初期，也照搬照抄了苏联模式。1956 年苏共二十大前后，中国开始反思苏联模式，并试图探索自己的道路。其间，原以为自己找到了正确的道路，但实际上又不自觉地走上了苏联模式的老路，最终导致史无前例的“文化大革命”的发生。1949—1978 年的近 30 年间，中国共产党人虽然不屈不挠，艰苦探索社会主义建设道路，并为此作出了种种巨大努力，但是，严格说来，十一届三中全会以前，中国始终都没有摆脱苏联模式和斯大林体制的束缚。

1978 年底，党的十一届三中全会召开后，中国的社会主义建设才峰回路转，逐渐挣脱了苏联模式的束缚，走上了正确的道路——中国特色社会主义道路。以邓小平同志为核心的党的第二代中央领导集体坚持解放思想、实事求是，以巨大的政治勇气和理论勇气，毅

然作出把党和国家工作中心转移到经济建设上来、实行改革开放的历史性决策，确立社会主义初级阶段基本路线，开创了中国特色社会主义道路。经过又一个近30年的不断探索、创新和完善，中国特色社会主义道路越走越宽，中国特色社会主义的框架已经基本确立起来。从现实内容来看，中国特色社会主义也是对苏联模式的全面否定、根本否定。这可以概括为以下几个方面：

第一，中国特色社会主义市场经济是对苏联经济模式的根本否定。在经济体制上，与苏联高度集中的计划经济体制完全不同，中国特色社会主义实行社会主义市场经济体制，包括以公有制为主体、多种所有制经济共同发展的所有制结构，以按劳分配为主体、多种分配方式并存的分配制度，以市场机制为基础的资源配置方式等。在经济发展模式上，中国特色社会主义以科学发展观为指导，坚持走科学发展道路，坚持以人为本，坚持全面协调可持续发展，坚持统筹兼顾，坚持改革开放，努力实现经济又好又快发展。这与苏联封闭的、赶超型、优先发展重工业的经济发展模式也是根本不同的。

第二，中国特色社会主义民主政治是对苏联政治模式的根本否定。中国特色社会主义民主政治，坚持把党的领导、人民当家作主和依法治国有机统一起来，坚持和完善人民代表大会制度、中国共产党领导的多党合作和政治协商制度、民族区域自治制度以及基层群众自治制度，不断深化政治体制改革。通过扩大人民民主，保证人民当家作主；通过发展基层民主，保障人民享有更多更切实的民主权利；通过实施依法治国基本方略，建设社会主义法治国家；通过壮大爱国统一战线，团结一切可以团结的力量；通过加快行政管理体制改革，建设服务型政府；通过完善制约和监督机制，保证人们赋予的权力始终用来为人民谋利益。这些方面都是与苏联政治模式根本不同的。

第三，中国特色社会主义先进文化是对苏联思想文化模式的根本否定。与苏联思想文化的专制、僵化体制不同，中国特色社会主义采取在坚持马克思主义主流意识形态前提下保证文化多样性发展的体制，通过建设社会主义核心价值体系，增强社会主义意识形态的吸引力和凝聚力。一方面，大力推进理论创新，不断赋予当代中国马克思主义鲜明的实践特色、民族特色、时代特色；另一方面，坚持不懈地用马克思主义中国化最新成果武装全党、教育人民，用中国特色社会主义共同理想凝聚力量，用以爱国主义为核心的民族精神和以改革创新为核心的时代精神鼓舞斗志，用社会主义荣辱观引领风尚，巩固全党全国各族人民团结奋斗的共同思想基础。

第四，中国特色社会主义和谐社会是对苏联社会模式的根本否定。在社会体制上，中国特色社会主义在尊重社会多元化的前提下大力开展和谐社会建设，培育和规范各类社会组织，构建有利于社会和谐的社会管理与运行机制。这与苏联高度集中的社会体制完全不同。

从历史和现实的任何一个角度看，中国特色社会主义都是对苏联模式的全面否定和根本否定。党的十七大报告指出：“改革开放以来，我们取得一切成绩和进步的根本原因，归结起来就是：开辟了中国特色社会主义道路，形成了中国特色社会主义理论体系。”“中国特色社会主义道路之所以完全正确，之所以能够引领中国发展进步，关键在于我们既坚持了科学社会主义的基本原则，又根据我国实际和时代特征赋予其鲜明的中国特色。”

今天，我们学习和贯彻十七大精神，首要的前提是正确理解十七大精神。我们必须正确认识中国特色社会主义与苏联模式的关系：中国特色社会主义是从苏联模式中挣脱出来，并在汲取苏联模式的惨痛教训的基础上，结合本国国情和时代特征，独立自主地开辟的一条崭新的社会主义道路。高举中国特色社会主义旗帜，必须旗帜鲜明地与苏联模式划清界限。

【资料来源】

——1. 节选自：http：//news. xinhuanet. com/theory/2006-12/21/content_ 5514978_ 2. htm

——2. 王书会：《中国特色社会主义是对苏联模式的根本否定》，《探索与争鸣》，2007 年第 12 期

【评述】

苏联曾经是世界上最大的社会主义国家，它的存亡在当时关系到社会主义的兴衰成败。苏联在 20 世纪 90 年代初解体了，社会主义中国会怎样呢？这是中国人民以及世界人民关心的问题。在中国的发展过程中，我们曾经很大程度地借鉴了苏联的发展模式，但是，随着经济改革的深入，我们走出了自己的特色。但这些特色引起了许多人的思考，一是有了这些特色还是不是社会主义，二是这些特色跟苏联的社会主义有什么不同。材料解释了苏联解体的原因以及中国特色社会主义与苏联模式的联系和区别，这有助于我们更深刻地理解社会主义的本质。

【深度思考】

1. 中国特色社会主义与苏联的社会主义有何本质区别？

2. 苏联走过的路对我们建设中国特色社会主义有何借鉴意义？

【阅读材料二】

发展才是硬道理

以1978年党的十一届三中全会为标志，我国进入了改革开放的历史新时期。30年来，中国共产党团结带领全国各族人民，坚定不移地推进体制改革，毫不动摇地促进对外开放，取得了社会主义现代化建设的举世瞩目的巨大辉煌成就，实现了人民生活由温饱不足向总体小康的历史性跨越，赢得了我国在国际经济社会影响力和地位的空前提高，中国经济社会的面貌从此发生了历史性的变化。

一、国民经济上大台阶，综合国力和国际影响力实现了由弱到强的举世瞩目的巨大转变

1978年，我国国内生产总值只有3 645亿元，在世界主要国家中位居第10位。人均国民总收入仅190美元，位居全世界最不发达的低收入国家行列。改革开放的推进，不断为发展注入生机和活力，我国经济迅速走上快速发展的轨道。改革开放的30年，是我国经济蓬勃发展的30年，是我国综合国力和国际影响力由弱变强的30年，是我国逐步摆脱低收入国家不断向世界中等偏下收入国家行列迈进的30年。

30年间经济实现世界少有的年均9.8%的增长速度。改革开放初期，党和政府按照改革开放的总体要求，确立了“三步走”的伟大战略目标。为实现这一目标，全国人民以一往无前的精神，奋发图强，开拓进取，1987年提前3年实现国民生产总值比1980年翻一番的第一步战略目标，1995年实现再翻一番的第二步战略目标，提前5年进入实现第三步战略目标的新的发展阶段。在实现“三步走”伟大战略目标的进程中，国民经济实现快速增长。1979—2007年，国内生产总值年均实际增长9.8%，不仅明显高于1953—1978年均增长6.1%的速度，而且也大大高于同期世界经济年均增长3.0%的速度。与日本经济起飞阶段国内生产总值年均增长9.2%和韩国经济起飞阶段国内生产总值年均增长8.5%不相上下。

1978—2007年，我国的经济总量连上几个大的标志性台阶。经济的快速增长使经济总量呈现加速扩张态势。国内生产总值由1978年的3 645亿元迅速跃升至2007年的249 530亿元。其中，从1978年上升到1986年的1万亿元用了8年时间，上升到1991年的2万亿元用了5年时间，此后10年，到2001年平均每年上升近1万亿元，2001年突破10万亿元大关，2002—2006年进入高速增长期，平均每年上升2万亿元，2006年超过20万亿元，在此基础上，2007年一年又增加了3.76万亿元。

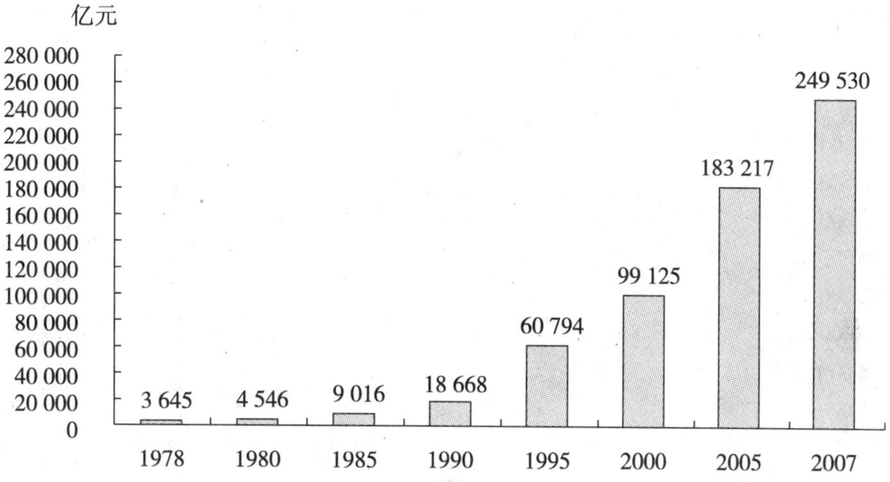

图5-1　1978—2007年国内生产总值

1978—2007年，我国的经济总量居世界位次稳步提升。经济总量的加速扩张大大缩小了我国与世界主要发达国家的差距。30年来，我国国内生产总值居世界的位次由1978年第10位上升到目前的第4位，仅次于美国、日本和德国。根据国际货币基金组织统计，折合成美元，我国2007年国内生产总值为32 801亿美元，相当于美国的23.7%，日本的74.9%，德国的99.5%，分别比1978年提高了17.2、59.7和78.9个百分点。与此同时，经济总量占世界经济的份额也有明显上升，1978年为1.8%，2007年提高到6.0%。

1978—2007年，我国的人均国内生产总值成倍增加。人均国内生产总值在由1978年的381元上升到1987年的1 112元后，1992年达到2 311元，2003年突破万元大关，达到10 542元，到2007年又迅速攀升至18 934元，扣除价格因素，2007年比1978年增长了近10倍，年均增长8.6%。人均国民总收入也实现同步快速增长，由1978年的190美元上升至2007年的2 360美元。按照世界银行的划分标准，我国已经由低收入国家跃升至世界中等偏下收入国家行列，对于我国这样一个经济发展起点低、人口基数庞大的国家，能够取得这样的进步，确实是一个了不起的成绩。

1978—2007年，我国的国家财政实力不断增强。经济的快速发展和规模的扩大，同时带来了国家财力的增加。1978年国家财政收入仅1 132亿元，1985年翻了一番，达到

2 005亿元，1993 年再翻一番，达到 4 349 亿元，1999 年跨上 1 万亿台阶，达到 11 444 亿元，2003 年超过 2 万亿元，达到 21 715 亿元，2007 年，国家财政收入已经超过 5 万亿元，达到 51 322 亿元，1979—2007 年年均增长 14.1%。财力的增加对促进经济发展、加强经济和社会中的薄弱环节、切实改善民生、有效应对各种风险和自然灾害的冲击提供了有力的资金保障。

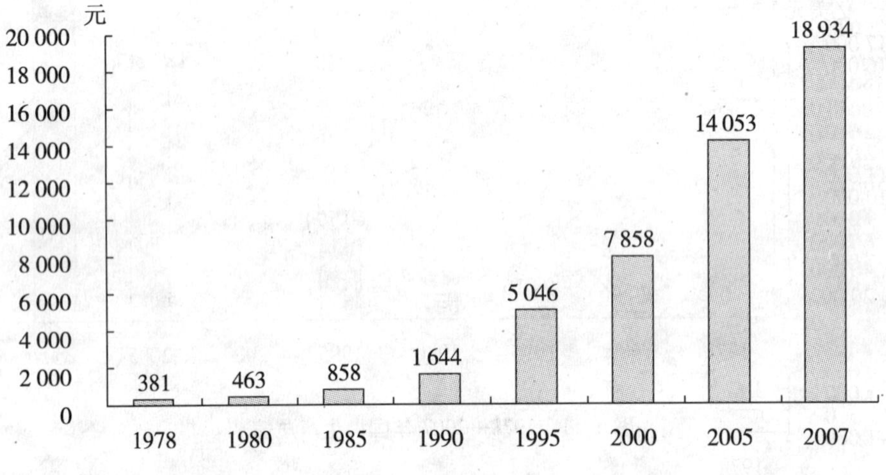

图 5－2　1978—2007 年人均国内生产总值

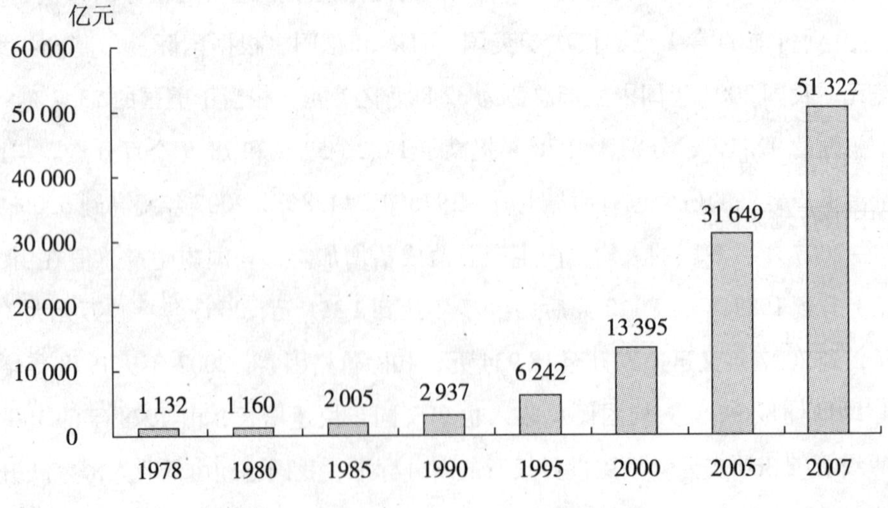

图 5－3　1978—2007 年财政收入

1978—2007 年，我国的外汇储备实现由短缺到富足的历史性转变。1978 年，我国外汇储备仅 1.67 亿美元，人均只有 0.17 美元，折合成人民币不足 1 块钱，短缺是当时外汇储备的基本特征，出口创汇是发展对外贸易的基本动力。但随着我国对外经济的发展壮大，经常项目贸易盈余不断积累，外汇储备的短缺迅速成为历史。1990 年外汇储备超过百亿美元，达到 111 亿美元；1996 年超过千亿美元，达到 1 050 亿美元；2006 年超过 1 万亿美元，达到 10 663 亿美元，超过日本位居世界第一位；2007 年我国外汇储备扩大到15 282 亿美元，稳居世界第一位。

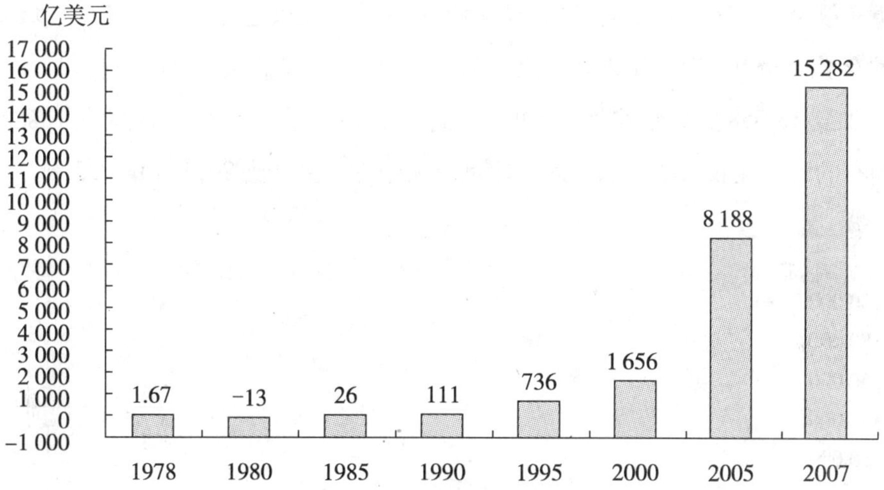

图 5－4　1978—2007 年外汇储备余额

大型公司（企业）不断涌现并迅速发展壮大。伴随着经济的快速发展和经济规模的不断扩大，大型企业由少到多、由弱变强，成为改革开放 30 年经济发展成就的醒目标志。根据美国《财富》杂志评出的 2007 年度世界 500 强公司名单，我国内地共有 22 家公司上榜，其中中国石化集团名列第 17 位，比 2006 年提升 6 位，取得中国公司在世界 500 强排行榜上的最好名次，这也是中国公司首次进入世界前 20 强。

二、人民生活水平质量大提高，实现了从温饱不足到总体小康的历史性跨越

改革开放以前，城乡居民生活基本上处在温饱不足状态，农村还有 2.5 亿贫困人口。经过 30 年经济的快速发展，居民生活明显改善，居民拥有的财富迅速增加。改革开放的 30 年，是人民群众得到实惠最多、生活水平提高最快的 30 年，是城乡居民生活实现从温饱不足到总体小康的历史性跨越的 30 年。

改革开放至今，我国的就业人员持续不断增加。作为我国这样一个人口大国，在经济快速增长的同时实现就业人数的同步甚至更快增长，是确保新增财富让大多数人共享的关键。30 年来，党和政府对就业问题的重视始终如一。进入新时期，根据就业形势日趋严峻的现实，提出了积极的就业政策方针，出台了系统配套的财税和金融政策，就业人员持续不断增加，就业矛盾大为缓解。2007 年就业人员达 76 990 万人，比 1978 年增加了 36 838万人，年均增加 1 270 万人。30 年来累计创造并实现就业岗位 3.7 亿个，城镇登记失业率长期保持在稳定状态。与此同时，实现了数以亿计的农村富余劳动力向非农产业转移。

改革开放至今，我国城乡居民拥有的财富呈现快速增长趋势。2007 年底，城乡居民人民币储蓄存款余额达 17.3 万亿元，比 1978 年年底的 211 亿元增加了 818.3 倍，人均由 21.9 元增加到 13 058 元，年均增加 449.5 元。股票、债券等金融资产规模不断扩大。城镇居民拥有的财产性收入占全部收入的比重由无到有，上升到 2007 年的 2.3%。

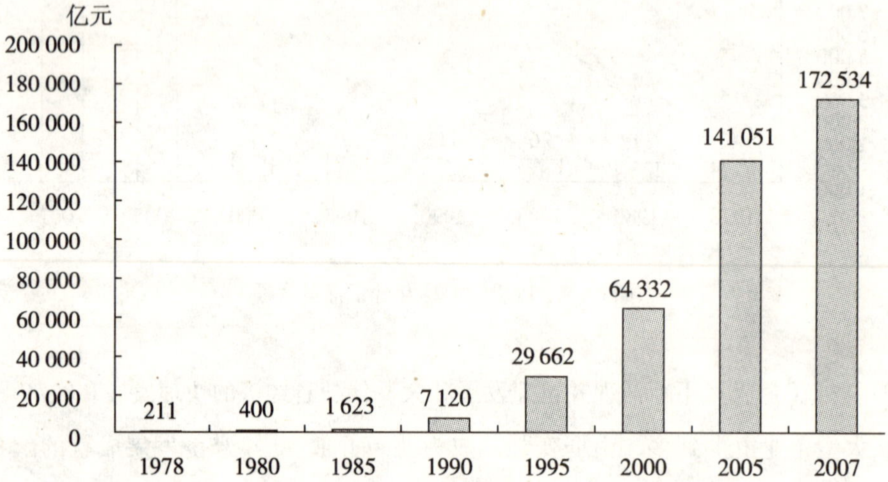

图 5－5　1978—2007 年城乡居民人民币储蓄存款余额

改革开放至今，我国城乡居民生活水平和质量明显改善。居民消费水平从 1978 年的 184 元增加到 2007 年的 7 081 元，按可比价格计算，人均消费水平提高了 7.2 倍，年均实际增长 7.5%。其中，城镇居民人均消费水平提高了 4.9 倍，农村居民人均消费水平提高了 4.4 倍，年均分别增长 6.3% 和 5.9%。反映居民家庭富裕程度的恩格尔系数，城镇居民家庭由 57.5% 下降到 36.3%，农村居民家庭由 67.7% 下降到 43.1%。从耐用消费品看，彩电、洗衣机、电冰箱、空调、电话等在城镇地区逐步普及，汽车、家用电脑等高档耐用消费品拥有量大幅提高。农村居民彩色电视机、电风扇、洗衣机、摩托车等普及率也不断提高。电话普及率由 1990 年年末的 1.1 部/百人提高到 2007 年年末的 69.5 部/百人，移动电话普及率迅速上升，达到41.6部/百人。城乡居民的居住面积在不断增加。2006年年底，城镇居民人均住房建筑面积27.1平方米，比1978年增加了20.4平方米；2007年年底，农村居民人均住房面积31.6平方米，比1978年增加了23.5平方米。

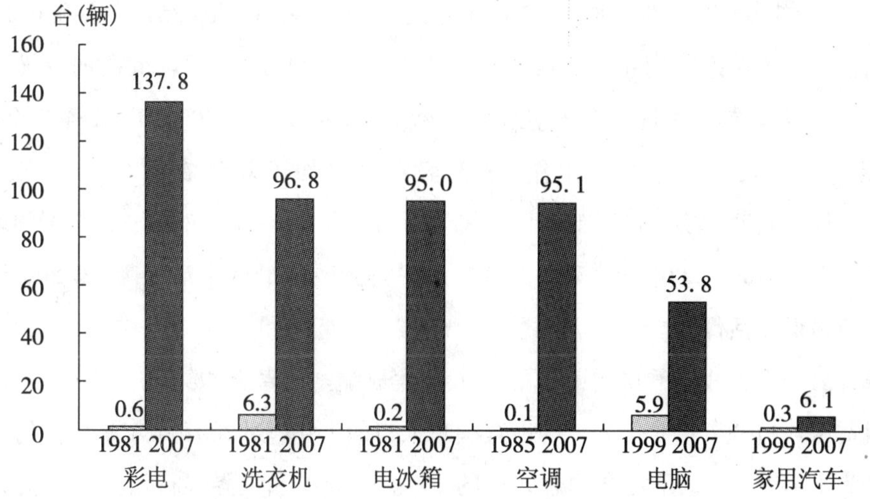

图5－6　城镇居民每百户拥有耐用消费品变动情况

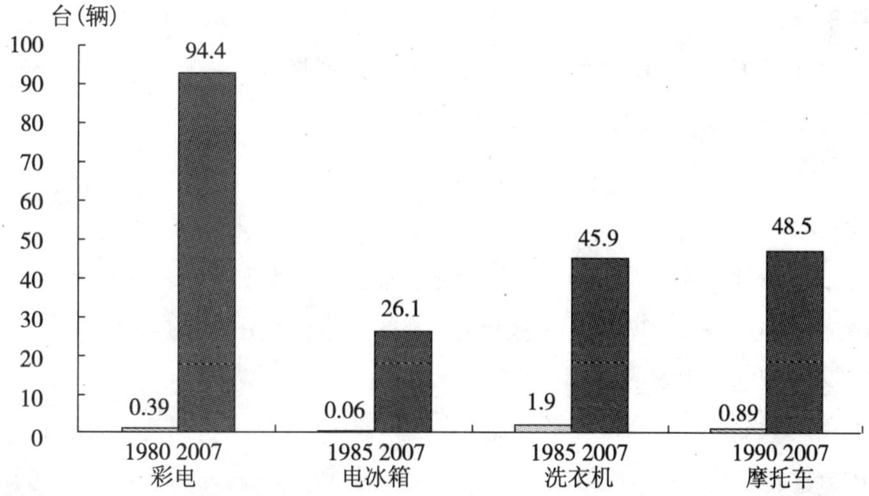

图5－7　农村居民每百户拥有耐用消费品变动情况

改革开放至今，我国覆盖城乡的社会保障制度逐步建立和完善。构筑覆盖全体居民的社会保障体系，确保居民生活水平的稳定提高，是党和政府30年来孜孜以求的重要目标之一。30 年来，在各方的共同努力下，社会保障体系建设取得明显效果。在城镇，包括养老、医疗、失业、工伤、生育保险在内的社会保障体系框架基本形成，而且覆盖面不断扩大。2007 年年末，养老保险参保人数达到 20 137 万人，比 1989 年增加了 14 397 万人，医疗、失业、工伤、生育保险参保人数分别达到 18 020 万人、11 645 万人、12 173 万人和 7 775 万人，比 1994 年分别增加了 17 620 万人、3 677 万人、10 351 万人和 6 859 万人。在农村，社会养老保险制度正在积极探索，新型农村医疗改革试点也在加快推进。截至 2006 年年末，全国参加农村社会养老保险人数为 5 374 万人。2007 年，2 448 个县（市、区）开展了新型农村合作医疗工作，7.3 亿农民参加了新型农村合作医疗，参合率 86.2%。低保等制度的实施使得低收入居民生活得到保障。2007 年年末，全国领取失业保险金人数为 286 万人。2007 年 2 272 万城镇居民得到政府最低生活保障；3 566 万农村居民得到政府最低生活保障。

改革开放至今，我国的扶贫工作取得了巨大成绩。改革开放之初的 1978 年，全国农村的绝对贫困人口约有 2.5 亿人，约占全国总人口的 1/4。到 2007 年年末，农村绝对贫困人口减少为 1 479 万人，不足全国总人口的 2%。联合国和世界银行认为，在消灭贫困方面，中国政府作出了巨大的努力，近 25 年来，全人类取得的扶贫事业成就中，2/3 的成就应归功于中国，是发展中国家的典范。

【资料来源】

——《改革开放 30 年我国经济社会发展成就系列报告之一》（http://www.gov.cn/gzdt/2008-10/27/content_1132281.htm）

【评述】

社会主义的根本任务是发展生产力，这是社会主义的本质要求，也是中国国情的迫切需要。事实总是胜于雄辩，大量的数据材料说明了我国经济社会发展的成就，也进一步充分体现了社会主义的优越性。

【深度思考】

1. 为什么说“发展才是硬道理”？

2. 你认为社会主义的根本任务是发展生产力的深刻现实意义是什么？

【阅读材料三】

邓小平南方谈话选摘

（一）

改革开放迈不开步子，不敢闯，说来说去就是怕资本主义的东西多了，走了资本主义道路。要害是姓“资”还是姓“社”的问题。判断的标准，应该主要看是否有利于发展社会主义社会的生产力，是否有利于增强社会主义国家的综合国力，是否有利于提高人民的生活水平。对办特区，从一开始就有不同意见，担心是不是搞资本主义。深圳的建设成就，明确回答了那些有这样那样担心的人。特区姓“社”不姓“资”。从深圳的情况看，公有制是主体，外商投资只占1/4，就是外资部分，我们还可以从税收、劳务等方面得到益处嘛！多搞点“三资”企业，不要怕。只要我们头脑清醒，就不怕。我们有优势，有国营大中型企业，有乡镇企业，更重要的是政权在我们手里。有的人认为，多一分外资，就多一分资本主义，“三资”企业多了，就是资本主义的东西多了，就是发展了资本主义，这些人连基本常识都没有。我国现阶段的“三资”企业，按照现行的法规政策，外商总是要赚一些钱的。但是，国家可以征税，工人拿到工资，我们还可以学习技术和管理，可以得到信息、打开市场。因此，“三资”企业受到我国整个政治、经济条件的制约，是社会主义经济的有益补充，归根到底是有利于社会主义的。

计划多一点还是市场多一点，不是社会主义与资本主义的本质区别。计划经济不等于社会主义，资本主义也有计划；市场经济不等于资本主义，社会主义也有市场，计划和市场都是经济手段。社会主义的本质，是解放生产力，发展生产力，消灭剥削，消除两极分化，最终达到共同富裕。就是要对大家讲这个道理：证券、股市，这些东西究竟好不好，有没有危险，是不是资本主义独有的东西，社会主义能不能用？

（二）

走社会主义道路，就是要逐步实现共同富裕。共同富裕的构想是这样提出的：一部分地区有条件先发展起来，一部分地区发展慢点，先发展起来的地区带动后发展的地区，最终达到共同富裕。如果富的愈来愈富，穷的愈来愈穷，两极分化就会产生，而社会主义制度就应该而且能够避免两极分化。解决的办法之一，就是先富起来的地区多交点利税，支持贫困地区的发展。当然，太早这样办也不行，现在不能削弱发达地区的活力，也不能鼓励吃“大锅饭”。什么时候突出地提出和解决这个问题，在什么基础上提出和解决这个问题，要研究。可以设想，在本世纪（20世纪）末达到小康水平的时候，就要突出地提出和解决这个问题。到那个时候，发达地区要继续发展，并通过多交利税和技术转让等方式大力支持不发达地区。不发达地区又大都是拥有丰富资源的地区，发展潜力是很大的。总之，就全国范围来说，我们一定能够逐步顺利解决沿海同内地贫富差距的问题。

（三）

对于我们这样的发展中大国来说，经济要发展得快一点，不可能总是那么平平静静、稳稳当当。要注意经济稳定、协调地发展，但稳定和协调也是相对的，不是绝对的。发展才是硬道理，这个问题要搞清楚。如果分析不当，造成误解，就会变得谨小慎微，不敢解放思想，不敢放开手脚，结果是丧失时机，犹如逆水行舟，不进则退。

从国际经验来看，一些国家在发展过程中，都曾经有过高速发展时期，或若干高速发展阶段。日本、韩国、东南亚一些国家和地区，就是如此。现在，我们国内条件具备，国际环境有利，再加上发挥社会主义制度能够集中力量办大事的优势，在今后的现代化建设长过程中，出现若干个发展速度比较快、效益比较好的阶段，是必要的，也是能够办到的，我们就是要有这个雄心壮志！

经济发展得快一点，必须依靠科技和教育。我说科学技术是第一生产力。近一二十年来，世界科学技术发展得多快啊！高科技领域的一个突破，带动一批产业的发展。我们自己这几年，离开科学技术能增长得这么快吗？要提倡科学，靠科学才有希望。近十几年来我国科技进步不小，希望在90年代，进步得更快。每一行都树立一个明确的战略目标，一定要打赢。高科技领域，中国也要在世界占有一席之地，我是个外行，但我要感谢科技工作者为国家作出的贡献和争得的荣誉。大家要记住那个年代，钱学森，李四光、钱三强那一批老科学家，在那么困难的条件下，把两弹一星和好多高科技搞起来。应该说，现在的科学家更幸福，因此，对他们的要求会更多。我说过，知识分子是工人阶级的一部分。老科学家、中年科学家很重要，青年科学家也很重要。希望所有出国学习的人回来。不管他们过去的政治态度怎么样，都可以回来，回来后妥善安排。这个政策不能变。告诉他们，要作出贡献，还是回国好。希望大家通力合作，为加快发展我国科技和教育事业多做实事。搞科技，越高越好，越新越好，越高越新，我们也就越高兴。不只我们高兴，人民高兴，国家高兴。对我们的国家要爱，要让我们的国家发达起来。

【资料来源】

——《邓小平文选》（第三卷），人民出版社 1994 年版

【评述】

改革开放后，中国的经济取得了令世人瞩目的成就，但也引起了许多疑问，特别是对“什么是社会主义”这一根本理论问题。这给正在进行社会主义现代化建设的中国人带来了较大的困惑。邓小平南方谈话进一步解释了中国共产党在探索社会主义建设中的许多疑虑，有力地回答了“什么是社会主义，怎样建设社会主义”这一理论问题。

【深度思考】

1. 邓小平南方谈话对社会主义本质论断的最终形成有何重要影响？
2. 结合材料，你对“什么是社会主义”有了什么新的认识？

【阅读材料四】

“科学技术是第一生产力”

从“向科学进军”的号召，到“科学技术是第一生产力”的论断，再到“科教兴国”的战略，中国的科技发展在半个世纪里走完了西方发达国家数百年的里程。以毛泽东、邓小平、江泽民为核心的中国共产党三代领导集体在锐意进取和艰难跋涉中，逐步探索出适合中国国情的发展科学技术的战略思想，为中国科技赶超世界先进水平和经济社会的全面进步指明了方向。

一、向科学进军

中国共产党夺取全国政权后，面临着一个积贫积弱又饱经战乱的烂摊子。1949 年 10 月 31 日，新中国诞生还不到 1 个月，毛泽东便亲自将中国科学院印信颁给院长郭沫若。

第二天，中国科学院正式成立。这一举措在全国及海外华裔科技人员中引起了强烈反响，同时也体现出党中央对建立与发展中国自己的科学事业寄予厚望。

1956年1月，中共中央召开全国知识分子问题会议。毛泽东、周恩来在会上要求全党、全军和全国人民努力学习科学知识，为迅速赶上世界科学技术先进水平而努力奋斗。毛泽东在讲话中指出："我们国家大，人口多，资源丰富，地理位置好，应该建设成为世界上一个科学、文化、技术、工业各方面更好的国家。"就是在这次会议上，党中央发出了"向科学进军"的伟大号召。

不久，毛泽东在最高国务会议第六次会议上指出："社会主义革命的目的是为了解放生产力。""我国人民应该有一个远大的规划，要在几十年内，努力改变我国在经济上和科学文化上的落后状况，迅速达到世界上的先进水平。"他还特别指出："为了实现这个伟大的目标，决定一切的是要有干部，要有数量足够的、优秀的科学技术专家。"4月，毛泽东又在中央政治局扩大会议上提出发展尖端技术的问题。他从巩固国防安全的角度提出，不仅要有更多的飞机大炮，而且要有原子弹，要想不受人欺负就不能没有这个东西。

根据毛泽东的一系列指示，由周恩来和聂荣臻等牵头，成立了科学技术规划委员会，制定了《1956—1967年科学技术发展远景规划》。这一规划以"重点发展、迎头赶上"为方针，对百废待兴的新中国尽快建立自己的科学技术体系并支撑经济社会发展发挥了重要的指导作用，极大地促进了我国科学技术的发展，缩短了与先进国家的距离。

1958年，毛泽东又提出要把工作重点转移到技术革命和经济建设上去，还发出了"我们也要搞人造卫星"的号令。特别值得一提的是，毛泽东从时代发展的高度，对我们党和国家领导班子的人才结构进行了思考。他在党的八大预备会议上说："我们现在的中央委员会是一个政治中央，还不是科学中央，将来它的成分是会改变的，应该有许多工程师、科学家，那样就是一个科学中央委员会了。"

通过分析世界先进国家的发展道路，毛泽东深刻体会到中国加快发展科学技术的必要性，他在一些讲话中表露了这种紧迫感。1959年底至1960年初，在集中阅读苏联《政治经济学教科书》的谈话中，毛泽东强调："资本主义各国、苏联，都是靠采用最先进的技术来赶上最先进的国家的，我国也要这样。"20世纪60年代，中国面临苏美霸权主义的打压，处在国际反华反社会主义势力的敌视下，这使得毛泽东的这种紧迫感愈加强烈。1963年9月，毛泽东再一次强调："如果不在今后几十年内，争取彻底改变我国经济和技术远远落后于帝国主义国家的状态，挨打是不可避免的。""我们应当以有可能挨打为出发点来部署我们的工作，力求在一个不太长的时间内改变我国社会经济、技术方面的落后状态，否则我们就要犯错误。"

1963年12月，毛泽东在听取聂荣臻和中央科学小组汇报科技工作十年规划时，更加明确地指出："科学技术这一仗，一定要打，而且必须打好。过去我们打的是上层建筑的仗，是建立人民政权、人民军队。建立这些上层建筑干什么呢？就是要搞生产。搞上层建筑、搞生产关系的目的就是解放生产力。现在生产关系改变了，就要提高生产力。不搞科学技术，生产力无法提高。"

总体上看，"文革"前的17年是毛泽东科技思想走向成熟的时期。通过艰辛探索，毛泽东逐渐形成了依靠科学技术发展社会生产力的明确认识。在毛泽东科技思想的指引和感召下，国家集中和调动了一切可能的力量和资源，在很短时间内就建立起相对完整的研发体系，并取得一个又一个的科技硕果。也正是由于毛泽东科技思想在理论和实践方面的巨大成就和影响，才使"两弹一星"的辉煌得以冲破"文革"动荡的阴霾。遗憾的是，"文革"十年中，中国科技事业的发展受到极大挫折，这是我们年轻的共和国为成长付出的沉重代价。

二、科学技术是第一生产力

1978年3月18日是一个让中年以上的中国知识分子永远难以忘怀的日子。这一天，全国科学大会在北京隆重举行。复出不久的邓小平发表重要讲话。他驳斥了"四人帮"打击迫害知识分子、破坏我国科学技术事业的种种谬论，阐明马克思主义关于科学技术在社会发展中的地位、作用的理论，旗帜鲜明地指出"科学技术是生产力"，重申知识分子是工人阶级的一部分，是"为社会主义服务的脑力劳动者，是劳动人民的一部分"，强调"必须打破常规去发现、造就和培养杰出的人才"，把"尽快培养出一批具有世界第一流水平的科学技术专家，作为我们科学、教育战线的重要任务"。这是中国在经历十年浩劫后的第一次科学大会，她在科技界乃至全社会产生了异乎寻常的反响。人们说，科学的春天来了。

在"文革"的余尘尚未完全消散的背景下，邓小平提出了"科学技术是生产力"的论断，在中共历史上首次把反映人与自然关系的科学技术同作为经济社会发展现实基础的生产力紧密联系在一起，这对当代中国科学技术事业发展产生了难以估量的影响。十一届三中全会后，邓小平高举毛泽东思想的伟大旗帜，在率领中国人民开创建设有中国特色社会主义道路的进程中，根据国际科学技术与经济发展的新态势，构建起指引新时期科技发展的战略思想。

邓小平科技思想的形成与他对世界形势的判断和对时代脉搏的把握分不开。全球性的战略眼光得益于一种开放的思维和胸怀。20世纪70年代中后期，邓小平曾多次出国参加重要国际会议和进行国事访问，这使得他在国外目睹了科学技术的突飞猛进给人类的物质文明以及整个社会生活带来的巨大变化。这些无疑在他内心深处引起了强烈震撼。1985年，邓小平指出："世界新科技革命蓬勃发展，经济、科技在世界竞争中的地位日益突出，这种形势，无论美国、苏联、其他发达国家和发展中国家都不能不认真对待。"1987年，他又强调："现在世界突飞猛进地发展，科技领域尤其如此。中国有句老话叫'日新月异'，真是这种情况。我们要赶上时代……"

1988年，邓小平在视察北京正负电子对撞机工程时指出："现在世界的发展，特别是高科技领域的发展一日千里，中国不能安于落后，必须一开始就参与这个领域的发展。搞这个工程就是这个意思。还有其他一些重大项目，中国也不能不参与，尽管穷。因为你不参与，不加入发展的行列，差距越来越大。总之，不仅这个工程，还有其他高科技领域，都不要失掉时机，都要开始接触，这个线不能断了，要不然我们就很难赶上世界的发展。"1992年，他在视察南方时进一步强调："近一二十年来，世界科学技术发展得多快啊！高科技领域的一个突破，带动一批产业的发展。我们自己这几年，离开科学技术能增长这么快吗？"

科技的发展，其核心是人才问题。邓小平基于激烈的国际科技竞争和中国社会主义现代化建设的迫切需求，一再强调要有战略眼光，要懂得知识和人才的重要性，懂得教育的重要性。"我们国家，国力的强弱，经济发展后劲的大小，越来越取决于劳动者的素质，取决于知识分子的数量和质量。""一定要在党内造成一种空气：尊重知识，尊重人才。"

新中国成立以来，由于体制等方面的原因，科技发展与经济发展相互脱节，科学技术作为第一生产力对经济发展的巨大推动作用远远没能发挥出来。有鉴于此，邓小平一面决定进行经济体制改革，一面着手解决科技体制问题。1985年3月，中共中央作出《关于科学技术体制改革的决定》，从宏观上制定了科学技术必须为振兴经济服务、促进科技成果商品化等方针和政策，从而为科技成果向现实生产力的转化以及高新技术产业化的发展奠定了政策基础。

中国人应当以自己的方式发展自己的高科技。邓小平认为："只要我们充分发挥社会主义制度的优越性，把力量统一地合理地组织起来，人数少，也可以比资本主义国家同等数量的人办更多的事，取得更大的成就。"1986年3月，邓小平亲自批准实施瞄准世界高新技术前沿的"863计划"。1988年8月，国务院批准实施以高新技术商品化、产业化、国际化为宗旨的"火炬计划"，先后批准建立了53个国家级高新技术产业开发区。中国高新技术产业从此迅速壮大。

邓小平科技思想在实践中不断深化和升华。当今世界"社会生产力有这样巨大的发展，劳动生产率有这样大幅度的提高，靠的是什么？最主要的是靠科学的力量、技术的力量”。1988年9月5日，在会见捷克斯洛伐克总统胡萨克时，邓小平说：“马克思说过，科学技术是生产力，事实证明这话讲得很对。依我看，科学技术是第一生产力。”邓小平的这一论述精辟地阐明了科学技术是经济发展的首要推动力，继承并发展了马克思主义的生产力学说。

【资料来源】

——选自《中国这三十年——一个民族的群体记忆，一个国家的整体变迁》(http://news.ifeng.com/special/cn30years/dashiji/200810/1020_4840_837862.shtml)

【评述】

“科学技术是第一生产力”的提出过程，体现了中国共产党对科学技术发展的重视，也进一步彰显了“中国共产党始终代表中国先进生产力的发展要求”这一命题的不凡意义。

【深度思考】

1. 请谈谈中国共产党为什么要始终代表中国先进生产力的发展要求？
2. “科学技术是第一生产力”对我们有何重要借鉴意义？

第六章　社会主义初级阶段理论

【导言】

社会主义初级阶段理论是邓小平理论的重要组成部分，是邓小平理论的重要基石之一。它不是泛指任何国家进入社会主义都会经历的起始阶段，而是特指我国在生产力落后、商品经济不发达条件下建设社会主义必然要经历的特定阶段，即从1956年社会主义改造基本完成到21世纪中叶社会主义现代化基本实现的整个历史阶段。社会主义初级阶段的论断包括两层含义：一是我国已经进入社会主义社会，我们必须坚持而不能离开社会主义；二是我国的社会主义社会正处于并将长期处于初级阶段，我们必须正视而不能超越这个初级阶段。

【阅读材料一】

“社会主义初级阶段”的来龙去脉

一、理论务虚会与“阶段风波”

在十一届三中全会结束后不到半个月，中央就召开了理论工作务虚会。会期很长，从1979年1月8日一直到4月初才结束。当时集中了北京和各省市的理论工作者和宣传人士共四五百人，主要讨论真理标准问题。所以，理论务虚会是真理标准讨论的第二阶段。在预备会上，中央秘书长兼宣传部部长胡耀邦讲话强调解放思想，总结经验。几年的、十几年的、几十年的经验教训都可以议。还提出了一些可以议论的具体问题，如“四人帮”问题、“文革”问题、宣传问题、思想战线甚至毛主席的错误等，都可议论。当时许多人颇为振奋，感到真正要实行民主了，所以都认真地做了准备。

会议成立了一个 11 人的领导小组。就是在这个会议上，有人对社会主义阶段问题提出了不同看法。一个是当时在国务院政治研究室工作的冯兰瑞，另一个是中国社会科学院马列研究所副所长苏绍智。他们两个合作写过一些文章，这次又一起参加了理论务虚会。冯兰瑞提出谈谈社会主义社会的发展阶段问题，这时正巧苏绍智也在考虑这个问题，他看到《外国哲学资料》第二辑上发表的一个重要历史文件：共产主义者同盟科伦领导人之一勒泽尔的供词，其中谈到共产主义建成以前必须经过几个阶段。这个材料对他们研究的问题很有用。于是两人决定在会上做一个有关的联合发言。由于他们两人并不在一个组，所以 1979 年 2 月 5 日，他们分别在小组会上作了联合发言《无产阶级取得政权后的社会发展阶段问题》（以下简称“《阶段》”）。文中批评了过去长时期把社会主义社会看作“从资本主义社会到共产主义社会的整个过渡时期”和把社会主社会看作“无产阶级专政时期，不再划分阶段”的观点，提出从资本主义到共产主义这个漫长的历史时期应该划分阶段，中国当时还处于不发达的社会主义阶段，这个阶段还要向发达社会主义过渡，然后再过渡到共产主义社会。与会的《经济研究》主编看了简报后，认为这篇文章很好，征得他们同意后在该刊上发表。

1979 年适逢国庆 30 周年，中央确定由叶剑英在纪念会上讲话，中宣部起草了一个叶剑英讲话的宣传提纲。当时党中央宣传部部长由党中央秘书长胡耀邦同志兼任，他主持了会议。提纲最后部分是对当前一些错误观点的批评，《阶段》一文也包括在内。会议开始，工作人员将宣传提纲分发至与会者手中，人手一份。主持人请大家看后提出意见。参加会议的中共中央马克思列宁主义著作编译局局长王惠德看了宣传提纲后提问：这个提纲是否发出去了？答：还没有发出。王惠德说：这个提纲还要研究一下。《阶段》一文观点没有什么错。这个意见一提出，就立即引起了分歧，有的说，《阶段》一文实际上是否定了中国是社会主义；有的说，该文提出了中国是不是社会主义的问题，这个问题不能讨论，不可以讨论，不允许讨论。有的同志发言激动，表示要写文章批判。也有个别同志表示同意《阶段》中的观点，认为不应组织批判。

二、提出“社会主义初级阶段”概念

自 20 世纪 60 年代以来，我国社会上流行的观点是：在无产阶级革命胜利以后到进入共产主义社会高级阶段以前，都属于从资本主义到共产主义的过渡时期，中间不再划分阶

段，整个过渡时期都属于无产阶级专政时期。由于这个观点是毛泽东提出的，十几年来已成定论，所以，直到毛泽东去世，没有一个人敢就此提出不同意见。“文革”结束后，人们在反思“文革”的时候认识到，这种划分显然是不正确的。因为这种将阶级斗争长期化、扩大化和绝对化的观点，对实践是十分有害的。正是在这种错误思想和路线的误导下，发生了由毛泽东亲自发动、亲自领导的“文化大革命”，因此，相关的问题一经提出就引起了相当大的反响。

1979 年初，中央决定对国民经济实行“调整、改革、整顿、提高”的方针，这是为纠正当时酝酿中的“新跃进”的冒进设想而提出来的重大决策。不久，中央又提出，原来沿用的“到本世纪（20 世纪）末实现四个现代化”的口号，是开了大口，现在要改一个口，叫中国式的现代化，就是把标准放低一点儿，到 20 世纪末只能以达到小康为奋斗目标，实现四个现代化是更长时期才能实现的任务。

1979 年 9 月，十一届四中全会通过了叶剑英庆祝建国 30 周年的讲话。讲话内容几经讨论、修改和压缩，最后定稿时留下了这样几句话：“同已经有了三四百年历史的资本主义制度相比，社会主义制度还处在幼年时期。”“我国现在还是发展中的社会主义国家，社会主义制度还不完善，经济和文化还不发达。”“在我国实现现代化，必然要有一个由初级到高级的过程。”1980 年 4 月 21 日，邓小平会见阿尔及利亚民族解放阵线代表团时说：“要充分研究如何搞社会主义建设的问题。现在我们正在总结建国 30 年的经验。总的来说，第一，不要离开现实和超越阶段采取一些‘左’的办法，这样是搞不成社会主义的。我们过去就是吃‘左’的亏。第二，不管你搞什么，一定要有利于发展生产力。”

“正在总结建国30年的经验”就是后来通过的《关于建国以来党的若干历史问题的决议》(以下简称“《决议》”)。这个决议是在邓小平、胡耀邦的指导下，由胡乔木主持起草的。

当时，一些领导人认为，社会上出现了一种否认和反对社会主义的思潮。他们把理论上讨论不发达社会主义、农业社会主义、封建社会主义的文章都视为是“大肆宣扬中国不是社会主义”的表现。所以，他们要在《决议》里写进对苏、冯提出阶段问题进行批判的语言，但是，由于一些人的反对，所以，最终在《决议》的第 33 节才出现了这样的句子：“尽管我们的社会主义还是初级的阶段，但是，毫无疑问，我国已经建立了社会主义制度，进入了社会主义社会，任何否认这个基本事实的观点都是错误的。”

这是党中央文件中第一次出现中国的社会主义还处于“初级阶段”的提法，但还不是完整的“社会主义初级阶段”的表述。

三、“社会主义初级阶段”第二次写进党中央报告

十二大报告是由当时的中央主席胡耀邦作的，在胡耀邦的指导下，起草工作由胡乔木主持。讨论草稿时，由于意见不一致而发生了很多争论。

争论主要集中在以下三个方面。第一，是强调改革，还是强调整顿？第二，是发展商品经济还是坚持计划经济？第三，关于社会主义初级阶段的相关问题。由于胡乔木仍然不同意社会主义初级阶段的判断，所以，在他执笔的报告中，对于初级阶段将会给全面实施社会主义现代化建设的目标及其方针政策带来哪些特殊问题，并没有展开论述；相反，他还是用更多的篇幅讲他的“共产主义思想体系”。政治报告在阐述精神文明时，用了相当多的“共产主义”词句。例如，“共产主义作为社会制度，在我国得到完全的实现，还需要经过若干代人的长期的努力奋斗。但是，共产主义首先是一种运动”，“现在这个运动在我国已经发展到建立起作为共产主义社会初级阶段的社会主义社会”，“我们每天的生活都包含着共产主义，都离不了共产主义”。这里把“我国的社会主义社会现在还处在初级发展阶段”，说成已经“建立起作为共产主义社会初级阶段的社会主义社会”了。人尽皆知，“共产主义初级阶段”和“社会主义初级发展阶段”是两个完全不同的历史发展阶段。

尽管胡耀邦察觉到这个报告脱离实际的空泛之话多了一些，但是，出于对胡乔木等人的尊重而未加删除。大会期间有些代表们在讨论中婉转地指出了应当坚持双百方针、应当有切实措施等修改意见，但最终都被拒绝了。

报告一方面讲我国处于社会主义初级阶段，另一方面强调共产主义思想，两者很矛盾，尤其是在后来的实践中，两者的矛盾越发显现出来。十二大结束后，宣传部门是以共产主义思想为“纲”来组织全党学习十二大文件和要求全国的宣传、教育、思想战线来遵循的。还在十二大报告起草时，起草小组另一个重要成员、中央书记处研究室主任兼中宣部部长邓力群就反复向宣传系统的干部说，十二大报告的精神是共产主义，共产主义精神贯穿整个报告。在十二大闭会以后布置如何宣传时，他也特别强调十二大精神是共产主义。他说：“党的十二次代表大会，贯穿着实践共产主义这条红线，学习宣传十二大文件，一定要突出共产主义思想的教育。”

这些解释在党内和社会上引起了误解。以中宣部名义发布的一份名为“共产主义实践活动和共产主义思想教育”的《研究提纲》说：“共产主义好比一座宏伟的大厦，我们现在已经不是在大厦的门外，而是已经进入了大厦的门内。进行共产主义初级阶段的建设，对于我国人民来说，已经不仅是一种理想，而是活生生的现实。我们现在实行各项社会主

义政策，也就是共产主义在今天的实践。”众所周知，十二大精神当然是邓小平在开幕词中提出的“建设有中国特色的社会主义”，也是胡耀邦加以具体化提出来的“全面开创社会主义现代化建设的新局面”。而宣传部门却硬要说十二大精神是共产主义。这不但不能使十二大报告更好地贯彻下去，而且使得社会主义精神文明建设上不着天下不着地，停留在“共产主义”的口号上，难以形成群众性的自觉行动，陷于混乱之中。对这一点，当时很多人都感觉到了。比方说，担任中国社会科学院研究生院院长的老革命者温济泽就曾听人说过，现在有人对共产主义失去信心，要批判“共产主义渺茫论”。共产主义曙光已经冒出地平线，怎么还能说渺茫呢？他还听别的同志说，“乔木说过，共产主义就在脚下。”他向研究生院传达过胡乔木的这些说法，引起了一些人的诘问。于是，他自己也开始怀疑：我们把社会主义建设成这个样子，怎么倒要批判“共产主义渺茫论”呢？由此可见，这种宣传的结果造成大话、空话盛行，“左”倾错误思潮又重新抬头。

四、“社会主义初级阶段”第三次出现在党中央报告中

1986年十二届六中全会通过的《中共中央关于建设社会主义精神文明指导方针的决议》（以下简称“《决议》”）中再次出现了“社会主义初级阶段”的提法。但实际过程要复杂得多。

1986年8月，中央书记处在讨论准备提交十二届六中全会的《决议》的第三次修改稿时，好几位书记都发言肯定了这个文稿的基本内容。但也有一位书记作了长篇发言，说这个文稿与十二大文件和十二大以来其他文件缺乏连贯性，而且反映这几年来新经验、新问题不够。但是，没有什么人附和他的意见，相反，有人发言说，连贯性当然重要，但要把过去说过的话都说一遍也没有必要，还是要有新话。中央书记处会议后，在书记处会议上作长篇发言的那位书记，邀集了一批人对《决议》修改稿提出了修改意见。他们在修改意见中加了很多“意识形态领域的阶级斗争仍将长期存在”、“要对资本主义思想进行坚决的抵制和斗争”，以及“以共产主义思想为核心”等的词句，甚至引征十二大政治报告中的“共产主义”段落，还加上了这样的话：“在我国有过资本主义剥削的历史，如果搞得不好，是有资本主义复辟的可能的”。

胡耀邦看了那位书记的修改意见，认为分歧的焦点在于要不要援引十二大报告中“以共产主义思想为核心的社会主义精神文明建设”这句话，而在这个根本点上如果不加以澄清，文件就无法通过，更严重的是，在实际工作中间还会受到“左”的干扰。这时候，胡耀邦不再犹豫了，亲自执笔起草了一封写给邓小平的信，专门阐述不用“以共产主义思想为核心”这一提法的理由。

当时在这个问题上的争论已经相当尖锐。已经有人提出不再用十二大报告中已有的“以共产主义思想为核心”的提法，是不是背离十二大报告、从十二大报告倒退的问题。这当然是一个原则问题，不可以含糊过去。其实，作为党的领导核心的邓小平，对于那份修改意见并不满意，尤其是在看到那句“有资本主义复辟的可能”的话时，当即便一笔删去。信当晚送邓小平，第二天上午9点邓小平办公室即告知了小平的批示：同意。第三天上午，小平办公室又告：小平同志又看了一遍信，仍然同意胡他们的意见。第四天，也就是在政治局扩大会议即将讨论并通过《决议》（草案）、提请十二届六中全会审议之前，胡耀邦特地去向邓小平汇报请示。胡耀邦回来后，向起草组同志谈及了他同邓小平谈话的情况。他对小平说：“看来讨论中有同志要挑起争论，坚持自己的意见。”邓小平说：“不要紧，实在要挑明就挑明，就让他挑开。最后还是以表决的办法解决问题。打的是我的牌子，总的倾向是要把我们拉向‘左’。这个不行。那么一改，会使人感到我们的政策又变了。现行的路线不能动摇，我最近讲过多次，我们的政策还要放。”邓小平还说：“我们要注意，保持我们的政治稳定，不要由于粗心大意，使整个局势再发生新的动乱。‘左’的右的干扰都不理，按照马克思主义的观点，该怎么干就怎么干。”

所以，在十二届六中全会通过的《决议》中说：“我国还处在社会主义的初级阶段，不但必须实行按劳分配，发展社会主义的商品经济和竞争，而且在相当长的历史时期内，还要在公有制为主体的前提下发展多种经济成分，在共同富裕的目标下鼓励一部分人先富裕起来。在这样的历史条件下，全民范围的道德建设，就应当肯定由此而来的人们在分配方面的合理差别，同时鼓励人们发扬国家利益、集体利益、个人利益相结合的社会主义集体主义精神，发扬顾全大局、诚实守信、互助友爱和扶贫济困的精神。社会主义道德所要反对的，是一切损人利己、损公肥私、金钱至上、以权谋私、欺诈勒索的思想和行为，而决不是否定按劳分配和商品经济，决不能把平均主义当作我们社会的道德准则。”这些论述不仅接续了历史决议和十二大报告关于“我国社会主义还处在初级阶段”的提法，而且又进了一步。《决议》从我国社会主义初级阶段的实际出发所确立的社会主义精神文明建设的指导方针，同过去那套“以阶级斗争为纲”的做法划清了界限，同“以共产主义思想为核心”的精神文明建设的高调也区别了开来，从思想理论上解决了精神文明建设同改革开放现代化建设是一张“皮”而不是“两张皮”的问题。但是，《决议》讲的只是党的工作中的一个局部问题——精神文明建设的指导方针的问题，它没有也不可能提出我国处在社会主义初级阶段和党的基本路线的关系问题。这样的问题应该在党的代表大会上提出。

系统详细地阐发“中国社会主义初级阶段”的理论，是在1987年中共十三大报告中。

这在中国共产党的历史上，是开创性的。“社会主义初级阶段”成为十三大的理论基础。

【资料来源】

——于光远：《风雨兼程——中国经济学家访谈录》，三联书店2008年版

【评述】

了解“社会主义初级阶段”的来龙去脉有利于正确认识我国社会主义初级阶段理论。社会主义初级阶段理论是我们党提出科学理论和制定正确路线、方针、政策的基本依据。建设中国特色社会主义伟大事业不能离开社会主义初级阶段这个基本国情。

【深度思考】

社会主义初级阶段理论是如何提出来的？

【阅读材料二】

中国远未走出社会主义初级阶段

在思想理论界，在社会上，常能见到一些错误的或有偏见的观点、理论和主张，而究其发生的重要原因之一，就是自觉不自觉地认为我国已走出了社会主义初级阶段。我们已经走出社会主义初级阶段了吗？

经过20多年的改革和发展，我国社会生产力有了巨大发展，综合国力大幅增强。人民生活普遍显著改善。这是大家有目共睹，能亲身感受到的。但是，我们要清醒地认识到，我国仍然处在社会主义初级阶段，仍然是一个发展中国家。正如近日温家宝总理在《社会主义初级阶段的历史任务和我国对外政策的几个问题》的讲话中指出的那样：我国今天远没有走出社会主义初级阶段。

初级阶段就是不发达阶段，所谓“不发达”，是一个全面的概念。首先是指经济，同时也包括政治、文化、社会等各个方面，特别是人民受教育程度和人的素质。

从经济方面来说，2006年，国内生产总值已达到20.904 7万亿元，在世界上处于前

列。但是，衡量一个国家的发展水平，主要不是依据生产总量，而是人均产值。我国人均产值才1 000美元多一点，同人均20 000多、30 000多美元的发达国家比较，相差甚远；一些发展中国家，人均产值有三四千美元，也比我国高出很多。

从政治、文化、社会等方面来说，我国都处在不发达状态。我们的市场经济体制还不够完善。监督不力，贪污腐败现象还很严重。作为国家根本政治制度的人民代表大会制度，还有待完善和加强。这些都说明，民主法制还不够健全。归结起来讲，我们的社会主义制度还不够成熟，远没有达到定型的地步。一种社会制度的巩固，说到底，是一个文化问题。只有能够促进社会生产力发展，符合人民的利益和意愿，并同人民的心理、情感相融合的社会制度，才能定型和巩固。苏联的社会主义制度有70年的历史，一朝解体，人民却漠然视之。我国的人民公社制度，用强力维持了20多年后，悄然消失。为什么？原因固然很多，但归结起来，还要从文化方面去找深层次的原因。社会主义制度的定型和巩固，必然是一个历史长过程。

特别是，我国人民的受教育程度还比较低。中国15岁以上人口平均受教育年限仅为8.5年。一些发展中国家，人民平均受教育年限在10年以上。我国占人口多数的农民受教育年限更少。4.9亿农村劳动力平均受教育年限只有7.3年。绝大多数农村劳动力仍然属于体力型和传统经验型农民。这些情况说明，我国人民的素质还是比较低的。经过20多年的发展，我国社会仍然存在三个显著特点：一是人口多，素质低；二是资源少，消耗高；三是发展很不平衡。这既是不发达的标志，也是制约发展的因素。改变和解决这些问题，难度很大，短时间内是难以办到的。

总之，社会主义初级阶段是一个很长的历史时期。邓小平在南方谈话中说："我们搞社会主义才几十年，还处在初级阶段。巩固和发展社会主义制度，还需要一个很长的历史阶段，需要我们几代人、十几代人，甚至几十代人坚持不懈地努力奋斗。"［《邓小平文选》（第三卷），第379页］现在看来，社会主义初级阶段要经过若干发展阶段。可能要经过三个大的发展阶段。第一个阶段，从20世纪50年代生产资料私有制的社会主义改造基本完成开始，到十一届三中全会前。这一阶段虽然已经进入了初级阶段，但我们并没有认识到，可以称之为探索阶段。第二阶段，以十一届三中全会为起点，是从解决温饱问题到全面建成小康社会的阶段。目前我们正处在这一阶段。第三阶段，从全面小康到实现中等发达的目标。现在我们说，社会主义初级阶段要经历上百年时间。在社会主义初级阶段的过程中，我们只有不断进行调查和研究，掌握新情况和新特点，才能更好地制定和执行党的路线、方针、政策，做好各项工作。

在社会主义初级阶段，我们党制定路线、方针、政策需要注意处理好哪些重要问题？

社会主义初级阶段论是我们党制定中国特色社会主义基本路线的依据和前提。基本路线规定的奋斗目标是：实现富强、民主、文明（现在要加上“和谐”）的社会主义现代化国家。实现这一目标的过程，就是从不发达到中等发达、实现工业化和现代化的初级阶段的历史全过程。在发展目标上，我们党从社会主义初级阶段的实际出发，改变了过去那种追求跃进的思路，制定了“三步走”的战略：第一步，解决人民生活的温饱问题；第二步，实现小康；第三步，达到中等发达水平。这实际上就是初级阶段的路径图。改革开放以来，我国的发展总的说比较快速又比较平稳，一个根本的原因就是，我们的路线、政策和决策比较切合社会主义初级阶段的实际。

回顾历史，观察现实，在社会主义初级阶段制定路线、方针、政策，做好各项工作，要注意处理好以下几个问题。

一是“以经济建设为中心”与全面发展的关系。在社会主义初级阶段，为了摆脱贫穷落后状态，我们必须坚持以经济建设为中心，决不能动摇。在发展的进程中，有时要着重解决这一方面的问题，有时要着重解决那一方面的问题，有时要强调这个理论观点，有时要强调那个理论观点，但是，绝不能因此而在思想上、理论上、实践上动摇经济建设这个中心，一切工作都要围绕经济建设这个中心，并为这个中心服务。改革开放以来，发生动摇以经济建设为中心的思潮和主张，已经不是一次。这是经常要注意的一个问题。另一方面，又要注意推进社会的全面发展。只有社会的全面发展才能更好地促进经济的发展。在这个问题上，我们党不断总结经验，研究新情况，认识和实践逐步推进。从强调两个文明建设一起抓，到提出经济、政治、文化协调发展，以胡锦涛为总书记的党中央又提出建设富强、民主、文明、和谐的社会主义现代化国家的目标。这个问题在理论上和决策上已经得到了比较好的解决。毋庸讳言，某些时候也发生过“唯 GDP”的现象，片面追求 GDP 的增长，而忽视了全面发展。这是值得汲取的教训。

二是经济社会发展中“好”与“快”的关系。在社会主义初级阶段，总的来说，应当尽可能快地发展。尤其是在初级阶段起始的一段，我们处于贫穷的状态，经济总量和规模很小，综合国力不强，解决人民生活温饱问题的压力很大。在那样的具体条件下，强调发展的快速是必需的。邓小平对 1984 年到 1988 年那五年的快速发展很赞赏，认为功劳不小。但就在那时，邓小平也一再强调，发展要讲质量，讲效益，不要有水分，其精神是：要把快与好统一起来。现在，党中央提出“又好又快”发展的方针。这既是科学发展观的必然要求，也符合现实情况。

建设现代化国家，我国属于后发型。同世界先进国家相比，近代中国落后了一大截。中华民族要振兴，要自立于世界民族之林，就必须加快发展。21 世纪的头 20 年，是我国发展的一个大的战略机遇期。我们必须抓住并用好这一战略机遇期，好中求快地发展。这对实现全面建设小康社会的目标，推进中国特色社会主义的伟大事业，具有重大的意义。但是，正因为贫穷落后，也很容易出现急于求成的心态，在实践上，搞跃进式发展。自20世纪50年代搞大跃进以来，几次出现冒进。在20世纪90年代初，还出现经济过热，虽然最终实现了“软着陆”，但付出的代价也不小。吸取过去的教训，我们要慎言“跨越式发展”，慎言“率先实现”，从贯彻落实科学发展观的高度处理好经济社会发展中好与快的关系。

三是积极把握发展不平衡的特点。政治经济发展不平衡是社会主义初级阶段的一个重要特点。在民主革命时期，我们党清醒地分析和把握了中国政治经济发展不平衡的特点，在反动统治力量比较薄弱的农村建立革命根据地，蓄积革命力量，然后包围城市，取得革命在全国的胜利。在社会主义初级阶段，在贫穷落后的基础上建设中国特色的社会主义，应当充分重视和把握发展不平衡的特点。邓小平创造性地从战略上积极把握了这个特点。他提出的让一部分地区、一部分人先富起来的主张，其重要依据就是发展不平衡的特点。他进而提出：“沿海地区要加快对外开放，使这个拥有2亿人口的广大地带较快地先发展起来，从而带动内地更好地发展，这是一个事关大局的问题。内地要顾全这个大局。反过来，发展到一定的时候，又要求沿海拿出更多的力量来帮助内地发展，这也是个大局。那时沿海也要服从这个大局。”［《邓小平文选》（第三卷），第277～278页］鉴于东部地区经过20年的快速发展，经济水平大大提高，实力大大增强的情况，在世纪之交，党中央适时地作出了西部大开发的重大战略决策。6年多来，西部地区的经济和社会发展明显加快。与此同时，党中央又提出“中部崛起”的战略，中部地区的经济和社会发展也呈现出新的生机。

在对待发展与平衡的关系上，也存在这样一种认识：因为发展不平衡，只能慢慢来。这是一种消极对待不平衡的思维，是不可取的。

四是要善于处理社会主义初级阶段的社会矛盾。社会主义社会仍然存在矛盾。社会主义初级阶段的社会矛盾又有其特点。随着改革的深入发展，公有制为主体、多种所有制经济共同发展等一系列方针的贯彻落实，社会呈现多元化状态，出现了多种利益关系；由于体制的弊端和制度不完善带来的社会不公；也由于人们对一些新的事物和新的生活方式还不习惯不适应等，就出现了错综复杂的社会矛盾。所谓“端起碗来吃肉，放下筷子骂娘”，这句话形象地反映了社会主义初级阶段社会矛盾的状态、性质和特点。重视这些社会矛盾，实事求是地分析这些社会矛盾，成为制定和执行党的路线、方针、政策必须注意的问题。学会处理这些社会矛盾，是对我们党执政能力和行政能力的检验。

总之，社会主义初级阶段是一个经济社会发展变化很快的历史阶段。经过20多年的改革和建设，出现了许多新的情况和特点。以社会主义初级阶段作为制定和执行路线、方针、政策的基本依据，已经不只是不要超越阶段的问题，而是要及时掌握许多新的情况和特点。

【资料来源】

——沈宝祥：《中国远未走出社会主义初级阶段》，《北京日报》，2007年3月12日

【评述】

经过30多年的改革和发展，尽管我国社会生产力有了巨大发展，综合国力大幅增强，但是，中国远未走出社会主义初级阶段。当前，社会主义初级阶段仍然是我国最大的实际。

【深度思考】

1. 为什么说“中国仍处在社会主义初级阶段”？

2. 在社会主义初级阶段，我们党制定路线、方针、政策需要注意处理好哪些重要问题？

【阅读材料三】

社会主义初级阶段理论提出的科学依据

社会主义初级阶段理论的科学论断是以中国国情为客观实际依据的。社会主义初级阶段理论作为当代中国马克思主义的重要组成部分，具有伟大的创造性意义。

十五大报告明确指出：“社会主义是共产主义的初级阶段，而中国又处在社会主义的初级阶段。在我们这样的东方大国，经过新民主主义走上社会主义道路，这是伟大的胜利。但是，我国进入社会主义的时候，就生产力发展水平来说，还远远落后于发达国家。这就决定了必须在社会主义条件下经历一个相当长的初级阶段，去实现工业化和经济的社

会化、市场化、现代化。这是不可逾越的历史阶段。”这一段话包含着几个重要论断：①社会主义初级阶段是中国社会主义发展特有的阶段，而且是不可逾越的阶段。②中国社会主义初级阶段的存在有三个根本原因：其一，是中国历史发展的道路；其二，是中国社会主义过渡时期的特点；其三，是中国现实的国情。

一、中国历史发展的道路

中国是一个具有5 000年文明史的古国，中国社会有自己独特的发展道路。世界历史的发展是有共同路线和一般规律的，而这个一般规律在各个国家历史发展中的表现，又因为具体历史条件的不同而必定要带上自己的特色。马克思曾经多次论述过中国社会是亚细亚生产方式的代表，中国社会与西方社会有很大的区别：①国家从中国文明史的出现之日就起着十分重要的作用；②重视群体的作用；③拒斥商品经济，以农为本，重农抑商；④从来没有把发展生产置于中心任务的位置；⑤东方社会的基本经济要素的结构长期停滞，东方社会是自给自足的自然经济，这种经济结构给生产力的发展提供的经济空间十分有限。对于这种区别，普列汉诺夫讲过一段话：“雅典社会的制度不同于中国的制度、西方的经济发展进程根本不同于东方的经济发展进程。”这种经济结构无法孕育出资本主义的生产关系。中国的社会主义制度不是脱胎于资本主义充分发展的社会，而是脱胎于半殖民地半封建社会。

中国在1840年鸦片战争后进入半殖民地半封建社会。半殖民地半封建这一社会性质在整个世界史上，除中国之外，没有第二个国家经历过。中国在半殖民地、半封建的基础上，越过资产阶级统治、资本主义充分发展的历史阶段，经由新民主主义社会而进入社会主义社会，这是中国特色社会主义的一个重要内容。跨越资本主义社会，是由近代世界和中国的历史条件决定的，是中国人民在这种历史条件下，在中国共产党领导下不懈奋斗的结果。资本主义充分发展的阶段在中国可以逾越，但并不意味着中国可以不经过生产力的巨大发展，就立即进入成熟的社会主义阶段。正是因为我们逾越了资本主义充分发展的历史阶段，就必然要经历一个不可逾越的特定的社会主义初级阶段，在这样一个阶段中，去实现别的许多国家在资本主义条件下已实现的工业化和生产的商品化、社会化、现代化。

二、中国社会主义过渡时期的特点

任何一个国家进入社会主义都有一个起始阶段，为什么其他社会主义国家的起始阶段不叫初级阶段？这有两方面原因：一个是各国国情不同，另一个是各国对过渡时期的理解各不相同。这里简单分析一下后一个原因。苏联的过渡时期从时间上讲是从1917年十月社会主义革命胜利到1936年斯大林宣布完全建成社会主义，从性质上讲是从资本主义社会到完全建成的社会主义，而完全建成的社会主义是社会主义向共产主义的过渡。还有一些国家认为有两个过渡时期：第一个过渡时期包括从资本主义社会到社会主义的过渡性社会和完全的社会主义，第二个过渡时期是从完全社会主义向共产主义社会过渡。他们认为，过渡性社会结束后是完全的社会主义。更有甚者是有些共产党在夺取政权后，制定从资本主义直接过渡到共产主义的政策，为此采取了三项措施：①废除货币，实行没有货币和商业活动的政策；②取消工资制，实行全民供给制；③实行单一的生产资料全民所有制，禁止任何个体与私营经济。

中国的过渡时期有自己的特点，我们是从新民主主义社会向社会主义社会的过渡。在这一过渡时期，中国存在着多种经济成分，既有国有经济，也有资本主义经济、个体经济、私营经济。在过渡时期，我们用和平的方式完成了对资本主义工商业和农业、手工业的社会主义改造，确立了社会主义公有制的主体地位。在过渡时期，我们恢复了遭受战争破坏的国民经济，并提出了逐步实现国家的社会主义工业化。这样一个过渡时期决定了在过渡时期结束之后的社会主义社会有两个基本特点：一是建立了社会主义基本的经济与政治制度；二是建设社会主义的起点是比较低的，生产力水平、工业化程度都比较低。这样一个社会所处的阶段就是社会主义初级阶段。

三、中国现实的国情

经过50多年的社会主义建设，特别是党的十一届三中全会以来27年的改革开放，我国的经济实力有了巨大增长，建立了独立的、比较完整的工业体系和国民经济体系；综合国力不断提高，国民生产总值已经超过18万亿元，居世界第4位；13亿人民的温饱问题基本解决，人均GDP达到了1 700美元，走出了世界低收入国家行列，进入中等偏下收入的发展中国家之列。但从整体上讲，我国还没有摆脱不发达状态，就生产力水平而言，远远落后于发达国家。我们的生产力水平总体上是比较落后的，生产率与发达国家相比有很大差距；我国的生产力结构不平衡，既有少量的现代化大生产，又有大量的落后的生产力；人均产值、人均国民收入在世界上所排的位次都比较靠后，目前仍有3 000万人没有摆脱贫困状态。正如有的学者所讲：中国的问题用乘法和除法去做会看出我们的国情。乘法题是：无论看似多么小，甚至可以忽略的经济和社会发展难点，只要乘以13亿~15亿总人口，就成了一个大规模的，甚至可能是超大规模的问题。除法题是：无论财力、物力总量多么可观，只要除以13亿~15亿总人口，就不仅不会是很高的，而且会是相当低的，甚至是很低很低的人均水平了。这两道数学题说明中国众多的人口对我们的发展带来的压力和动力。这种生产力状况反映到生产关系上，表现为以社会主义公有制为主体，多种经济成分共同发展局面的存在，表现为公有制有多种实现形式，而这一切都说明我们的社会主义还是初级阶段的社会主义。

【资料来源】

——辛向阳：《社会主义初级阶段理论：马克思主义中国化的典范》，《马克思主义研究》，2009 年第 10 期

【评述】

社会主义初级阶段理论是当代中国马克思主义的重要组成部分。社会主义初级阶段理论的科学论断是以中国国情为客观实际依据的。首先，它是由中国历史发展道路决定的；其次，它是由中国社会主义过渡时期的特点决定的；最后，它是由中国现实的国情决定的。

【深度思考】

判断我国处在社会主义初级阶段的主要依据是什么？

第七章　社会主义改革和对外开放

【导言】

改革开放是决定中国命运的重大决策，是新时期最鲜明的特征，是社会主义制度的自我完善和发展，是历史发展的必然，但改革开放的事业却并非一帆风顺。通过本章阅读材料，我们将进一步了解改革开放的历史背景及改革开放中的一些重大事件，了解改革先行者的壮烈和辛酸。“筚路蓝缕，以启山林”，改革先行者前行的每一步都充满艰辛，如逆水行舟，不进则退，但党和人民坚持改革开放的决心不会动摇，为了中华民族的和平发展、伟大复兴，中国共产党和中国人民将满怀信心，不断将改革开放的伟大事业推向前进！

【阅读材料一】

逃港事件引发的思考

1979 年 5 月 6 日，来自惠阳、东莞、宝安 80 多个乡镇的 7 万群众，像数十条凶猛的洪流，黑压压地扑向深圳，两个海防前哨不到半个小时就被人山人海吞噬了。

这场惊天骤变是被一则谣言引爆的。不过，事发前并没有任何飓风来临的征兆。谣言说，在伊丽莎白女王登基当天，香港实行大赦——凡滞港人士可于 3 天内向政府申报香港永久居民。深圳还在当日“大放河口”，允许群众自由进出香港。

……

时光流逝了30年，我们现在无法描述那场劫难，无法想象三座人烟繁华的千年古城一日之间几乎等同于被6 000米宽的海浪抹去的骇人情景，无法猜度那无数坚守安土重迁的农、渔民拖儿带女踉跄越过边界时回头一瞬的心情和泪光。

一位72岁的深圳本地老人，至今在说起这一幕时仍不胜唏嘘：1979年5月7日，“大放河口”的翌日，毗邻香港的20千米海面上，漂浮着数百具尸体，腥臊的海风抹去了这块土地上的任何一丝生气。眼前，天空阔远，万籁俱寂。似乎一切都没有发生过。东起沙头角，中至下步庙，南到红树林、蛇口，连一个人影也难以找到。

“谁也无法统计，有多少人将生命作了这海湾的祭献。”当天，老人从派出所领到了750元葬尸费——在他埋葬的50具尸体中，有4具是他的亲人。

2005年8月7日是深圳建市25周年纪念日。大雾当道，我的目光越过浩渺的烟波，落在隔岸香港的摩天大楼上。我恍然如梦，心底无数的悬念冰结为一个追问：在这条荒凉的海岸线上，历史是怎样错步向前，演绎了一个100万人蹈海求生的梦呢？

“5·6”事件彻底戳破了因在20世纪60年代拍摄反特片《秘密图纸》和《跟踪追击》而名扬天下的“反帝前哨”的“宁静”面具，也再次唤醒了人们对20年来100万村民冒着九死一生的危险，逃往香港的骇人记忆。

1949年10月19日，深圳获得解放。但由于中英交恶，双方自1951年起便封锁了边界。随后的20年里，深圳共出现了4次大规模偷渡。

第一次是1957年前后，实行公社化运动期间，一次外逃了5 000多人。

第二次是1961年，经济困难时期，一次外逃了1.9万人。

第三次是1972年，外逃了2万人。

第四次是1979年，撤县建市初期，有7万多人沿着几条公路成群结队地涌向边境线，伺机越境。最后外逃了3万人。对于只有11万劳动力的宝安县来说，这是一次空前的大失血。

新中国成立30年，深圳市的前身——宝安县的逃港者有多少人呢？我们没有准确的数据可以查证，但可以从人口数据对比中得到答案。1970年，当时的宝安县人口是304 629人，到1979年，总人口才312 610人，十年增加了8 081人，增长率为0.26%。在宝安县志的记载中，1956、1958、1962年人口增长是负数。1962年末，总人口下降到26.7万人，比1960年减少了4.7万人。新中国成立30年，宝安县人口增加了3.8万，年均增长率为0.48%，与全国同期增长率1.93%比，仅占1/4。一些老宝安说：宝安县人30年没有生小孩。沙头角镇的人说：这个有1 000余户5 000多人的乡镇，新中国成立后向香港流动了累计有两个镇的人。

据统计，历年来参加外逃的总计有 119 274 人次，其中已逃出港的有 60 157 人。一名叫刘宝树的本地老人对上述数字表示怀疑，据他估计，外逃成功者至少有 30 万人，参与逃港者不下 100 万人。

“中国改革实践第一人”袁庚回忆说，那时，港英当局每天从文锦渡押回的非法越境外流人员就有 400 ~ 500 人。

20 世纪六七十年代，当地公安的主要任务是监视“三偷”：偷听敌台；偷窃集体财产；偷渡出境。有的农民就是借口去割草而划着一只小船偷偷溜到香港去了。这在当时其实算是寻常事，相比之下，生产队干部更心疼的是那只不再划回来的小船。

制止村民外逃，不仅关系到当地政府的颜面，更攸关珠江三角洲的稳定和发展。尽管从中央到地方一直对这个问题严防死守，保持着高压状态，但是，偷渡之风却愈演愈烈。

一位名叫林雨纯的报告文学作家，在他的《天地男儿》中描述了 20 世纪 70 年代末发生在深圳南岭村的一幕：该村党支部书记张伟基开着手扶拖拉机，急吼吼地赶到深圳与香港的界河边，停在国防公路上，向着黑压压的逃港人群扯开嗓门喊：“南岭村的跟我回去！”

在奔向界河那边的人群中，就有张伟基的妻子。

但是，偷渡者回答他的是：“死了以后，骨灰都不要吹回这边来！”这一夜，南岭村有 400 多名青壮年在张伟基泪花吧嗒吧嗒的注视下，逃往了一河之隔的香港。

据深圳地方史记载，从 1978 年 3 月开始，万丰村的男女青年每晚一伙一伙地泡在万丰鱼塘、石岩水库、求雨坛水库里苦练游泳技术，以备偷渡。当时，宝安县委书记方苞接连发出了四道“全面禁止偷渡”的指示，并调派上千公安、民兵沿着海岸昼夜巡逻，在广深公路设卡，拦截偷渡人群。可是，在不到两年的时间里，万丰村采用乘船、泅海或利用大雨、台风之机从陆上逃至香港的村民就达到了 1 200 人，其中 1979 年逃港的有 320 多人，占全村劳力的 50% 以上。由于劳力大量流失，结果使 9 万亩土地被抛了荒。金秋八月，沉甸甸、金灿灿的水稻烂在田里无人收割，附近的村庄里几乎难以见到 15 ~ 35 岁的青壮年。

1979 年，深圳市第一任市委书记张勋甫，发现在上任的头一个月就有 3 054 人次外逃香港，逃出 1 855 人。

在 20 世纪 80 年代初开发蛇口工业区时，一次就发现了 400 多具偷渡者的尸体。

任何对深圳历史稍有了解的人，都不会否认 1977 年 11 月是一个重大的转折点——一个人口不足 3 万的边陲小镇，首次闯入了邓小平的视野。邓小平把广东作为复出后首次视察全国的第一站，中共中央副主席、全国人大常委会委员长叶剑英与他同行。

因为深圳边防部队对愈演愈烈的逃港事件几乎无力防守，所以，广东省主要领导把这作为恶性政治事件捅到了邓小平的面前。

然而，令汇报者愕然的是，邓小平听了此事以后只是一直用睿智的目光眺望着窗外烟尘蒙蒙的羊城街景，似乎对这个“惊天动地”的问题无动于衷。沉默了好一会儿，他才背过身，十分肯定地说了两句话：

“这是我们的政策有问题。”

“此事不是部队能够管得了的。”

这两句话让广东的同志百思不得其解：说政策有问题，难道不准外逃的政策有变？说部队管不了，那谁又管得了？

高小林在他的报告文学《突破——中国经济特区启示录》中描述道：坐在一旁的中共广东省省委组织部副部长刘波听得非常清晰，他先是惊诧，继而疑惑……

省委领导的心掉进了云里雾里。直到10天后邓小平离穗回京，这两句话仍然没有解开谜底。

不过，有一个人似乎悟出了邓小平的弦外之音，这个人就是后来奋力挑起广东经济特区改革大旗的吴南生，吴南生当时是广东省省委书记。不久，吴南生带上秘书一竿子插到深圳田间地头进行实地调查。

吴南生发现了一件蹊跷的事：深圳有个罗芳村，河对岸的新界也有个罗芳村。不过，深圳罗芳村的人均年收入是134元，而新界罗芳村的人均年收入是13 000元；宝安一个农民劳动一日的收入为0.70~1.20元，而香港农民劳动一日的收入为60~70港币，两者差距悬殊达100倍。

眼前的事实终于使省委书记恍然大悟，他这时才明白了邓小平的两句话。经济收入对比如此之悬殊，难怪人心向外了。更耐人寻味的是，新界原本并没有一个什么罗芳村，居住在这里的人竟然全都是从深圳的罗芳村逃过去的。

1979年初，袁庚驱车返回阔别二三十年的家乡，准备兴建蛇口工业区，他的回乡见闻也冰冷地印证了吴南生的考察结果。袁庚看到的景象令人心酸：除了一两座旧楼房，充斥着深圳的是一排排凌乱、破旧的黑瓦平房，以及横七竖八的臭水沟和坑坑洼洼的瓦砾堆。

袁庚回到家乡大鹏岛，却已看不到当年的乡亲了。新中国成立之初的2万乡亲，到70年代末，只剩下5 000多人。大多数人都逃往香港，甚至流落到了英国、美国、荷兰。

也是在这一年的5月14日，谷牧视察深圳时针对逃港现象说出了与邓小平意思一样的话：“现在往那边跑的多，将来一定往我们这边来的多。我们大家共同努力。”

谷牧意识到，边民往哪儿逃，取决于哪儿有吸引力。制止偷渡，最根本的办法是发展生产力，真正提高人民生活水平。对饥饿中的群众谈“社会主义的优越性”是没有说服力的。正如邓小平所说：“现在我们虽然也在搞社会主义，但事实上还没有资格大谈自己制度的优越性。只有到下个世纪中叶，达到了中等发达国家水平，才能说真的搞了社会主义，才能理直气壮地说社会主义优于资本主义。”

到此，邓小平留下的两个谜才真正解开。

邓小平回京后对深圳一直念念不忘，在中央会议上几次出人意料地点到了它，并迅即将它推向了改革的浪尖。

【资料来源】

——陈宏：《1979—2000 深圳重大决策与事件民间观察》，长江文艺出版社 2006 年版

【评述】

“死了以后，骨灰都不要吹回这边来！”当听到偷渡者这样的话语时，我们会感到心酸。深圳河两岸巨大的物质生活差距是大逃港的成因，解决逃港问题的根本在于发展生产力，在于改革存在问题的制度，也只有这样，社会主义的优越性才能得到体现。

【深度思考】

1. 逃港的深层次原因是什么？

2. 如何理解邓小平“此事不是部队能管得了的”这句话？

【阅读材料二】

中国与股市握手

1986 年 11 月 14 日，邓小平会见了以纽约证券交易所董事长约翰·范尔霖为团长的美国纽约证券交易所代表团。在接受了客人赠送给他的纽约证券交易所的证章和证券样后，他将一张上海飞乐音响股份有限公司的股票回赠给客人。国际社会因此发出了“中国与股市握手”的惊呼。邓小平——中国改革开放的总设计师用这样一个举动向世界宣布：股票

市场并非资本主义所专有，社会主义国家同样可以利用这一有效工具发展自己的经济。

曾任中国证监会首任主席的刘鸿儒在回忆这段历史时说，当年范尔霖赠送给邓小平的精美证章，凭着它可以在华尔街股票市场中通行无阻；邓小平回赠的则是新中国首批公开发行的股票之一的“小飞乐”股票。

范尔霖获得“中国的第一张股票”后非常兴奋，并亲自到中国工商银行信托投资公司上海静安证券业务部办理了过户手续。

实际上，那时候的中国股市还处在起步的状态。在上海开设的全国第一个股票营业柜台上，飞乐音响和延中实业是仅有的两只交易股票。没有电脑，没有行情显示屏，成交价由客户口头协商，然后写在黑板上。交割、登记卡号、盖章、过户，所有的程序都是手工完成，每天的平均交易量只有数十笔。

人们用一种复杂甚至是怀疑的眼光审视着刚刚出现的这一新生事物。中国究竟能不能搞股份制？能不能发展资本市场？会不会动摇公有制经济的主体地位，造成国有资产的流失？分歧始终伴随着股市的“婴儿时代”。

邓小平的这一举动无疑给了正在蹒跚学步的中国股市以莫大的肯定和鼓励。在此后的10多年中，这位伟人始终关注着资本市场的发展。

很多证券界资深人士至今仍对邓小平1992年视察南方时发表的那段谈话记忆犹新。“证券、股市，这些东西究竟好不好，有没有危险，是不是资本主义独有的东西，社会主义能不能用？允许看，但要坚决地试。看对了，搞一两年对了，放开；错了，纠正，关了就是了……总之，社会主义要赢得与资本主义相比较的优势，就必须大胆吸收和借鉴人类社会创造的一切文明成果。”

这一精辟深刻的谈话和“不争论”的观点，成为股票市场诞生初期的思想理论基础。就在那一年的10月，中国证券监督管理委员会成立，证券市场由地区性试点进入全国范围推广。

邓小平送给范尔霖的股票早已成为纽约证券交易所的珍贵收藏。但它背后的故事，却成为新中国证券史上最值得书写的一段历史。

【资料来源】

——深圳在线“人在深圳”栏目，2008年3月，(http://www.szonline.net/Channel/content/2008/200803/20080306/72997.html)

【评述】

2009年4月12日，广东省委、省政府发布《关于实施〈珠江三角洲地区改革发展规划纲要〉的决定》，其中规划了“一年开好局，四年大发展，十年大跨越”的“三步走”目标，并明确提出：“先干不评论、先试不议论、时间作结论”，“只要法律政策没有明令禁止的都大胆去干、去闯、去试”。

1992年，邓小平发表南方谈话称：“不搞争论，是我的一个发明。不争论，是为了争取时间干。一争论就复杂了，把时间都争掉了，什么也干不成。不争论，大胆地试，大胆地闯。农村改革是如此，城市改革也应如此。”

两者之间显然具有共通之处。“不争论”的要义，是对实践论——“实践是检验真理的唯一标准”——的大力发扬。其落脚点正是“大胆地试，大胆地闯”。中国股票市场的建立，就是在这种理论的支撑下产生的。

【深度思考】

1．建立股票市场的意义何在？

2．“不争论”的观点成为股票市场诞生初期的思想理论基础，这对改革开放还有哪些作用？

【阅读材料三】

按在中国改革开放史上的红手印

——小岗村“大包干”契约的产生经过

1978年12月的一个冬夜，安徽省凤阳县小岗生产队的18位农民，相聚茅草屋中，在当场写下的一纸字据上，按下17个手印和4个印章（其中严宏昌按了两次印章），代表全队20户人家。字据写道：“我们分田到户，家家户主签字盖章，如以后能干，每户保证完成全年上交（缴）的公粮，不再向国家伸手要钱要粮。如不成，我们干部坐牢杀头也甘心，大家社员也保证把我们的小孩养活到18岁。”

这18位农民的名字是：关廷珠、严立富、严立华、严立坤、严金昌、严家芝、严学昌、严立学、严俊昌、严美昌、严宏昌、严付昌、严家其、严国品、关友申、关友章、关友江、韩国云。

他们没有想到，这份字据揭开了中国农村改革的序幕。近日，记者和小岗村的部分当事人就那段历史有如下交谈。

严宏昌当选生产队队长

记者：当年写下契约，一起按下红手印，决心包产到户的18位小岗村农民，已经有6位辞世。你在这个有意义的行动中是重要人物，请回顾一下当时的情况。

严宏昌：我出生在1949年农历九月初九，到高中一年级的时候因为家庭贫困，就再也读不下去了，只好出去讨饭。

我1969年底结婚，老婆段永霞是同县板桥公社的人。到1978年，我已经有了4个孩子。当时，小岗生产队的家庭自留地每人只有5厘，我家6口人，总共只有3分自留地。

1978年8月，从过去板桥人民公社内分出了新的梨园公社，要产生新的队干部。于是，全村人家的户主来到严学昌家开会，因为他家的地方大一点。当时担任梨园公社党委副书记的钱进喜前来主持。大家选出了3个人担任生产队负责人，我、严俊昌、严立学。我得的票最多。

成年以后在外面讨饭不种地是要交钱的。我每月向生产队交15元，计150分。1978年初，我在凤阳当建筑工人，也管着几十个农民工。因为蹲点干部反映我是“黑包工”，有“走资本主义道路”嫌疑，所以，当年上半年我回到了生产队。

我被推选为队干部后，队里的关廷珠对我说，如果你让我一天喝上两顿稀饭，我就满足了。

我听了以后压力很大，因为我常年在外，对生产不熟悉。我把自己的心情向严俊昌和严立学说过。俊昌是我堂兄，他说，我没有文化，你说怎么干，我们就怎么干，但是，你要把点子想好。

带领大家走上“大包干”之路

记者：接手之后，你们是怎么一步步地走向“大包干”道路的呢?

严宏昌：选举会以后，会计严立学就建议要盘点生产队的家底，那时，队里没有什么集体积累。但我们还是认为，要抓住秋耕和冬耕，为来春种上庄稼打好基础。要整地，没有牛耕田，我只好发动大家出死力气，用铁锹挖，用耙子耙。

大约也在同时，我向严学昌、严立学提出，每人只有5厘自留地，少了，要增加自留地。大家都同意，这些地就分下去了。

但是，这样一来马上就有了问题。我们当队长的到了地头，发现大家都懒洋洋地没有跟上来。我一看，这样不行，就找到严立学，将一个生产队分为两个小队，让大家有一个竞赛。我为这事写了一个报告，结果公社不批准。

不批准怎么办？我们三人研究，自己干。结果一分开两个小队，矛盾还是很大，主要是利益分配不均匀。

我找到严学昌，对他说，我以前是小包工头，各项工程包干到人，不管你是瓦匠还是泥工，总是能够提前完工。

他说，搞农活哪个敢做呢？我说，你去问别人的意见，如果可以，就瞒上不瞒下地来做。结果大家单线联系，发现多数同意这样做。

最后，我就找到立学和俊昌研究这个事情。结果，我们三人思想不太一致，形不成决议，主要是担心上级怪罪下来，心里怕。

我找到严学昌问他的意见。严学昌说：谁要是不同意，就把集体的好处多给他点，哪怕他吃干饭我们喝稀饭都行。他的话对我触动很大，坚定了我的决心。我又找严俊昌、严立学商量，要分田到户，分个明明白白。当然，前提也是非常明确的，就是首先交够应该给国家的，这在我们凤阳农民头脑里是特别清楚的事情。

按满了红手印的字据

记者：那张表示18户农民决心“分田到户”的契约是你起草的吗？

严宏昌：这张纸条是我写的。我在会场上把所有人的名字都写上了，然后同意的人就当场按手印。

记者：为什么在这张契约上，绝大多数人是按下的红手印，但却有三个人是盖的章呢？

严宏昌：我们首先要求盖章，盖章更具权威。但是由于穷，只有三个人有图章：一个是韩国云，因为他是贫农代表。再一个是严立学，因为他是会计。最后就是我了，因为我是小包工头，图章是用来给大家作证明发工钱的。

其他人基本上没有读过书，不会写字，所以，只能由我把名字都写下来，他们按手印。

记者：按满了红手印的契约，只有严宏昌一个人有两处签名、两处盖章。这是为什么？

严学昌：因为严宏昌表示，在这个事情上他要带头，所以，先写上了自己的名字，表示以后一旦出事，要捉就先捉他。于是，他写了两个名字，在两处名字上也分别盖了图章。

严宏昌：事实上，在按手印前，我们已经分了田干了起来。我们知道上面不叫干，干着也觉得心里不踏实，就在一起商量，要签字画押，表明大家的想法是一样的，同时，对干部有一个交代。当时这样做必须保密。

字据是在向大家讲明了情况以后由我当场写的，名字的排列也是我写的，大致的顺序是按照对这件事情的态度，积极性比较高的写在前面。

记者：契约上面有 20 个名字，而实际到场的是 18 个人，那两个没有在场的人是谁?

严立学：一个是严国昌，一个是关友德。严国昌是我的父亲，他的名字是我哥哥严立坤代签的（按手印）。关友德当时跟着我父亲在江西要饭没有回来，严宏昌要我找到他的叔爷关廷珠，由他代签了（按手印）。

秘密签订契约的草房

记者：当时为什么选在严立华家开会?

严立华：因为我家有两排房子，前两间后三间，是我讨饭回来自己盖起来的，大概是在 1970 年左右盖的。

那天秘密开会的时候，我的老婆孩子在后排屋子里睡觉。我们在前排屋子里开。那个晚上，我家点了一个煤油灯，是用一个墨水瓶做的。大家来到我家，有的坐在草垫子上，有的蹲在地上。屋子中间有一张小矮桌，连茶杯都没有。

记者：你分了多少土地?

严立华：当时分地搞“大包干”，总的原则是加上荒地，大约每人 5 亩。我家人口少，分得 20 来亩。

记者附言：小岗村的“大包干”就这样起步了。可贵的是，小岗村农民的做法得到了安徽省委第一书记万里的支持，很快发展成遍及全国农村的家庭联产承包责任制——简称“大包干”。

“大包干”一年，到 1979 年秋收时，小岗村粮食总产由 1978 年的 1.8 万千克增加到 6.6 万千克。人均收入由上年的 22 元上升为 400 元，四邻皆惊。从此，小岗村人也和饥饿告别。那张按满红手印的契约，被中国革命博物馆永久收藏。（馆藏号：GB54563，国家一级文物）

【资料来源】

——钱江文:《党史博览》, 2008 年第 9 期

【评述】

中国改革发轫于农村，而中国农村改革的大幕，则由安徽凤阳小岗村 18 位农民在无意间揭起。18 位农民没有想到，他们被饥饿逼迫而成的这份“生死契约”竟无意间成了中国农村改革的第一份宣言。

小岗村是成功的。首先，小岗村的变革符合了中国的国情。发展不能是空中楼阁，发展只能是一种立足在现实基础上的发展。任何脱离国情的发展，都只能是低效和高成本的，中国发展只能走中国特色的道路。其次，中国农村发展的实践也证明，小岗村的变革模式有力地推动了中国农村经济的发展。家庭承包制的推行，极大地调动了农民的积极性和解放了农村生产力，使我国的农村经济得到了前所未有的发展。

我们可能永远不能理解改革拓荒者的风险与改革的举步维艰，可能永远以为“市场经济”、“有中国特色社会主义”、“多种所有制共同发展”是如此的天经地义和理所当然。然而，正是在改革开放 30 多年里，无数荆棘与泥泞，无数光荣与梦想，才换来我们今天来之不易的社会和谐与高速稳定的发展。

【深度思考】

1.“大包干”为什么能使小岗村人和饥饿告别?

2.“大包干”从制度上解决了什么问题?

【阅读材料四】

改革开放 30 年：高考恢复改变了普通工人的一生

高考自 1977 年恢复以来，至今已走过了 30 余个年头。1977 年的高考，对于千百万高考经历者来说，印象深刻，因为它成为人们命运的转折点。而今遥想当年的情景，家住梅江的甄士洁女士一家依然感慨万分。此刻甄女士的儿子正远在大洋彼岸的美国任博士生导

师，30 年前的高考改变了他的人生。

“我的儿子肖苓和许许多多青年一样是改革开放政策的受益者。30 多年过去了，儿子在科研上的每一项成功，都让我们全家激动不已，同时也每每对改革开放政策怀有深深的感念之情。”甄女士动情地说。

成绩优异升学无门

在甄女士眼中，儿子肖苓从小聪慧过人。但他在上小学四年级时赶上了“文革”。因为高考已停止，看不到前途的孩子们早就没有了学习劲头儿，而肖苓却依然在课上认真听讲，课下努力学习。每天放学后，他把别的孩子踢球、打弹儿的时间全用在了学习上。儿子的优异成绩曾让甄女士倍感欣慰，但同时内心也被深深地刺痛着：“我为孩子渺茫的前途担忧，这样好学的孩子，一无高中、大学可上，二无深造的机会，怎不让我为他忧心忡忡呢?”

1971 年 9 月，初三毕业的肖苓进入二机技校学习。进入二机技校后，肖苓又马上成了班上学习的佼佼者。特别是英语，在老师缺席的情况下，他居然能上讲台给同学们辅导和答疑。3 年后，他以优异的成绩毕业，被分配到天津无线电厂当了一名普通的工人。

高考再次敞开大门

1977 年 10 月，国家宣布了恢复高考的决定。这一消息对于肖苓来说犹如久旱逢喜雨。“真是做梦也没有想到!”甄女士回忆起当初的情形，依然难掩激动与感慨。

因为时间紧迫，只有两个月的时间，肖苓白天照常上班工作，晚上挑灯夜读，备战高考。1977 年 12 月，这是一个令人难忘的日子。肖苓和成千上万的高考大军一起走向中断 10 年的高考考场。转年的 3 月份，肖苓兴高采烈地收到了录取通知书。22 岁的他被天津大学电子系录取，成为高考恢复后的第一批大学生。那一天成为甄女士一家最难忘的日子。毕业后，成绩优异的肖苓又去德国攻读博士学位。在儿子出国的前一天，甄女士赋诗一首送给儿子：“肖苓留学去西德，全家举杯来祝贺。改革开放政策好，国家发展乘快车。工人跨进大学门，攻读博士走出国。学习奋进攀高峰，为国为民再拼搏。”

走出国门不忘祖国

肖苓到德国后，于1990年获得德国工学博士学位，几年后又转赴美国深造。如今，他已成为声学界专家、美国里森纳尔大学声学博士生导师。

2006年9月，他的中学母校60周年校庆，他从美国写来了一封祝贺信，信中写道："……我有幸生在新中国，长在红旗下。我能学有所成，都是党和人民培育的结果。我一次又一次登上世界和国际声学会议的讲坛，介绍声学建筑的成就，宣读自己的科学论文，我感到我讲话的声调一次比一次高昂，我的腰杆一次比一次更直，我的信心一次比一次更足，因为中国人民真正站起来了！科学无国界，而科学家是有祖国的。无论我在世界什么地方，我都是中国人！有一颗中国心！我要不断地把声学科学研究成果和信息与祖国声学界人士汇报交流，以促进声学科学在祖国的进步与发展！"

【资料来源】

——1. 中国教育新闻网（中国教育报主办）考试频道（http://www.jyb.cn/ks/gk/jlgk/t20081007_198201.htm）

——2. 殷莹：《改革开放30年：高考恢复改变了普通工人的一生》，2008年10月

【评述】

在中国，高考的重要性可以说是给予多么高的评价都不过分。就人才选拔制度而言，我国目前的高考"不是最好的制度，却是最不坏的制度"，这一点毋庸置疑。高考不仅具有以选促学的功能，同时，在维护和促进公平、公正方面有着举足轻重的作用。

【深度思考】

1. 据新浪网2003年的一项调查，70%的人认为高考制度需要进一步改革，但是，88%的人不赞同废除高考，因为高考保障了起码的公平。请你谈谈恢复高考的意义何在？

2. 目前很多单位在招聘时，甚至有些大学在博士招生中，特别要求本科学位要在211工程的大学取得，这说明了什么？

第八章　建设中国特色社会主义经济

【导言】

建立什么样的经济体制，是我国经济改革的核心问题，也是建设中国特色社会主义的重大问题。中国为什么选择社会主义市场经济体制？中国在选择社会主义市场经济体制的过程中经历了怎样的一段历程？如何认识社会主义初级阶段基本经济制度和分配制度的新概括？如何全面理解公有制和按劳分配的含义及其主体地位？如何正确认识和处理公有制经济和非公有制经济、按劳分配和按生产要素分配的关系？如何才能使国民经济又好又快地发展？为了帮助学生更好地理解上述问题，本章紧扣教材内容，搜集了一些典型资料，并以附加问题的方式，帮助学生加深对教材内容的理解。

【阅读材料一】

让历史照亮未来的道路
——论中国改革的市场经济方向

从1978年12月的中共十一届三中全会开始，中国的改革开放至今已经走过了30多个年头。改革开放所要达到的目标，按照中共十七大的语言，可以概括为“从高度集中的计划经济体制到充满活力的社会主义市场经济体制、从封闭半封闭到全方位开放的伟大历史转折”。现在，这个历史转折还没有完全实现。为了完满地实现这个转折，我们应当认真总结30多年的经验教训，让历史照亮我们未来的道路。

一、“摸着石头过河”，寻求救亡图存的路径

中国在1953年正式确立以“使生产资料的社会主义所有制成为我们国家和社会的唯一的经济基础”为目标的“过渡时期总路线”后，经过对农业、手工业和资本主义工商业的“社会主义改造”，全面建立了苏联式的集中计划经济（命令经济）制度。

僵硬的计划经济体制使生产效率和服务质量急剧下降。由于处于国家计划机关附属地位的“生产单位”失去了经营自主权和生产积极性，所以，国有经济的领导人对从苏联引入的新体制尤其感到不满。面对党内外对苏式计划体制的批评，党政领导考虑对这一体制作出调整。至于调整的方向，则有很不相同的考虑。经济工作的主要领导人陈云主张在保持国有经济统治地位和坚持计划经济的前提下，引入某些市场经济的因素。而作为党和国家最高领袖的毛泽东则认为，问题并不在于行政化的计划经济，而在于“权力过分集中于中央”，管得过多，统得过死。于是，中国政府在1958年发动了向各级地方政府“放权让利”的“体制下放”运动，形成了一种分权型的命令经济体制。与此同时，毛泽东还支持“破除资产阶级法权”的极“左”思潮，发动了把农业生产合作社改组为“政社合一”的人民公社的“人民公社化运动”和“超英赶美”的“大跃进”运动。这两大运动猛刮“共产风”，造成了严重的经济困难和2 000万～4 000万人“非正常死亡”的生命损失。

对于1958年以后的严重困难，毛泽东并不认为是缘于“公社化”、“大跃进”和“共产风”的错误，相反却认为根本原因在于干部群众的“共产主义觉悟不高”和刘少奇、邓小平等党政负责人背离了他所倡导的革命路线。于是，他在1966年根据“无产阶级专政下继续革命理论”发动了“无产阶级文化大革命”。所谓“无产阶级专政下继续革命”的理论同样具有极“左”的性质。毛泽东在“文化大革命”高潮中发表的“无产阶级专政理论”竟然宣布“按劳分配、货币交换，这些跟旧社会没有多少差别”，应该和“党内走资派”一起被消灭。“文化大革命”的胡作非为，最终使整个中国社会濒临崩溃的边缘。在“文化大革命”中成亿干部、群众受到政治迫害的情况下，全国上下一致认为旧路线和旧体制再也不能继续下去了，于是，在全社会范围形成了变革的共识。

启动改革的第一个行动，是十一届三中全会发动解除极“左”思想束缚的“思想解放运动”。此项运动以1978年5月在《光明日报》发表的评论员文章《实践是检验真理的唯一标准》为开端，在全国掀起了一场以“解放思想”为基本内容的启蒙运动，为改革开放奠定了思想基础。

在学习他国经验、总结自己教训的基础上，人们提出了各种各样的变革设想。不过，

在当时进行全面改革的思想和理论准备不足的情况下，中国党政领导采取的策略是在保持国有企业和命令经济占主体地位的条件下，作出了一些变通性的制度安排。

第一，在土地仍归集体所有的条件下，以“包产到户”的形式恢复农民的家庭经营。

第二，在保持公共财政与企业财务合一的前提下，实行“分灶吃饭”的财政体制，使各级地方政府有了促进本地经济发展的积极性。

第三，在物资的计划调拨和行政定价的“计划轨”之外开辟出物资串换和协商定价的“市场轨”。1979 年，国务院转发《关于扩大国营工业企业经营自主权的若干规定》，允许企业按照“议价”自销超计划产品。1985 年开始正式实行生产资料供应和定价的“双轨制”。“双轨制”的确定，使企业可以通过市场轨来购买生产物资和销售产品，也为非国有经济的存在和发展准备了基本的经营环境。

第四，在国内市场的“大气候”尚未形成的情况下，通过构建“经济特区”的“小气候”来与国际市场对接。在改革开放初期，要在短时期内形成国内市场并对国际市场开放是完全不可能的。于是，中国汲取其他国家建立出口加工区和自由港的经验，利用沿海地区毗邻港澳和海外华侨、华人众多的优势，营造“经济特区”作为对外开放的基地。1980 年 5 月决定对广东和福建两省实行对外开放的“特殊政策”；1980 年 8 月，批准在深圳、珠海、汕头、厦门试办“以市场调节为主的区域性外向型经济形式”的经济特区。

可以看到，这些变通性制度安排的关键，就是在保持命令经济基本框架不受触动的同时，引进了市场经济的因素作为补充。市场因素的出现，为一些有才能的人士积极从事生产性活动提供了可能性，促使国民经济很快恢复。

这些变通性制度安排更深远的影响是形成了一种“双轨制”的制度环境。一方面，作为计划经济基础的国有经济（存量部分）仍然按照命令经济的逻辑运转；另一方面，新成长起来的民营经济成分虽然仍然在不同程度上依附或隶属于基层政府，但其供产销则大体上是由市场导向的。在此基础上，从 20 世纪 80 年代初期开始，民营经济迅速扩张，中国民营企业的数量从 1981 年的 183 万户增长到 1985 年的 1 171 万户，年均增长速度超过 159%。

二、市场经济改革目标的逐步明确

20 世纪 80 年代初期，随着对改革研究的日益深入和国际交往的扩大，我国改革理论研究已经逐渐超越了 20 世纪 70 年代末期着重讨论“松绑放权”等具体措施，已经有一些经济学家提出用什么样的经济体制来取代计划经济的旧体制的问题。到了 20 世纪 80 年代中期，随着变通性政策取得一定的成效，人们发现，仅仅依靠一些不成体系的政策来“调动积极性”并不能实现经济的根本性变化，相反还带来了种种冲突和混乱。于是，就提出了需要探索什么是“经济体制改革的目标”这一重大问题。

在讨论中，政界、经济界和学术界人士大致提出了4种体制目标模式：

（1）后斯大林时期的计划经济模式（“改良的苏联模式”）。这种模式主张在计划经济体制下给予国有企业更大的自主权。这种办法在20世纪70年代末首先在四川省进行实验，叫做“扩大企业自主权试点”，迅即在全国展开。不过，这种改革并未取得成功，很快就由于引起了财政赤字大幅度增加和经济秩序混乱而在1987年停止。

（2）“市场社会主义”模式（“东欧模式”）。匈牙利等东欧国家在保持国有经济的统治地位和计划经济的总体框架下，力图在微观（企业）层面引进一些市场因素。我国一些学者在20世纪80年代初期写过不少文章介绍这种模式。但是，随着20世纪80年代中后期匈牙利等国的经济改革陷入困境，这种模式的影响力也逐渐消失。

（3）政府主导的市场经济模式（“东亚模式”）。“二战”结束以后，日本、韩国等东亚国家采用威权主义政治和市场经济相结合的办法，形成带有重商主义色彩的政府主导的市场经济体制。在改革开放初期，这种模式对我国产生了很大的影响。

（4）自由市场经济模式（“欧美模式”）。许多理论界人士接受A. 斯密等古典经济学家树立起来的观点，认为政府的基本职能是提供包括稳定的宏观经济环境在内的公共物品（Public Goods），政府对微观经济活动的行政干预会妨碍市场的有效运作并且滋生腐败。而东亚模式中政府对经济发展起了积极作用，只是在市场还没有充分发育时期的一种阶段性的替代办法。因此，他们更倾向于以欧美类型的成熟市场经济，即自由市场经济作为改革的目标模式。

20世纪80年代中期，在模式（1）和模式（2）的影响逐渐消退的同时，模式（3）和模式（4）占了上风。大体说来，在后两种模式中，东亚模式往往为官员们所钟爱，而欧美模式则为具有现代经济学知识的学者所向往。例如，邓小平本人就十分欣赏“亚洲四小龙”，特别是新加坡的许多做法。流行的经济学启蒙读物，则以古典经济学（Classical Economics）为基准。不过，虽然这两种模式在政府的作用问题上存在原则性的差别，但在当时命令经济还占有统治地位的条件下，它们之间的分歧并不占有突出的地位。而且即使以自由市场经济作为改革最终目标的人们，也往往认为在落后经济高速发展的冲刺中，强有力的政府往往利大于弊。从1984年以后的中国党政领导机关的文献中可以看到，在对改革目标作理论论述时，大体上采用模式（4）的内容；而在规定具体措施时，则有更多模式（3）的内容。

这样，在具有改革思想的官员和学者的共同努力下，在1984年的中共十二届三中全会上，形成了一种大多数人都能接受的改革思路，这就是建立“社会主义有计划的商品经济”或“社会主义商品经济”。

1984年10月，中共十二届三中全会通过的《中共中央关于经济体制改革的决定》（以下简称“《决定》”），在确定中国改革要从以农村为重点向以城市为重点的战略转移的开始的同时，也明确了建设“社会主义有计划的商品经济”这一改革目标。《决定》指出：“商品经济的充分发展，是社会经济发展的不可逾越的阶段，是实现我国经济现代化的必要条件。只有充分发展商品经济，才能把经济真正搞活，促使各个企业提高效率，灵活经营，灵敏地适应复杂多变的社会需求。”

根据十二届三中全会《决定》和1985年中共全国党代表会议《关于制定第十个五年计划的建议》，国务院在1986年3月提出了以价格体制、税收体制和财政体制为重点进行配套改革的设想，要求改革在1987年迈出决定性的步伐，以期在20世纪90年代末实现1985年《关于制定第十个五年计划的建议》的要求，把社会主义商品经济的基本框架建立起来。为了进行这次改革，国务院在1986年8月制定了以价格、税收、财政、金融和贸易为重点的配套改革方案，准备从1987年开始实施。

然而，1986年10月，国务院领导改变了原来的设想，转向以国有企业改革为改革的主线，并在1987年和1988年实行了“企业承包”、“部门承包”、“财政大包干”、“外贸大包干”和“信贷额度切块包干”等五大“包干”制度，回到了维持市场经济与命令经济并存的老做法，希望靠一些小修小补来改善国有部门的状况。由于丧失大步推进改革的时机，结果造成了1988年的严重通货膨胀。

1988年的经济危机和1989年的政治风波以后，某些对改革不满的“理论家”、“政治家”把出现的经济政治动荡归罪于改革，指责“取消计划经济，实现市场化”就是“改变社会主义制度，实行资本主义制度”。于是，出现了改革开放以来的第二次关于改革的大辩论。直到1992年初，邓小平作了推动进一步改革开放的南方谈话以后，才迎来新的改革开放浪潮。

在经历1984—1987年的探索和随后的1989—1991年的曲折以后，愈来愈多的人明确地认识到，要建立的新的经济体制就是在现代国家中确立普遍流行的市场经济，问题的关键在于用市场取代计划来进行经济资源的配置，决定企业生产什么、生产多少、为谁生产、如何分配等微观经济问题。

1992年10月，中共十四大明确规定，改革的目标是建立社会主义市场经济。

三、从“增量改革”到“整体推进”

市场经济的目标模式虽然在1984—1992年期间逐渐形成，但是，改革的实际推进，仍然按照20世纪80年代初期的做法，以“增量改革”的方式进行。这就是说，对于计划经济原有的部分（存量部分）不作大的改变，改革和发展着重在增量部分进行。之所以选择此种做法是因为增量改革战略在保持经济和社会稳定、促进民营经济发展以及通过示范效应和竞争压力促进原国有部门的改革等方面具有优势，并对20世纪80年代改革起到了很好的作用。但是，由于没有触动国有经济和改变“双轨制”的基本态势，所以，带来了一系列消极后果。其中最为突出的是：①国有企业的财务状况日益恶化；②由此引发反复出现的通货膨胀；③利用“双轨制”以权谋私者的“寻租活动”（Rent-seeking Activities）日益猖獗，行政腐败广泛蔓延；④贫富差距日益扩大。

为了克服以上这些弊端，中国政府配套改革消除“双重体制胶着对峙”状态，全面建立市场经济体制。这次改革没有能够实现。但在1992年中共十四大明确宣布市场经济的改革目标以后，1993年11月的中共十四届三中全会作出了《关于建立社会主义市场经济体制若干问题的决定》（以下简称“《决定》”），明确提出“整体推进、重点突破”的新的改革战略，设计了一系列重要改革的目标和实施步骤，要求在20世纪末把市场经济制度初步建立起来。从此，经济改革进入了大步推进的新阶段。

首先，早在中共十四届三中全会以前，1986年配套改革方案规定的价格自由化改革，已经在1988年后货币紧缩的条件下，在邓小平南方谈话后的改革大潮中得到了实现。商品价格在20世纪90年代初期基本放开，这意味着商品市场基本形成。

其次，根据1993年中共十四届三中全会《决定》的要求，从1994年开始推行财政税收体制改革、金融体制改革和外汇管理体制改革。

财政税收体制改革的主要内容包括推行增值税（VAT），统一个人所得税和加强税收的征收管理等。在20世纪90年代后期初步建立了适合于市场经济的财政税收制度的基本框架。

金融体制的改革着重在银行体系方面。当时被称作“专业银行”的国有商业银行政企不分，商业性金融业务与政策性金融业务不分，在政府规定范围之外的信贷活动又缺乏有效的市场约束；中央银行职能不清、调控手段陈旧、组织结构和财务制度不合理，无法有效地行使稳定货币的基本职能。1993—1994年期间银行体系进行了以下的改革：建立中央银行制度，将货币政策调控由多级调控改为一级（中央）调控，建立以间接调控为主的调控体系；将原有四大国家专业银行转变为国有独资商业银行；增设了若干家非国有独资的股份制银行；证券公司与中国人民银行脱钩；将中国人民保险（集团）公司分解为人寿保险、财产保险和再保险三个保险公司等。在对银行体系进行改革的同时，中国的证券市场也开始发展。在1980年初恢复股票、国债等证券的发行后，1990年末又设立了上海和深圳两个股票交易所进行股票的集中交易。

外汇管理体制改革的主要内容是实行经常账户下的外汇交易，实行有管理的浮动汇率制。将双重汇率并轨，对经常项目下的外汇收支实行银行结汇和售汇制度。在汇率并轨过程中，人民币深度贬值。这对1994年以后中国对外贸易的迅速发展和国际收支状况的大步改善起了重要作用。

再次，根据中共十四届三中全会《决定》和1993年12月全国人大常委会颁布的《中华人民共和国公司法》，从1995年开始了在国有企业中建立现代企业制度的试点工作。1997年的中共十五大，特别是1999年的中共十五届四中全会进一步明确，除极少数需要由国家垄断经营的企业外，所有国有企业都要进行股份化改制，建立有效的公司治理结构。在股权多元化的基础上，改制上市企业（多数是国有独资集团公司下属的二级企业）大多按照十五届四中全会《中共中央关于国有企业改革和发展若干重大问题的决定》搭建起公司治理的基本架构。

最后，根据1997年中共十五大的要求，1998年的《中华人民共和国宪法》修正案明确规定，多种实现形式的公有制为主体、多种所有制经济的共同发展是我国的基本经济制度。由此开始了根据“三个有利于”的原则调整和完善国民经济所有制结构的工作。这项工作包括三项主要内容：一是对国有经济布局进行“有进有退”的调整，缩小国有经济的范围；二是努力寻找能够促进生产力发展的多种公有制实现形式；三是鼓励个体私营等非公有经济的发展，使之成为社会主义市场经济的重要组成部分。

调整和完善所有制结构的一项重要内容是“放开搞活国有小企业”。在世纪之交，大部分国有中小企业和基层政府所属的乡镇企业通过股份合作制、整体出售、改制为有限责任公司或股份有限公司等多种方式实现改制。这为民营经济增添了一大批生力军。

经过以上改革，到世纪之交，以多种所有制经济共同发展为基础，成为初步建立市场经济体制的改革目标。它的主要表现是：第一，民营经济份额的提高和多种所有制经济共同发展的格局的形成。这种格局首先在沿海地区形成，然后逐步向内地延伸。凡是建立了这种所有制格局的地区，无一例外地出现了社会投资迅速增大，内外贸易空前活跃，经济全面繁荣的局面。第二，商品市场初步建立，要素市场开始形成，并在资源的有效配置中起到了愈来愈大的促进作用。第三，宏观经济管理体系初步建立。这一体系的基础在1994年的财税改革和金融改革中开始建立，使宏观经济管理当局有可能运用财政政策和货币政策等总量手段调节宏观经济，并在1994—1995年反通货膨胀和1998—1999年反衰退的宏观经济调控中发挥了重要的作用。

四、完善市场经济所面临的挑战

改革开放30年，使中国的市场制度得到建立，经济和社会发展取得举世公认的巨大成就，主要成就表现在以下几方面：

第一，经济总量的高速成长。在30年改革开放的推动下，中国的经济总量以平均每年10%的速度增长。特别是中国作为一个人口众多的国家，长期积弱，在近30年的时间里GDP增长17倍，经济总量跃升至世界第4位，是非常不容易的；进出口总额增长更快，30年间由世界排名第32位跃升为第3位。总之，经过30年的改革开放，中国已经被公认为保持世界经济稳定发展的重要力量。

第二，人民生活水平普遍提高。在改革开放前1957—1977年的20年中，中国居民的生活水平，粮、布、住房、食用油等基本消费没有任何提高。而在最近30年的时间里，城镇居民人均可支配收入从1978年的343元提高到2007年的13 786元；农村居民人均纯收入从1978年的134元提高到2007年的4 140元。

第三，减贫取得很大的成效。农村最基本生活未能得到保障的贫困人口在这30年间减少了2亿多人。世界银行2003年发布的减贫统计表明，1990—2002年世界减贫人口的90%是中国实现的。

然而，在看到改革开放30多年取得的巨大成就的同时，我们还应当认识到，由于现有体制仍然存在一些缺陷，使经济社会的进一步发展面临一些挑战，其中有些挑战还相当严峻。

中国在改革初期所采取的增量改革战略，尽管能够较好地保持经济在改革过程中的稳定增长，但对政府职能定位和国有经济地位等问题没有进行明确说明，这成为20世纪80年代形成改革目标模式的模糊之处。这种模糊使具有不同倾向的人可以对这一目标作不同的解释，在确立了以社会主义市场经济体制为改革目标后，对于什么是“社会主义的市场经济”，也出现了不同的理解。相当一部分人，特别是政府官员把东亚国家所谓“政府主导型的市场经济”当作社会主义市场经济的常态，因此，常常会自觉或不自觉地强化这种体制中政府强力干预的重商主义倾向。于是，在市场经济体制初步建立以后，我国社会始终存在一个“向哪里去”的选择问题：或者是确立宪政，限制行政权力，走向法治的市场经济制度；或者是沿着重商主义的道路，走向权贵资本主义，或称官僚资本主义、官家资本主义的穷途。在这种情势下，坚持建立市场经济的人们要求坚定不移地推进改革，建设法治的市场经济；而某些能够从寻租活动中获得利益的既得利益者不愿意继续朝法治市场经济的方向前进。他们采取各种各样的手段来阻止经济和政治进一步改革，以免自己的寻租权力遭到削弱；甚至假借“改革”的名义扩大权力的干预，以便扩大寻租活动的空间。

此外，政治体制改革的滞后也对经济体制改革的进一步推进形成阻碍。

政治经济学的分析告诉我们，市场经济制度的有效运转，必须有其他制度的支撑。因此，正如邓小平所指出的那样，“经济体制改革每前进一步，都深深感到政治体制改革的必要性。不改革政治体制，就不能保障经济体制改革的成果，不能使经济体制改革继续前进。”“不搞政治体制改革，经济体制改革难于贯彻。”按照邓小平的要求，1987 年的中共十三大部署了以党政分开为重点的政治体制改革。但是，这些改革也因为 1989 年发生的政治风波而中断。1997 年的中共十五大提出了建设社会主义法治国家的口号，十六大又重申了这样的主张，而且还提出建设民主政治和提升政治文明的问题。但是，十年来进度十分缓慢。对于一个所谓“非人格化交换”占主要地位的现代市场经济来说，没有合乎宪政原则的法律和独立公正的司法，合同的执行是得不到保障的。在这种情况下，经济活动的参与人为了保障自己财产的安全，就只有去“结交官府”，“搞掂官员”。于是，就出现了寻租的新动力。

总的来看，由改革不到位和制度缺陷引起的挑战，主要体现在经济和政治两个方面：

从经济方面说，它使靠资源投入和出口需求驱动的粗放经济增长方式得以持续。这导致资源短缺、环境破坏等问题日益突出，内外经济失衡加剧，金融市场面临系统性风险。

从社会政治方面说，经济和政治改革迟滞造成的主要不良后果，则是寻租基础扩大、腐败蔓延和贫富分化过大导致大众强烈不满，威胁社会安定。

由于行政权力对经济活动的干预加强和寻租规模的扩大，腐败活动日益猖獗。根据 1989 年以来若干学者的独立研究，我国租金总额占 GDP 的比率高达 20% ~30%，绝对额高达 4 万 ~5 万亿元。巨额的租金总额，自然会对我国社会中贫富分化加剧和基尼系数的居高不下产生决定性的影响。1995 年，李强教授的抽样调查表明，1994 年全国居民的基尼系数已经达到了 0.43 的高水平，超过了国际上 0.40 的警戒线；世界银行《2006 世界发展报告》公布的数据显示，中国居民收入的基尼系数已由改革开放前的 0.16 上升到目前的 0.47。

以上事实充分说明，目前我国存在的种种社会弊病和偏差，从根本上说，是源于经济改革没有完全到位，政治改革严重滞后，权力不但顽固地不肯退出市场，反而强化对市场交换的压制和控制，以致成为腐败寻租活动的基础。由此可以得出结论，扩大成就和克服缺陷的道路，在于推进改革和建设法治的市场经济。

结论：让历史照亮未来的道路

30 年的历程告诉我们，只有坚定不移地推进改革，才是顺乎潮流、合乎民心的光明之途。根据我国当前的实际情况，经济改革和政治改革应当在以下方面积极推进：

首先，要破除迷信，解放思想，为进一步改革开放奠定坚实的思想基础。中国的改革开放源于20世纪70年代后期的思想解放运动。思想解放是无止境的，在我国社会正在快步走向现代化的形势下，我们必须与时俱进，不断更新自己的思想，赶上时代的潮流。此外，还要进一步明确改革的目标模式是建立在法治上的现代市场经济，避免由于缺乏统一认识导致的思想混乱和不准确的理解。

为了保证思想解放运动取得成功，需要营造自由和务实的讨论氛围，提倡具有不同观点的人们理性思考，良性互动。市场经济是一个利益多元化的共同体，应当让各种合法的利益诉求都得到充分的表达，然后通过协商和博弈，形成社会共识和彼此都能接受的解决方案。只有这样，才是通向各个利益群体互补共赢和社会和谐的坦途。

其次，在经济改革的实际推进上，需要从以下方面作出努力：

一是实现尚未完成的产权制度改革。

二是继续推进国有经济的布局调整和完成国有企业的股份化改制。

三是加强商品和服务市场的反垄断执法和资本市场的合规性监管。

四是建立新的社会保障体系。1993年中共十四届三中全会决定，建立全覆盖、多层次的新社会保障体系。可是，十几年过去了，由于遇到了政府内部的重重阻碍，这项极其重要的社会基础设施至今还没有建立，使弱势群体的基本生活保障不能落到实处。其建设进度必须加快。

最后也是最重要的，是政治改革必须加快。

【资料来源】

——吴敬琏：《让历史照亮未来的道路——论中国改革的市场经济方向》，《经济社会体制比较》，2009年第5期

【评述】

吴敬琏是国务院发展研究中心的研究员。这篇文章节选自作者在2008年7月25日国务院发展研究中心“纪念改革开放30周年理论研讨会”上的演讲，节选时基本保留了主体内容，但删减了文章的所有注解，有意更进一步清晰了解作者思想的朋友可参阅原文。在当代中国的改革史上，吴敬琏是经济学家中成就最大的人之一，他达到了他那个专业领域里可能达到的济世高度。他几乎参与了1978年之后所有重要的经济改革论战，尤其自20世纪80年代中期后，他是多场论战的主角；这些论战主题涵盖了众多的改革困局，展

现出几代政治家和经济学者为国家进步所作的思考与努力，也呈现出中国现代化道路的曲折与艰困。在这篇演讲稿中，吴敬琏系统而简明地勾勒出了中国由计划经济向市场经济转型的曲折历程及其原委，并对未来中国的市场化改革提出了理性的思考和对策。这是一篇极富思想性和学术性的文章。

【深度思考】

1. 为什么说“中国市场经济体制的改革是一个长期而艰巨的过程”？

2. 如何深刻理解中国市场经济体制改革的深化需要建立在社会体制和政治体制向前推进的基础上？

【阅读材料二】

邓小平在武昌、深圳、珠海、上海等地的谈话要点（节选）

（1992 年 1 月 18 日至 2 月 21 日）

（一）

1984 年，我来过广东。当时，农村改革搞了几年，城市改革刚开始，经济特区才起步。8 年过去了，这次来看，深圳、珠海特区和其他一些地方，发展得这么快，我没有想到。看了以后，信心增加了。

革命是解放生产力，改革也是解放生产力。推翻帝国主义、封建主义、官僚资本主义的反动统治，使中国人民的生产力获得解放，这是革命，所以，革命是解放生产力。社会主义基本制度确立以后，还要从根本上改变束缚生产力发展的经济体制，建立起充满生机和活力的社会主义经济体制，促进生产力的发展，这是改革，所以，改革也是解放生产力。过去，只讲在社会主义条件下发展生产力，没有讲还要通过改革解放生产力，不完全。应该把解放生产力和发展生产力两个讲全了。

要坚持党的十一届三中全会以来的路线、方针、政策，关键是坚持“一个中心、两个基本点”。不坚持社会主义，不改革开放，不发展经济，不改善人民生活，只能是死路一条。基本路线要管 100 年，动摇不得。只有坚持这条路线，人民才会相信你、拥护你。谁要改变三中全会以来的路线、方针、政策，老百姓不答应，谁就会被打倒。这一点，我讲过几次。如果没有改革开放的成果，“六四”这个关我们闯不过，闯不过就会乱，乱就会打内战，“文化大革命”就是内战。为什么“六四”以后我们的国家能够很稳定？就是因为我们搞了改革开放，促进了经济发展，人民生活得到了改善。所以，军队、国家政权，都要维护这条道路、这个制度、这些政策。在这短短的十几年内，我们国家发展得这么快，使人民高兴，世界瞩目，这就足以证明三中全会以来路线、方针、政策的正确性，谁想变也变不了。说过去说过来，就是一句话，坚持这个路线、方针、政策不变。改革开放以来，我们立的章程并不少，而且是全方位的。经济、政治、科技、教育、文化、军事、外交等各个方面都有明确的方针和政策，而且有准确的表述语言。这次十三届八中全会开得好，肯定农村家庭联产承包责任制不变。一变就人心不安，人们就会说中央的政策变了。农村改革初期，安徽出了个“傻子瓜子”问题。当时许多人不舒服，说他赚了100万，主张动他。我说不能动，一动人们就会说政策变了，得不偿失。像这一类的问题还有不少，如果处理不当，就很容易动摇我们的方针，影响改革的全局。城乡改革的基本政策，一定要长期保持稳定。当然，随着实践的发展，该完善的完善，该修补的修补，但总的要坚定不移。即使没有新的主意也可以，就是不要变，不要使人们感到政策变了。有了这一条，中国就大有希望。

（二）

改革开放胆子要大一些，敢于试验，不能像小脚女人一样。看准了的，就大胆地试，大胆地闯。深圳的重要经验就是敢闯。没有一点闯的精神，没有一点“冒”的精神，没有一股气呀、劲呀，就走不出一条好路，走不出一条新路，就干不出新的事业。不冒点风险，办什么事情都有百分之百的把握，万无一失，谁敢说这样的话？一开始就自以为是，认为百分之百正确，没那么回事，我就从来没有那么认为。每年领导层都要总结经验，对的就坚持，不对的就赶快改，新问题出来抓紧解决。恐怕再有30年的时间，我们才会在各方面形成一整套更加成熟、更加定型的制度。在这个制度下的方针、政策，也将更加定型化。现在建设中国式的社会主义，经验一天比一天丰富。经验很多，从各省的报刊材料看，都有自己的特色。这样好嘛，就是要有创造性。

改革开放迈不开步子，不敢闯，说来说去就是怕资本主义的东西多了，走了资本主义道路。要害是姓“资”还是姓“社”的问题。判断的标准，应该主要看是否有利于发展社会主义社会的生产力，是否有利于增强社会主义国家的综合国力，是否有利于提高人民的生活水平。对办特区，从一开始就有不同意见，担心是不是搞资本主义。深圳的建设成就，明确回答了那些有这样那样担心的人。特区姓“社”不姓“资”。从深圳的情况看，公有制是主体，外商投资只占1/4，就是外资部分，我们还可以从税收、劳务等方面得到益处嘛！多搞点“三资”企业，不要怕。只要我们头脑清醒，就不怕。我们有优势，有国营大中型企业，有乡镇企业，更重要的是政权在我们手里。有的人认为，多一分外资，就多一分资本主义，“三资”企业多了，就是资本主义的东西多了，就是发展了资本主义。这些人连基本常识都没有。我国现阶段的“三资”企业，按照现行的法规政策，外商总是要赚一些钱。但是，国家还可拿到税收，工人还可拿到工资，我们还可以学习技术和管理，还可以得到信息、打开市场。因此，“三资”企业受到我国整个政治、经济条件的制约，是社会主义经济的有益补充，归根到底是有利于社会主义的。

计划多一点还是市场多一点，不是社会主义与资本主义的本质区别。计划经济不等于社会主义，资本主义也有计划；市场经济不等于资本主义，社会主义也有市场。计划和市场都是经济手段。社会主义的本质，是解放生产力，发展生产力，消灭剥削，消除两极分化，最终达到共同富裕。就是要对大家讲这个道理。证券、股市，这些东西究竟好不好，有没有危险，是不是资本主义独有的东西，社会主义能不能用？允许看，但要坚决地试。看对了，搞一两年就对了，放开；错了，纠正，关了就是了。关，也可以快关，也可以慢关，也可以留一点尾巴。怕什么，坚持这种态度就不要紧，就不会犯大错误。总之，社会主义要赢得与资本主义相比较的优势，就必须大胆吸收和借鉴人类社会创造的一切文明成果，吸收和借鉴当今世界各国包括资本主义发达国家的一切反映现代社会化生产规律的先进经营方式、管理方法。走社会主义道路，就是要逐步实现共同富裕。共同富裕的构想是这样提出的：一部分地区有条件先发展起来，一部分地区发展慢点，先发展起来的地区带动后发展的地区，最终达到共同富裕。如果富的愈来愈富，穷的愈来愈穷，两极分化就会产生，而社会主义制度就应该而且能够避免两极分化。解决的办法之一，就是先富起来的地区多交点利税，支持贫困地区的发展。当然，太早这样办也不行，现在不能削弱发达地区的活力，也不能鼓励吃“大锅饭”。什么时候突出地提出和解决这个问题，在什么基础上提出和解决这个问题，要研究。可以设想，在本世纪（20世纪）末达到小康水平的时候，就要突出地提出和解决这个问题。到那个时候，发达地区要继续发展，并通过多交利税和技术转让等方式大力支持不发达地区。不发达地区又大都是拥有丰富资源的地区，发展潜力是很大的。总之，就全国范围来说，我们一定能够逐步顺利解决沿海同内地贫富差距的问题。对改革开放，一开始就有不同意见，这是正常的。不只是经济特区问题，更大的问题是农村改革，搞农村家庭联产承包，废除人民公社制度。开始的时候只有1/3的省干了起来，第二年超过了2/3，第三年才差不多全部跟上，这是就全国范围讲的。开始搞并不踊跃呀，好多人在看。我们的政策就是允许看。允许看，比强制好得多。我们推行三中全会以来的路线、方针、政策，不搞强迫，不搞运动，愿意干就干，干多少是多少，这样慢慢就跟上来了。不搞争论，是我的一个发明。不争论，是为了争取时间干。一争论就复杂了，把时间都争掉了，什么也干不成。不争论，大胆地试，大胆地闯。农村改革是如此，城市改革也应如此。

现在，有右的东西影响我们，也有“左”的东西影响我们，但根深蒂固的还是“左”的东西。有些理论家、政治家，拿大帽子吓唬人的，不是右，而是“左”。“左”带有革命的色彩，好像越“左”越革命。“左”的东西在我们党的历史上可怕呀！一个好好的东西，一下子被它搞掉了。右可以葬送社会主义，“左”也可以葬送社会主义。中国要警惕右，但主要是防止“左”。右的东西有，动乱就是右的！“左”的东西也有。把改革开放说成是引进和发展资本主义，认为和平演变的主要危险来自经济领域，这些就是“左”。我们必须保持清醒的头脑，这样就不会犯大错误，出现问题也容易纠正和改正。

【资料来源】

——《邓小平文选》（第三卷），人民出版社 1993 年版

【评述】

1992 年初，邓小平先后到武昌、深圳、珠海、上海等地视察，并发表了一系列重要讲话。讲话中所深刻阐明的社会主义本质论、市场经济论、“三个有利于”标准等，处处闪烁着马克思主义与时俱进的创造性光辉。邓小平针对当时中国国内民众思想中普遍存在的疑虑，重申了深化改革、加速发展的必要性和重要性，并从中国实际出发，站在时代的高度，深刻地总结了 10 多年改革开放的经验教训，在一系列重大的理论和实践问题上，提出了新思路，实现了新突破，将建设有中国特色社会主义理论大大地向前推进了一步。这个讲话标志着继毛泽东思想之后，马克思主义与中国实际相结合的第二次伟大历史性飞跃的思想结晶——邓小平理论的最终成熟和形成。

【深度思考】

1. 邓小平是怎样从思想上打破“姓社”还是“姓资”的传统束缚的？

2. 20 多年后，我们对中国特色社会主义建设道路的认识应该在邓小平“南方谈话”的基础上有何种深化和创新？

【阅读材料三】

如何理解中国国有企业的现状

视角一：独家分析世界500强排行榜上的中国公司

今年，中国内地（不包括台湾）共有61家公司进入《财富》世界500强排行榜，比上一年增加了15家，这是中国上榜公司数量连续第8年上升，而在2003年，中国内地只有11家公司上榜。美国的上榜公司仍然是最多的，达到133家；其次是日本，68家。不过，如果计入台湾地区的上榜企业，中国的上榜公司数量将达到69家，已经超过日本，仅次于美国。与中国上榜公司数量不断增加相对照的是，美国上榜公司数量2002年达到创纪录的197家，在随后的9年，每年都在减少。

中国内地去年上榜的所有公司今年仍然悉数上榜，无一下榜。新上榜的15家内地公司中，联想集团（最新排名：第450位）和中国远洋运输集团（最新排名：第399位）都曾经上榜，今年是再度上榜，其他13家公司都是首次上榜。让我们来认识一下它们吧：首钢集团，第326位；中国邮政集团公司，第343位；中国电子信息产业集团有限公司，第408位；中国铁路物资股份公司，第430位；中国航空油料集团公司，第431位；中国机械工业集团有限公司，第435位；河南煤业化工集团有限责任公司，第446位；冀中能源集团，第458位；中国船舶重工集团公司，第463位；中国太平洋保险（集团）股份有限公司，第467位；中国化工集团公司，第475位；浙江物产集团，第484位；中国建筑材料集团有限公司，第485位。

中国内地61家公司总收入为28 906亿美元，占国内生产总值的47.8%，总利润为1 761亿美元；与此对照，美国133家上榜公司总收入为76 852亿美元，占美国国内生产总值的52.4%，总利润为4 161亿美元。中国内地与美国上榜公司的行业分布的对比很有意义，因为这反映两个经济体的巨大差异。首先，美国上榜公司分布在35个行业，而中国内地的上榜公司则分布在22个行业，双方都有公司上榜的行业只有17个。我们可以简单地推测，对美国大公司而言，它们有18个行业在国际上不会遇到来自中国的强大竞争者，而对中国公司而言，它们在国际市场上只有5个行业没有来自美国的世界级竞争对手。有中国公司却没有美国公司上榜的5个行业具体是：建筑材料、船务、工业机械、贸易和公用设施。有美国公司却没有中国公司上榜的18个行业是：食品饮料、电子及电子设备、食品服务、信息技术服务、半导体、烟草、计算机软件、建筑和农业机械、家庭及个人用品、互联网服务、管道运输、商业航空、娱乐、食品生产、制药、食品和药品零售、保健、其他（指一些很难归入某一行业的企业，比如3M）。其次，中国上榜公司最多的行业是金属产品，共有8家公司上榜，美国金属产品行业则只有1家；美国上榜公司最多的行业是保险，共有15家公司上榜，而中国保险业只有4家公司上榜。最后，中国有4家汽车公司上榜，美国也只有4家，看来中国不仅是第一大汽车市场，也有可能产生世界级的汽车公司。

今年，要想入围《财富》世界500强的门槛其资产应达到195亿美元左右，比上年的约171亿美元提高了24亿美元。与去年相同，今年上榜的61家内地公司中仍然只有2家民营企业，即华为公司和江苏沙钢集团。去年，《财富》高级排行榜编辑L. Michael Cacace到访中国，他预测在2012年的世界500强排行榜上，中国上榜企业的数量将达到75家；而到2014年，将达到100~110家。我们相信，中国将来肯定会有更多的国资背景的企业进入世界500强排行榜，而与此同时，随着中国经济市场化进程的深入，行业和地域的进入壁垒不断减少，也会有越来越多的中国民营企业上榜。

【资料来源】

——财富中文网（http://www.fortunechina.com/fortune500/c/2011-07/07/content_ 62516.htm）

视角二：中国国有企业定位引发达沃斯领军者热议

近年来，中国市场国有企业的力量正在增强，一些行业出现了“国进民退”的趋势。对中国国有企业的定位问题，夏季达沃斯领军者企业家和专家们展开热议。

“中国国有企业在经济发展中正发挥越来越积极的作用，使得中国的经济更稳定更持续。”国务院国资委原主任李荣融在夏季达沃斯论坛上说，此次全球金融危机中，国有企业在香港的表现是顶梁柱，是保持经济稳定的重要因素。

中国远洋运输（集团）总公司总裁兼首席执行官魏家福也指出，国有企业是中国经济的主力军，在应对这场金融危机的过程中，国有企业展现出很高的核心竞争力。

但在承认国有企业贡献的同时，夏季达沃斯论坛中，对于国有企业定位的质疑声仍然较多。一些与会者认为，国有企业的强势发展挤占了民营企业的生存空间，造成了“国进民退”的现象。

“不同所有制经济之间地位不平等，是导致国有经济与非国有经济不均衡发展的主要原因。”对外经济贸易大学公共管理学院副教授李长安认为，近年来中国非国有经济尤其是私营经济发展明显快于国有经济，在国民经济中的比重不断提高。但从另外的角度看，国有经济的垄断现象并未消除，反而有进一步加强的倾向。

李长安指出，有报告显示，在2010年中国企业500强中，国有及国有控股企业占总数的65.8%，实现营业收入占全部营业收入总额的84.69%；而根据英国《金融时报》最新发布的全球500强企业排名中，中国进入500强的全部为大型国有或者国有控股企业，没有一家中国民营企业。

“由于中国还处于市场经济初级阶段，某些行业出现垄断是正常的，是有利于中国经济的。”李荣融举例说，中国石油行业是明显的垄断行业，中石油、中石化、中海油三大国有企业占据了国内石油总产量的90%以上。2008年油价高涨时，国内油价始终保持稳定，尽管弥补了国内外差价，但它们同时也承受了高达1 600亿元的巨额亏损。

清华大学马克思主义学院副教授朱安东认为，就行业而言，凡属关系国计民生、国家安全以及宏观经济运行的战略行业以及具有自然垄断性质的行业，都应该主要由国有企业来控制。

但远东控股董事局主席蒋锡培不赞同行业划分的观点：“现在国有企业尽管是国民经济的支柱，但是，也并不是说哪个行业是国家应该垄断的。因此，需要建立一个法规体制，无论哪个投资主体都在国家的掌控之下，这就不用担心了。”

朱安东认为，从政府的角度来说，应该支持“国进民也进”，国企民企之间既有竞争也有合作，逐步形成优势互补。在其他行业，也不应该限制国有企业，更不应该要求国企完全退出，应该允许不同所有制企业公平竞争。

财经评论人陈宁远则表示，国家要建立平等主体的有充分竞争的市场环境。这个环境的建设，大部分情况下都需要国有企业退出。只有这样，才能公正地对待参与市场竞争的经济利益体，才会有正常、自由和平等的商业交易。

蒋锡培也指出，作为政府，就要倡导公平合理的竞争环境。各级政府一定要以市场经济的规律办事才可以。如果不这样的话，肯定要付出沉重的代价。

李长安表示，秉承公平、公正的原则，这是保证市场效率最大化、社会福利最大化的制度基础。因此，完全有必要启动新一轮国企改革，以消除市场垄断现象、扫除民间资本进入的行业壁垒。

【资料来源】

——新华网（http://news.xinhuanet.com/fortune/2010-09/15/c_12555153.htm）

视角三：李荣融：国企要改进绩效，力争10年赶超世界500强

刚卸任的国务院国资委原主任李荣融于研究会表示，面对与国外优秀企业之间的差距，中国大型国企将积极改进经营绩效，力争在7~10年内赶上世界500强。

他表示，很多国有企业要改变大而不强的状况，目前，国资委下属一些央企在企业规模上已经排进了世界500强，但在资产收益率、资金周转率、人均利润率等具体指标上，却大幅落后于世界500强企业的平均水平。

李荣融指出，国企在经济发展中正在发挥越来越积极的作用，比如，在两场金融危机中，国有企业的处境和表现截然不同，他引用香港人士的说法，亚洲金融危机中，国企几乎是遭受毁灭性打击，当时国有企业在香港没有一家不遭难，都需要国家的救助，但在此次全球金融危机中，国有企业在香港的表现是顶梁柱，是保持经济稳定的重要因素。

【资料来源】

——财华社香港新闻中心，财华网（http://finance.ifeng.com/hk/ds/20100915/2623691.shtml）

【评述】

中国的国有企业改革走到今天，已经取得了显著的进步，这是不容忽视的事实。我国国有企业的数量在世界500强企业里逐年增加这一现实是最好的证明。同时，我们也应该看到，国有企业改革的目标是要“做大做强”。但是，目前我们充其量只是基本实现了

“做大”，距离真正的“做强”还有不小的距离，这一点在我国国有企业的利润率偏低的现实中也充分体现出来了。中国国有企业改革和发展面临的另一个重大难题是：国企现在的“做大”在很大程度上与垄断有关，尽管有些领域或行业的垄断难以避免甚至在某种程度上也是必要的，但如果不对相关领域进行科学的规划和法律界定，势必会导致国有企业的垄断行为在经济领域的泛滥，从而挤压中国民营经济的生存空间。这既不利于国有企业集中精力朝着“做强”的方向努力，也不利于中国民营经济的发展以及市场作用的充分发挥。

【深度思考】

中国应该如何使国有企业在对国民经济起主导作用的同时，有效减少或避免因国有企业的垄断等行为对市场竞争的不利影响？

第九章 建设中国特色社会主义政治

【导言】

人类几千年的政治文明史反复印证了一个道理：一个国家实行什么样的政治发展道路，是由这个国家的国情和国家性质决定的。那么，与中国国情相适应的政治制度和民主道路应该是什么样的？它有什么特色？弄清楚这些问题，对于进一步深化政治体制改革，推进中国特色社会主义民主政治建设，建设社会主义法治国家，具有十分重要的意义。

【阅读材料一】

民族区域自治制度的诞生

作为一个多民族国家，解决好民族问题是中国历代政权面临的重要课题。中国共产党自成立后就十分重视民族问题，一直孜孜不倦地探求解决民族问题的出路，经过多种途径的探索，最后确立了符合实际的民族区域自治政策。

1941 年 5 月 1 日，陕甘宁边区政府颁布了《陕甘宁边区纲领》，其中规定：“依据民族平等原则，实行蒙回民族与汉族在政治经济文化上的平等权利，建立蒙回民族的自治区。”抗日战争胜利后，党针对内蒙古地区存在的民族分裂和所谓“独立自治”活动等复杂斗争的形势，展开了以民族区域自治解决内蒙古民族问题的伟大实践。

当时，内蒙古面临着两种命运、两种前途的历史抉择。在苏尼特右旗出现了所谓“内蒙古共和国临时政府”，在乌兰浩特出现了“东蒙古人民自治政府”。把内蒙古自治运动统一在中国共产党的正确领导下，成为当时内蒙古地区民族民主革命的关键。

针对这一严峻形势，1945 年 10 月 23 日，中央在关于内蒙古工作方针的指示中指出：“对内蒙的基本方针，在目前是实行民族区域自治。”1945 年 11 月 26—28 日，在党中央的领导下，乌兰夫在张家口主持召开了内蒙古各盟旗代表大会，成立了内蒙古自治运动联合会，取代了“内蒙古共和国临时政府”。1946 年 2 月 18 日更明确指出：“根据和平建国纲领要求民族平等自治，但不应提出独立自治口号。”在这一方针指导下，1946 年 4 月 3 日，内蒙古自治运动联合会与“东蒙古人民自治政府”在承德召开了四三会议，协商撤销了“东蒙古人民自治政府”，建立起内蒙古自治运动联合会东蒙总分会。于是，内蒙古自治运动在党的领导下统一起来，走上了健康发展道路。

乌兰浩特的汉语意思是“红色的城市”。1947 年 5 月 1 日，内蒙古自治政府在这里正式成立，宣告了我国第一个省级民族自治区的诞生，标志着中国共产党推行民族区域自治的政策胜利地经受了实践的检验且进入了成熟阶段。

中华人民共和国成立后，中国政府开始在少数民族聚居的地方全面推行民族区域自治。新疆维吾尔自治区、广西壮族自治区、宁夏回族自治区、西藏自治区相继成立。截至目前，我国共建立了 155 个民族自治地方，其中包括 5 个自治区、30 个自治州和 120 个自治县（旗）。在 55 个少数民族中，有 44 个建立了自治地方，实行区域自治的少数民族人口占少数民族总人口的 71%，民族自治地方的面积占全国国土总面积的 64% 多。同时，建立了 1 173 个民族乡，作为民族区域自治的重要补充形式。

我国实施民族区域自治制度的成功经验，在世界范围产生了广泛影响，受到了国际社会特别是一些多民族国家的关注。目前，已有日本、美国、俄罗斯、荷兰、挪威等十几个国家的学者在对我国的民族区域自治制度进行研究。

由欧盟出资，挪威奥斯陆大学法律与人权研究所玛莉娅博士等和内蒙古社会科学院合作，已就中国少数民族区域自治制度进行了两期近 10 年的专题研究。成果表明，中国的民族区域自治制度有效地维护了民族区域的发展与稳定，非常管用，很有创造性。

【资料来源】

——吴国清，丁铭，张景勇：《内蒙古民族区域自治 60 年：伟大的创举成功的实践》，人民网（http://unn. people. com. cn/GB/14748/5686281. shtml）

【评述】

在一个有着56个民族的13亿人口大国实行民族区域自治，充分保障少数民族当家作主的权利，这是中国共产党对世界和平发展的贡献，是中华民族对解决民族问题的人类智慧的贡献，是人类的“伟大的创举”。胡锦涛同志指出：“民族区域自治，作为党解决我国民族问题的一条基本经验不容置疑，作为我国的一项基本政治制度不可动摇，作为我国社会主义的一大政治优势不容削弱。”这是我们党深刻总结民族工作实践得出的经验，是发展社会主义民主、建设社会主义政治文明的重要内容，是党团结带领各族人民建设中国特色社会主义、实现中华民族伟大复兴的重要保证。

【深度思考】

1. 为什么说民族区域自治制度是解决中国民族问题的基本政治制度？

2. 我国的民族区域自治制度对西藏问题有哪些影响？

【阅读材料二】

中国村民自治第一村

1980年，广西宜州市屏南乡合寨村的85位农民选举产生了中国第一个村民委员会，揭开了中国基层民主政治的全新一页。

合寨村位于宜州市、忻城县、柳江县三市（县）交界处的大石山区。1980年，和那时中国的大多数农村一样，当地已开始实行土地承包责任制。随着分田到户制度的实行，原先生产队的凝聚力和约束力逐渐减弱，队干部对日益严重的赌博、偷盗、乱砍滥伐集体山林等现象束手无策。

“大家都觉得应该有一个管事的机构组织搞好治安”，时任合寨大队果作生产队队长的韦焕能说，“得有人牵头去办，经过讨论决定选出一个组织，那时的大队叫管委会，我们就把选出来的新的管理组织称为‘村民委员会’”。

1980年1月25日，果作屯举行民主选举，没有指定的候选人，每名代表以无记名投票方式选出主任1名、副主任2名、出纳员1名、会计员1名。“那天有85人参加选举，我得了全票，根据群众意见让我当主任。”于是，韦焕能就成了第一个村委会主任。

村委会产生了，怎么去管？当时很多人已意识到管理要“制度先行”。“严禁赌博；不准盗窃；不准在河流上游洗衣、洗头梳发；经常冲码头保持清洁……”经过讨论后，村委会把这些规定明明白白地写出来，由每家每户派出代表按手印后贴上墙公布实施，这就是最初的“村规民约”。尽管手写的公约只有3页纸，却因为率先实行了“民主选举、民主决策、民主管理、民主监督”而取得了立竿见影的效果。

就在同一年，整个合寨大队各屯纷纷效仿，选举成立村民委员会。这一做法随后又逐步扩展到附近一些市县。

“合寨现象”出现后，全国人大法制委员会、民政部等迅即派出工作组进行实地考察并给予充分肯定。1982年，“村委会”这一组织形式被写进了修改后的宪法。

1988年6月，中国农民的第一部基层自治法律《中华人民共和国村民委员会组织法(试行)》颁布。10年后，村委会组织法正式施行。按照规定，村委会由村民选举产生。中国农民从千百年来的被人管，开始转变为自己管理自己。

【资料来源】

——夏琛琛，向志强：《村民自治第一村28年民主之路》，《理论参考》，2009年第4期

【评述】

村民自治是农村政权体制改革的伟大创新，村民自治作为国家法律确认的对农村基层民主政治建设的一种制度，已成为现阶段具有中国特色的农村基层民主最基本的形式。这一形式不仅是推进民主进程的一个缩影，亦是我国社会发展的一个缩影。这一我国基层社会治理方式的起点，必将引发人们对政治体制改革的深层思考。村民自治这样自下而上的社会变革和一个个渐进的增量的改革过程必将对我国的政治体制改革产生示范作用和扩散效应。

【深度思考】

1. 目前我国村民自治中的民主选举是如何进行的？
2. 目前我国村民自治存在哪些问题？你有何对策？

【阅读材料三】

设不设国家主席

全国人大常委会原副委员长王汉斌：1979 年、1980 年全国人大曾根据党中央的建议对 1978 年宪法中一些明显不适应的条文作了两次修改，但仍有一系列问题没有解决。因此，1980 年党中央又建议再次修改宪法。

彭真当时是宪法修改委员会副主任委员，叶剑英是主任委员。在这次修改宪法的一开始，邓小平就明确提出，一定要把四项基本原则写进宪法。大家研究如何表述为好。当时有两个方案：一是写进宪法的条文，一是写进序言。彭真反复考虑，最终还是决定将四项基本原则写进宪法序言中。

有人曾问，宪法序言是否具有法律效力，王汉斌认为，序言同条文一样，都具有法律效力，只不过序言对四项基本原则的表述是用叙述性的语言，这同规定性的语言有点儿不同，在适用方面还有灵活的空间。

另一个鲜为人知的故事是，宪法中“是否规定设国家主席”这个大问题让彭真费了很大精力。这在当时是一个非常敏感的问题。1978 年宪法没有规定设国家主席，“我们研究，我们这样大的国家，不设国家主席代表国家，对内对外都有很多不方便的地方。比如，当时我们用委员长名义邀请外国元首来访，人家认为是不对等的，因为委员长的职务在外国认为是议长。为此，彭真专门向邓小平请示。邓小平认为还是要设国家主席，但对主席的职权要写得虚一点，不要管具体政务。所以，宪法规定国家主席行使的职权都是根据全国人大和人大常委会的决定，国家主席没有自己可以单独行使的职权。”

1982 年宪法最突出的特点是，明确规定今后国家的根本任务是集中力量进行社会主义现代化建设，以经济建设为中心，这一点是非常重要的。

这次修宪，也体现了全体公民在法律面前一律平等的原则。“法律面前人人平等”的规定了 1954 年写入宪法，但在 1975 年宪法和 1978 年宪法中都被去掉了。在彭真主持制定的 1982 年宪法中这一规定又得以恢复。

彭真提出“党领导人民制定宪法和法律”，“党也领导人民遵守、执行宪法和法律”，“党的组织和党员要在宪法和法律的范围内活动”等原则，要求任何组织和个人都不能有超越宪法和法律的特权。人大不仅要制定法律，还要监督执行法律的实施。

【资料来源】

——选自《立法：七大法律架构基本体系》，《检察日报》，2008 年 12 月 15 日

【评述】

法治是人类的梦想。为了法治，中国共产党人进行了不懈的探索。

从“法制”到“法治”，一字之改，意义深远。实践证明，没有中国共产党，就没有中国的法治，就没有法治的进步。“依法治国”从提出到形成到上升为治国方略，标志着我国加快了社会主义民主政治建设的步伐，阔步迈入法治时代。

【深度思考】

1. 宪法的贯彻实施对依法治国有哪些意义？

2. 宪法的修改需要经过哪些法定程序？

第十章　建设中国特色社会主义文化

【导言】

坚持什么样的文化方向，推动建设什么样的文化，是一个政党在思想上、精神上的一面旗帜。在世界多极化、经济全球化不断发展和实行社会主义市场经济的背景下，面对各种思想文化相互交织、相互激荡的复杂局面，如何建设中国特色社会主义文化，发展社会主义先进文化？如何建设和谐文化？为什么要建设社会主义核心价值体系？如何加强思想道德建设和教育科学文化建设？这是我们在建设中国特色社会主义、实现中华民族伟大复兴的历史进程中必须认真研究和回答的问题。

【阅读材料一】

文明之魂

江泽民同志说："我们党要始终代表中国先进文化的前进方向，就是党的理论、路线、纲领、方针、政策和各项工作，必须努力体现发展面向现代化、面向世界、面向未来的，民族的，科学的，大众的社会主义文化的要求，促进全民族思想道德素质和科学文化素质的不断提高，为我国经济发展和社会进步提供精神动力和智力支持。"

中国共产党以民族文化建设为己任，这是由党的性质决定的，也是由中华民族数千年优秀文化传统决定的。

《左传》中说："古有三不朽：太上有立德，其次有立功，再次有立言。"这是至理名言，说的是人世间有三件事可以赢得永久的荣誉：第一是有道德；第二是有功业；第三是有学问。这里说的"道德"是指新的道德标准；这里说的"功业"是指新的建树；"学问"是指新的见解。

追求三不朽，是中华民族文化的显著特征。

道德和学问都是文化，而功业是文化的体现。既立德又立言的是有文化的人，被称为"圣人"。孔夫子就有这样的尊号。

毛泽东将白求恩、张思德这样的人誉为"高尚的人"、"纯粹的人"、"有道德的人"、"脱离了低级趣味的人"和"有益于人民的人"——他树立了一种崭新的文化价值观。

而这"文化"的精神内涵，正是民族解放和民族振兴的强大力量。

1940年，抗日战争进入了最艰苦的相持阶段。延安的这孔窑洞里，晨曦透过窗棂，照在桌前，毛泽东显得那般清瘦，他笔下刚刚完成了一部伟大的创新之作——《新民主主义论》。谁曾料想，他已经为9年后诞生的新中国勾画了一幅精美的蓝图。

中国肯定要赢得反法西斯战争的胜利。

但未来之中国是怎样的呢？中国的新文化又是怎样的呢？

"民族的、科学的、大众的文化"——毛泽东这样定义。

他说："中国在长期的封建社会中创造了灿烂的古代文化。清理古代文化的发展过程，剔除其封建性的糟粕，吸收其民主性的精华，是发展民族新文化提高民族自信心的必要条件。"对于外国的、西方的文化，"凡属我们今天用得着的东西，都应该吸收"，但必须反对"全盘西化"的做法。

延安唱起了《兄妹开荒》。

延安有了"狂飙诗人"激起的诗歌运动。边区的秧歌，扭出了中国特有的韵律。从此，黄河加入民族解放的大合唱，黄水怒吼，长城劲舞，支持着一个民族浴血的苦战。"边区"的太阳是初升的太阳，新民主主义文化还是稚嫩的文化。毛泽东说，她还不能完全以社会主义文化资格去参加世界社会主义文化。

60多年过去了，中国已经具备了参与世界先进文化共同发展的资格了吗？

中华文明威力之巨大是人们难以想象的。

世界历史上曾经出现过众多的古代文明，玛雅文明、两河文明、古埃及文明、印加文明等，但都失落在萋萋野草、累累荒墟之中。唯有中华文明，薪火相传，继往开来，坦然与江河同在，与日月同辉。

世界历史上也曾出现过雄踞一方的大帝国，如罗马帝国、波斯帝国、奥斯曼帝国等，但也尽是忽聚忽散，忽生忽灭，袅然如烟，只余下少许历史的残片。唯有中国，数千年保持完整统一，一直屹立在世界的东方。

这便是中华文化的威力。

但是，为什么光辉灿烂的中华文化，在近代却应付不了西方文明的挑战呢？这一挑战，虽然早在明代就已出现，但在当时并没有引起中国人的注意。而挑战的真正形成正是在清代的极盛时期。

今天的中国人不妨回味一下这么一出历史小戏：

1792 年，英王乔治三世向中国派遣了一个外交使团。马戛尔尼勋爵是带着乔治三世亲笔写给乾隆皇帝、表示友好祝愿的信来到北京的。乔治三世在信里说："我们由于各自的皇位而似兄弟，如果一种兄弟般的情谊永远建立在我们之间，我们会极为愉快。"自视为全世界最强大国家之君主的平等来信，未得到应有的回应，等待英国使团的是极端的傲慢与无知。乾隆皇帝批转主事大臣："朕于外夷入觐，如果诚心恭顺，必加恩待，用示怀柔。如稍涉骄矜，则是伊无福承受恩典，亦即减其接待之礼，以示体制。"英国使团带来的礼品有天体运行仪、地球仪、望远镜、最新发明的棉纺机和织布机，还有当时最先进的野战炮、榴弹炮、连发手枪和战舰模型。乾隆皇帝对展示在他面前的这个新世界的文明不屑一顾，把英王的礼品称为"贡品"，并坚持要英使三跪九拜。当英国使臣执意要展示悬浮弹簧的四轮华丽马车时，大清官员却将注意力集中在车夫的座位上。他们惶惶然道："你以为皇上能容忍一个人的座位比他的座位还高，并把脊背朝着他吗？"

皇帝屁股的高低比什么都重要，这就是当时的中国！这就不仅仅是悲剧了！乾隆皇帝这种不知世界变化，轻视别的文明，拒绝国与国、民族与民族、人民与人民平等交流的狂妄之举，说来可笑，但它却与中国传统文化中的有害成分有着必然的联系。神秘的、落后的皇权思想，就是这种有害的成分。

中国病入膏肓！仅仅过了 50 年，西方列强就凭坚船利炮轰开了中国的大门。又过了 50 多年，那个拒绝维新变法的西太后竟在没有军队护驾的情况下，惶惶然亡命西逃。龙辇颠簸，风餐露宿，皇威扫地，哪里还顾得上屁股位置的高低？

文化落后，也要挨打。文化的落后，必须导致民族精神的瓦解。

中国人还应当永远记住西方强盗是如何窃掠中国古老文化精华的。那时，西方已经收起了对"中央之国"仰慕的面孔，在这些强盗眼里，中国只是一堆"古董"，即便是圆明园这样"中西合璧"的象征也在劫难逃！一个伟大民族的自尊几近灰飞烟灭。

当时的英国人说得直截了当："中国除了被一个文明的国家征服之外，没有任何办法能使它成为一个伟大的国家。"

当然，历史无情地击穿了“征服者”的预言。中国共产党已经使中国成为一个伟大的国家。

100多年前，英国殖民者以他们所谓的“文明”方式，用血与火的手段，强占了“东方之珠”；100多年后，中国人以自己的文明方式，彬彬有礼地收回了“东方之珠”。

当五星红旗和紫荆花旗升上香港的天空，当英国总督的舰船悄然离开维多利亚港湾，世人从这个庄严的仪式中，不仅看到了社会主义中国的崛起，而且看到了形成“一国两制”思想的中华文明具有的伟大力量。

人类进入了新的千年。民族与民族、国家与国家的竞争，不仅仅是不同社会制度的竞争，还是不同文化、不同文明的竞争，这是更深层次的竞争。

在网络时代，文化的传播力、渗透力被无限增强。在这样的时代，我们切不可轻视西方预言家这样的意见：一种文化知识，如果不能被“转译”为信息量而进入网络，那构成它的一切将遭到彻底的抛弃！

在这种情势下，中国有“资格”进入世界先进文化的主流吗？

中国还能以“五千年文化传统”聊以自慰吗？

美国以及其他西方国家，凭借强大的经济实力，尤其是高技术发展带来的文化、信息产业的巨大渗透力，将其文化价值观和生活方式强加给不同制度、不同处境、不同宗教信仰的国家和人民。谁要不跟着转，“山姆大叔”就不高兴，“自由女神”就要变脸，就要干涉。西方价值观已经被装饰为一种要世界强行膜拜的“图腾”——在这个意义上，“文化”何尝不是“枪炮”？何尝不是“巡航导弹”？何尝不是“电子战争”？何尝不是“核武攻击”？何尝不是强权的外交、政治和军事？

中国共产党第三代领导集体面对如此严峻的挑战，早已成竹在胸。江泽民同志说：“努力建设我国的先进文化，使它在全国人民乃至世界人民中间具有强大的吸引力和感召力，与努力发展我国的先进生产力，使我国加快进入世界生产力发达国家的行列，都是我们实现社会主义现代化的战略任务。”“一个民族，没有振奋的民族精神，没有高尚的民族品格，没有坚定的民族志向，不可能自立于世界先进民族之林。”而“中华民族的精神，最突出的就是团结统一、独立自主、爱好和平、自强不息的精神。中国人民正是依靠这个民族精神，在祖国广阔的土地上创造了一个又一个人间奇迹，缔造了为世人惊叹的灿烂的中华文明”。

新的世纪，新的时代，中国人民必须实现伟大的文化创新，这就是我们的答案。

（1）文化创新就是以科学的理论武装人。

在20世纪，中国人最大的智慧，就是紧紧抓住了马克思主义，并把它和中国的实际、中国的优秀文化结合起来，创造了中国化的马克思主义，这便是毛泽东思想、邓小平理论和“三个代表”重要思想。

有了不断发展创新的中国化的马克思主义，中华民族就有了认识世界的强大武器，就有了凝聚人心、指明方向的光辉旗帜，中华大地上就发生了翻天覆地的变化。

（2）文化创新就是以先进的文化教育人。

邓小平说，教育要面向现代化、面向世界、面向未来。我们正在实施“科教兴国”战略。在知识经济时代，我国的教育事业将实现向主导产业的转换。“终身教育”将成为新世纪我国教育的基本模式。

（3）文化创新就是以崇高的道德塑造人。

古人说，人世间最高的荣誉是“立德”。

依法治国、以德治国的崭新社会正展现在世人面前。

爱国守法，明礼诚信，团结友善，勤俭自强，敬业奉献，正成为亿万人民的行为准则。

（4）文化创新就是以正确的舆论引导人。

信息时代，知识爆炸，每个人都会根据社会和自身的需要，去选择信息，利用知识。

个人的利益和需要千差万别，但国家和人民总有共同的需要和长远的利益。

正确的舆论，符合、体现一国人民的共同需要和长远利益。

（5）文化创新就是以优秀的作品鼓舞人。

从《诗经》、《楚辞》、汉赋，到唐诗、宋词、元曲及明清小说，无数经典，都具有永恒的价值，它塑造着一代又一代中国人丰富而坚实的精神世界，在东方大地上闪耀着伟大民族的绚丽光彩。

今天，为伟大民族复兴，为有史以来最壮阔、最深刻的创新和改革而讴歌的优秀文艺作品，必须喷薄而出，如丽日之巡天，大江之东去，给古老神州带来无边春意！

【资料来源】

——王天玺等：六集电视理论片《东方之光——“三个代表”与理论创新》，《求是》，2002 年第 11 期

【评述】

文化是根，没有文化的根源，就没有办法形成一个民族；掐断文化的根脉，失掉根本，也就没有办法自立于世界民族之林。曾经有人说：“文化是一个民族最真实的性格，是一个民族骨子里流淌的血液。”一个民族，只要文化延续，精神不垮，便是守住了自强之根基。纵观人类历史，大凡侵略者要消灭一个民族，必先消灭这个民族的文化，抹除这

个民族的记忆，把它的历史割裂开，把它的文化消灭掉。真正的崛起是文化的崛起，如果一个国家丧失了自己的文化，其文化被其他的强势文化取而代之，那么，这个国家无论在经济还是在其他方面都将成为强国的傀儡。文化就是一个国家不可取代的灵魂。

【深度思考】

1. 文化落后，也要挨打。我们怎样做才能永不挨打？

2. 在当代中国，如何牢牢把握先进文化的前进方向？

【阅读材料二】

中共中央关于深化文化体制改革、推动社会主义文化大发展大繁荣若干重大问题的决定（节选）

中国共产党第十七届中央委员会第六次全体会议全面分析形势和任务，认真总结我国文化改革发展的丰富实践和宝贵经验，研究部署深化文化体制改革、推动社会主义文化大发展大繁荣，进一步兴起社会主义文化建设新高潮，对夺取全面建设小康社会新胜利、开创中国特色社会主义事业新局面、实现中华民族伟大复兴具有重大而深远的意义。全会作出如下决定：

一、充分认识推进文化改革发展的重要性和紧迫性，更加自觉、更加主动地推动社会主义文化大发展大繁荣

文化是民族的血脉，是人民的精神家园。在我国5 000多年的文明发展历程中，各族人民紧密团结、自强不息，共同创造出源远流长、博大精深的中华文化，为中华民族发展壮大提供了强大精神力量，为人类文明进步作出了不可磨灭的重大贡献。

中国共产党从成立之日起，就既是中华优秀传统文化的忠实传承者和弘扬者，又是中国先进文化的积极倡导者和发展者。我们党历来高度重视运用文化引领前进方向、凝聚奋斗力量，团结带领全国各族人民不断以思想文化新觉醒、理论创造新成果、文化建设新成就推动党和人民事业向前发展，文化工作在革命、建设、改革各个历史时期都发挥了不可替代的重大作用。

改革开放特别是党的十六大以来，我们党始终把文化建设放在党和国家全局工作的重要战略地位，坚持物质文明和精神文明两手抓，实行依法治国和以德治国相结合，促进文化事业和文化产业同发展，推动文化建设不断取得新成就，走出了中国特色社会主义文化发展道路。我们坚持解放思想、实事求是、与时俱进，不断推进马克思主义中国化、时代化、大众化，形成和发展了中国特色社会主义理论体系，为开辟和拓展中国特色社会主义道路、确立和完善中国特色社会主义制度提供了科学理论指导；坚持推进社会主义核心价值体系建设，用马克思主义中国化最新成果武装全党、教育人民，用中国特色社会主义共同理想凝聚力量，用以爱国主义为核心的民族精神和以改革创新为核心的时代精神鼓舞斗志，用社会主义荣辱观引领风尚，巩固了全党全国各族人民团结奋斗的共同思想道德基础；坚持为人民服务、为社会主义服务的方向和百花齐放、百家争鸣的方针，发扬广大人民群众和文化工作者的创造精神，推动优秀文化产品大量涌现，丰富了人民精神文化生活；坚持推进文化体制改革，创新文化发展理念，解放和发展文化生产力，推动文化事业全面繁荣、文化产业健康发展，大幅度提高了人民基本文化权益保障水平，大幅度提高了文化在经济社会发展中的地位和作用；坚持发展多层次、宽领域对外文化交流格局，借鉴吸收人类优秀文明成果，实施文化走出去战略，不断增强中华文化的国际影响力，向世界展示了我国改革开放的崭新形象和我国人民昂扬向上的精神风貌。我国文化改革发展，显著提高了全民族思想道德素质和科学文化素质、促进了人的全面发展，显著增强了国家文化软实力，为坚持和发展中国特色社会主义提供了强大精神力量。

当今世界正处在大发展、大变革、大调整时期，世界多极化、经济全球化深入发展，科学技术日新月异，各种思想文化交流、交融、交锋更加频繁，文化在综合国力竞争中的地位和作用更加凸显，维护国家文化安全任务更加艰巨，增强国家文化软实力和中华文化国际影响力的要求更加紧迫。当代中国进入了全面建设小康社会的关键时期和深化改革开放、加快转变经济发展方式的攻坚时期，文化越来越成为民族凝聚力和创造力的重要源泉、越来越成为综合国力竞争的重要因素、越来越成为经济社会发展的重要支撑，丰富精神文化生活越来越成为我国人民的热切愿望。我国仍处于并将长期处于社会主义初级阶段，人民日益增长的物质文化需要同落后的社会生产之间的矛盾仍然是社会的主要矛盾。全面建成惠及十几亿人口的更高水平的小康社会，既要让人民过上殷实富足的物质生活，又要让人民享有健康丰富的文化生活。我们必须抓住和用好我国发展的重要战略机遇期，在坚持以经济建设为中心的同时，自觉把文化繁荣发展作为坚持发展是硬道理、发展是党执政兴国第一要务的重要内容，作为深入贯彻落实科学发展观的一个基本要求，进一步推动文化建设与经济建设、政治建设、社会建设以及生态文明建设的协调发展，更好地满足人民的精神需求、丰富人民的精神世界、增强人民的精神力量，为继续解放思想、坚持改革开放、推动科学发展、促进社会和谐提供坚强的思想保证、强大的精神动力、有力的舆论支持、良好的文化条件。

我国文化领域正在发生广泛而深刻的变革，推动文化大发展大繁荣既具备许多有利条件，也面临一系列新情况新问题。我国文化发展同经济社会发展和人民日益增长的精神文化需求还不完全适应，表现突出的矛盾和问题主要是：一些地方和单位对文化建设的重要性、必要性、紧迫性认识不够，文化在推动全民族文明素质提高中的作用亟待加强；一些领域道德失范、诚信缺失，一些社会成员人生观、价值观扭曲，用社会主义核心价值体系引领社会思潮更为紧迫，巩固全党全国各族人民团结奋斗的共同思想道德基础任务繁重；舆论引导能力需要提高，网络建设和管理亟待加强和改进；有影响的精品力作还不够多，文化产品创作生产引导力度需要加大；公共文化服务体系不健全，城乡、区域文化发展不平衡；文化产业规模不大、结构不合理，束缚文化生产力发展的体制机制问题尚未根本解决；文化走出去较为薄弱，中华文化国际影响力需要进一步增强；文化人才队伍建设急需加强。推进文化改革发展，必须抓紧解决这些矛盾和问题。

全党必须深刻认识到，社会主义先进文化是马克思主义政党思想精神上的旗帜，文化建设是中国特色社会主义事业总体布局的重要组成部分。没有文化的积极引领，没有人民精神世界的极大丰富，没有全民族精神力量的充分发挥，一个国家、一个民族不可能屹立于世界民族之林。物质贫乏不是社会主义，精神空虚也不是社会主义。没有社会主义文化繁荣发展，就没有社会主义现代化。在新的历史起点上深化文化体制改革、推动社会主义文化大发展大繁荣，关系实现全面建设小康社会的奋斗目标，关系坚持和发展中国特色社会主义，关系实现中华民族的伟大复兴。我们要准确把握我国经济社会发展新要求，准确把握当今时代文化发展新趋势，准确把握各族人民精神文化生活新期待，增强责任感和紧迫感，解放思想，转变观念，抓住机遇，乘势而上，在全面建设小康社会进程中、在科学发展道路上奋力开创社会主义文化建设新局面。

二、坚持中国特色社会主义文化发展道路，努力建设社会主义文化强国

坚持中国特色社会主义文化发展道路，深化文化体制改革，推动社会主义文化大发展大繁荣，必须全面贯彻党的十七大精神，高举中国特色社会主义伟大旗帜，以马克思列宁主义、毛泽东思想、邓小平理论和“三个代表”重要思想为指导，深入贯彻落实科学发展

观，坚持社会主义先进文化前进方向，以科学发展为主题，以建设社会主义核心价值体系为根本任务，以满足人民精神文化需求为出发点和落脚点，以改革创新为动力，发展面向现代化、面向世界、面向未来的，民族的、科学的、大众的社会主义文化，培养高度的文化自觉和文化自信，提高全民族文明素质，增强国家文化软实力，弘扬中华文化，努力建设社会主义文化强国。

建设社会主义文化强国，就是要着力推动社会主义先进文化更加深入人心，推动社会主义精神文明和物质文明全面发展，不断开创全民族文化创造活力持续迸发、社会文化生活更加丰富多彩、人民基本文化权益得到更好保障、人民思想道德素质和科学文化素质全面提高的新局面，建设中华民族共有精神家园，为人类文明进步作出更大贡献。

按照实现全面建设小康社会奋斗目标新要求，到2020年，文化改革发展奋斗目标是：社会主义核心价值体系建设深入推进，良好思想道德风尚进一步弘扬，公民素质明显提高；适应人民需要的文化产品更加丰富，精品力作不断涌现；文化事业全面繁荣，覆盖全社会的公共文化服务体系基本建立，努力实现基本公共文化服务均等化；文化产业成为国民经济支柱性产业，整体实力和国际竞争力显著增强，公有制为主体、多种所有制共同发展的文化产业格局全面形成；文化管理体制和文化产品生产经营机制充满活力、富有效率，以民族文化为主体、吸收外来有益文化、推动中华文化走向世界的文化开放格局进一步完善；高素质文化人才队伍发展壮大，文化繁荣发展的人才保障更加有力。全党全国要为实现这些目标共同努力，不断提高文化建设科学化水平，为把我国建设成为社会主义文化强国打下坚实基础。

实现上述奋斗目标，必须遵循以下重要方针：

——坚持以马克思主义为指导，推进马克思主义中国化、时代化、大众化，用中国特色社会主义理论体系武装头脑、指导实践、推动工作，确保文化改革发展沿着正确道路前进。

——坚持社会主义先进文化前进方向，坚持为人民服务、为社会主义服务，坚持百花齐放、百家争鸣，坚持继承和创新相统一，弘扬主旋律，提倡多样化，以科学的理论武装人，以正确的舆论引导人，以高尚的精神塑造人，以优秀的作品鼓舞人，在全社会形成积极向上的精神追求和健康文明的生活方式。

——坚持以人为本，贴近实际、贴近生活、贴近群众，发挥人民在文化建设中的主体作用，坚持文化发展为了人民、文化发展依靠人民、文化发展成果由人民共享，促进人的全面发展，培育有理想、有道德、有文化、有纪律的社会主义公民。

——坚持把社会效益放在首位，坚持社会效益和经济效益有机统一，遵循文化发展规律，适应社会主义市场经济发展要求，加强文化法制建设，一手抓繁荣、一手抓管理，推动文化事业和文化产业全面协调可持续发展。

——坚持改革开放，着力推进文化体制机制创新，以改革促发展、促繁荣，不断解放和发展文化生产力，提高文化开放水平，推动中华文化走向世界，积极吸收各国优秀文明成果，切实维护国家文化安全。

【资料来源】

——新华社（http://news.xinhuanet.com/politics/2011-10/25/c_122197737.htm）

【评述】

在中国全面建设小康社会的关键时期，中国共产党第十七届中央委员会第六次全体会议通过了《中共中央关于深化文化体制改革、推动社会主义文化大发展大繁荣若干重大问题的决定》(以下称简“《决定》”)，对文化改革发展的重要性和紧迫性进行了深刻的论述，并将推进社会主义文化大发展大繁荣全面上升到前所未有的战略高度。《决定》对中国文化领域的改革和发展进行了整体布局，是继 1984 年《中共中央关于经济体制改革的决定》之后的又一重大突破。它将对开创中国特色社会主义事业新局面、实现中华民族伟大复兴具有重大而深远的意义。

【深度思考】

文化是民族的血脉，在建设社会主义文化强国的进程中，作为当代大学生的我们能够身体力行地为此做些什么？

【阅读材料三】

《国家中长期人才发展规划纲要》解读

——从人口大国到人才强国

只有人才众多，国家才能真正强大。半个多世纪前，毛泽东就曾指出：“世间一切事物中，人是第一可宝贵的。在共产党领导下，只要有了人，什么人间奇迹都能创造出来。”60多年来，中国实现了从世界人口大国到世界人才大国的跨越式发展。那么，中国的下一个“人间奇迹”是什么呢？这就是“富民强国”：到2020年全面建设惠及十几亿人口的小康社会，建设社会主义现代化强国。

《国家中长期人才发展规划纲要（2010—2020年）》（以下简称《纲要》）的制定正是根据党的十七大提出的更好实施人才强国战略总体要求，着眼于为实现2020年“富民强国”目标提供强有力的人才支撑。这是站在新的历史起点上提出的奋斗目标，描绘的是一幅从世界人才资源大国进入世界人才强国行列的宏伟蓝图。

1949年的中国是世界上贫困人口和文盲人口最多的国家。在中国60多年的社会主义现代化进程中，最大的变化就是人口不断现代化，即全国所有人口的现代化要素——人力资本（受教育年限、技能经验等）水平不断提高，并形成了世界上最大规模的人力资本水平的变化。截至2009年，全国国民平均受教育年限接近9年，已经高于世界平均水平，相当于1949年的9倍；全国大专及以上人口达到9 830万人，相当于1949年的531倍；全国高等教育阶段在校生2 979万人，相当于1949年的255倍。上述人才总量指标均已超过美国，居世界首位，实现了从文盲充斥、愚昧落后的人口大国向名副其实的世界人力资源和人才资源大国的跨越式转变。

正如《纲要》所说，未来十几年，是我国人才事业发展的重要战略机遇期。我们要进一步增强责任感、使命感和危机感，积极应对日趋激烈的国际人才竞争，主动适应我国经济社会发展需要，坚定不移地走人才强国之路，科学规划，深化改革，重点突破，整体推进，不断开创人才辈出、人尽其才的新局面。

一、建设人才强国的奋斗目标必要且可行

《纲要》提出，到2020年，我国人才发展的总体目标是：培养和造就规模宏大、结构优化、布局合理、素质优良的人才队伍，确立国家人才竞争比较优势，进入世界人才强国行列，为在本世纪中叶基本实现社会主义现代化奠定人才基础。我认为，把建设人才强国作为奋斗目标，是必要的，也是切实可行的。这体现在：

一是全国人才总量将可能增长58%，由2008年的1.14亿人增加到2020年的1.8亿人，年均增长率为3.9%，大大高于总人口、劳动年龄人口和从业人口的增长率。

二是全国主要劳动人口受过高等教育的比例将翻一番，专业技术人员将达到7 500万人，占从业人员的10%左右；从事研究与试验发展的科学家和工程师折合全时人员为338万人/年。

三是我国将在装备制造、信息、生物技术、新材料、航空航天、海洋、金融财会、生态环境保护、新能源、农业科技、宣传思想文化等经济社会发展重点领域，建成一批人才高地，形成人才竞争优势。

四是包括全社会教育、卫生、研究与开发经费在内的人力资本投资占 GDP 的比例明显提高，人才发展的贡献越来越大。到那时，中国将成为名副其实的世界人才强国。中国也会因此而成为名副其实的世界经济强国和科技强国。

二、实现人才强国战略的内外条件皆已具备

我们应当看到，实现这一战略目标的经济、社会、政治条件已经基本具备。同时，还具备了难得的、良好的国际环境条件。

首先，我国已经初步建立了社会主义市场经济体制，形成了空前统一的、巨大规模的、比较公平的、充分流动的、充分竞争的人才市场机制，为绝大多数人才提供了“天生我才必有用”的空前大舞台。

其次，我国教育迅猛发展，主要指标已居各发展中国家前列，正在逐步形成世界最大规模的全民学习、终身学习、灵活学习的学习型社会。这也为“人人成才”提供了良好的人力资本基础和社会环境。

再次，党中央作出了实施人才强国战略的重大战略决策，人才强国战略上升为国家核心战略，加速了人才队伍规模的扩大，提升了人才队伍的质量，形成了不同层次人才结构的新格局。

最后，中国吸引国际人才的亲和力、影响力越来越显著，已经实现了从人才净流出到人才净流入的重大转变。在中国先后成为“世界工厂”、世界服务商提供者的过程中，必然加速吸引并聚集全世界各类优秀人才。

尽管我国人才规模已居世界首位，但《纲要》也清楚地指出：“当前我国人才发展的总体水平同世界先进国家相比仍存在较大差距，与我国经济社会发展需要相比还有许多不适应的地方。”在日益激烈的国际竞争中，我国的人才竞争优势仍不突出。这就决定了我们必须抓住未来几十年的战略机遇期，坚定不移地大力推动人才强国战略，建成人才强国。数以亿计的人才队伍，不仅将对中国经济发展、社会进步、文化繁荣作出更大的贡献，而且会对人类发展与世界和平作出更大的贡献。

【资料来源】

——刘晓燕：《从人口大国到世界人才强国——中国科学院、清华大学国情研究中心

主任胡鞍钢教授访谈录》,《中国人才》, 2010 年第 11 期

【评述】

中国是一个人口大国，但还算不上是一个人力资源强国，这是中国虽然拥有世界上1/5的人口，目前却远没有创造出与我们人口数量相匹配的社会财富的重要原因。教育和人才对于一个国家发展的重要性是不言而喻的，但在我国经济快速发展的过程中，现实的政策措施却并没有充分地为教育的发展和人才的培养提供足够的支持。《国家中长期人才发展规划纲要（2010—2020 年）》从人才强国的战略高度对推动我国人才发展问题进行了系统的谋划和设计，对我国未来 10 年人才的大力培养和发展提供了重要保障，是中国真正迈向人才强国的重要基石。

【深度思考】

在我国大力发展教育和日益扩大人才培养规模的今天，你应该如何使自己在未来成为社会上更具竞争力的人才？

第十一章　构建社会主义和谐社会

【导言】

到2020年，构建社会主义和谐社会的目标和主要任务是：社会主义民主法制更加完善，依法治国基本方略得到全面落实，人民的权益得到切实尊重和保障；城乡、区域发展差距扩大的趋势逐步扭转，合理有序的收入分配格局基本形成，家庭财产普遍增加，人民过上更加富足的生活；社会就业比较充分，覆盖城乡居民的社会保障体系基本建立；基本公共服务体系更加完备，政府管理和服务水平有较大提高；全民族的思想道德素质、科学文化素质和健康素质明显提高，良好道德风尚、和谐人际关系进一步形成；全社会创造活力显著增强，创新型国家基本建成；社会管理体系更加完善，社会秩序良好；资源利用效率显著提高，生态环境明显好转；实现全面建设惠及十几亿人口的更高水平的小康社会的目标，努力形成全体人民各尽其能、各得其所而又和谐相处的局面。

构建社会主义和谐社会，要遵循以下原则：必须坚持以人为本，必须坚持科学发展，必须坚持改革开放，必须坚持民主法治，必须坚持正确处理改革、发展、稳定的关系，必须坚持在党的领导下全社会共同建设。

【阅读材料一】

土地违法是和谐社会的“毒瘤”

毋庸讳言，近些年来，随着城市化进程的加快，基于土地资源的利益格局的变化，征地纠纷、土地矛盾等影响社会安宁的矛盾日益尖锐，愈演愈烈，其波及范围之广，程度之激烈，已经严重影响到一定区域内的社会稳定，几乎动摇了一定区域内基层政权的权威，而对一定区域内的干群关系、社会和谐更是莫大的损害。这需要引起高度注意。

然而，从目前来看，对于土地违法所引起的社会矛盾，似乎依然没有找到根本的解决之道，土地矛盾还在不断地扩大和累积，这是令人担忧的。

土地矛盾最主要的原因是土地违法。而土地违法的主体往往又是各级地方政府。这给解决土地矛盾增加了巨大的困难和障碍。

据国土资源部执法监察局局长张新宝近日介绍：当前土地违法反弹现象比较严重，执法形势相当严峻，土地违法出现了地方政府主导的特点，而且政府违法带有普遍性，凡是性质严重的土地违法行为，几乎都涉及政府；同时，政府违法用地带有发展地方经济的色彩，当要查处时，地方政府称发展是硬道理，是第一要务。

其实，这正好道出了当前土地违法层出不穷、屡禁不止的最根本原因。

土地违法的直接表现就是严重侵害农民的根本利益。比如，非法征用农民赖以生存的土地资源，低标准地进行征地补偿，拖欠土地补偿款，以及征地补偿款被层层剥夺等。造成农民既失土地，又没就业岗位，使农民成为“发展地方经济”的受害者。这类事实，相信大家有目共睹，不必笔者赘言了。

地方政府沦为土地违法主体的表面原因在于巨额的土地收益，而背后则往往隐藏着吏治腐败的现象。由于土地审批的权限不够明确，地方政府具有相应的土地审批权，而出让土地的收益归地方政府财政所有，因此，地方政府为增加财政收入，对出让土地乃至非法转让土地具有天然的内在动力。据悉，一些地方政府的土地收益占地方财政收入的50%以上。在这种情况下，要遏制地方政府的土地违法的冲动，谈何容易！与此同时，一些地方政府的官员与土地开发商等黑色资本，往往打着“招商引资”、“发展地方经济”的旗号进行“合谋”，行牟取非法利益和个人私利之实，赤裸裸地剥夺农民的根本利益——这是在许多征地纠纷当中都可以见到的事实。

而土地违法之所以层出不穷、屡禁不止，原因则在于：一是土地审批权限的不明确，各级地方政府都有土地审批的权限，以致各自为政。在土地资源的使用方面，相关政策也给了违法作业以“空间”，比如，以“以租代征”的方式逃避审批，或者以“化整为零”的方式规避上级政府的审批等。二是执法不严、违法不究现象严重，土地违法成本甚低，许多土地违法案件未能得到严肃查处。对于一些既成事实的土地违法案件，往往大事化小、小事化了，或者以补办征地手续而结案。三是地方政府主导的土地违法案件往往会打出“招商引资”、“发展地方经济”的旗号，甚至以所谓的“因公违法”而诿过，从而逃避处理。四是土地违法案件中法律的缺位。由于司法难以真正独立，所以，在几乎所有的土地违法案件当中，法律都是缺位的，不仅如此，甚至法院还成了地方政府土地违法的“帮凶”。此外，现行的国土管理机制也受制于地方政府，从而无法对由地方政府主导的土地违法案件进行严肃处理。

于是，有关土地管理的法律、法规最终沦为一纸空文。这不但销蚀了法律、法规的严肃性和刚性，而且还由于地方政府在土地违法案件当中的角色错位，即对土地违法的默许和放纵，而给整个社会作出了不良示范。

事实也正是如此。据查，在新《土地管理法》实施以来的7年中，也就是1999—2005年，全国共发现土地违法行为100多万件，涉及土地面积500多万亩。然而，迄今为止，尚未听闻有哪个地方政府官员因土地违法而丢乌纱帽或受到法律的严厉制裁。这是十分耐人寻味的。这无疑显示了土地违法处理力度的不足。

但是，土地违法的恶果和恶劣影响却是有目共睹、不可低估的。

首先，地方政府带头违法，无疑是对政府标榜的“依法行政”的莫大讽刺。这对于社会树立尊重法律的观念更是极大的颠覆或冲击。其次，土地违法给地方政府官员创造了腐败的机会。从既往事实来看，土地审批和转让的过程中存在的腐败现象是非常严重的。再次，土地违法对区域内的社会稳定造成了极其严重的影响，是该区域内社会安定的巨大隐患。因为土地违法严重地侵害了农民的利益，构成了失地农民与地方政府冲突的内因，从而引起了局部的群体事件，甚至因此酿成了难以挽回的人命伤亡的巨大悲剧。譬如，四川汉源事件、河北定州事件、广东汕尾红海湾事件等。这些都是因土地违法而酿就的血的教训。作为标榜建设法治政府、责任政府、和谐社会的当今中国，岂可轻视之！

而从过往为数众多的土地违法案件当中可以看到，土地违法已经成为局部地区的农村社会不稳定的根本原因之一，是一定区域内干群紧张、警民冲突的隐因所在，也是对当前构建和谐社会的巨大威胁。

因此，无论是从建设法治政府、法治社会的角度，还是从构建和谐社会的角度来看，都必须制止土地违法案件的再次发生，特别是要遏制由地方政府主导的土地违法案件。否则，建设法治政府、构建和谐社会，都只能是纸上谈兵、空中楼阁。在我看来，土地违法在某种意义上是建设和谐社会和社会主义新农村的一颗“毒瘤”，甚至是导致社会不稳定的“定时炸弹”之一。

【资料来源】

——人民网，2006年4月21日

【评述】

民主法治是社会主义民主宪政的基本特征。构建社会主义和谐社会，把我国建设成为富强、民主、文明、和谐的社会主义现代化国家，是中国人民在新世纪新阶段肩负的重大战略任务，也是全党和全国各族人民的共同愿望。构建社会主义和谐社会，要坚持民主法治的基本原则，夯实社会和谐的法治基础。

【深度思考】

1. 怎样理解我国和谐社会建设与法治建设的密切关系？

2. 结合案例，谈谈如何在社会发展过程中实现好、维护好人民群众的最根本利益？

【阅读材料二】

和谐社会的不和谐音
——政协抨击“假大空”现象

“不要再玩锦上添花的形象工程。”

“大树特树诚信之风。”

在正在北京举行的政协十届全国委员会常务委员会第十次会议上，200 多位全国政协常委围绕构建社会主义和谐社会纷纷建言献策，一些常委们将矛头直指和谐社会的不和谐之音——社会经济领域存在的“假大空”现象。碘超标奶粉、疫苗造假、毒大米、假种子、假农药、劣质化肥……当前，假冒伪劣产品泛滥已经成为严重影响中国经济社会发展的公害。各种各样的假冒伪劣产品充斥城市尤其是乡村，不仅严重扰乱了社会经济秩序，而且危害着人们的身心健康。

政协常委瓦哈甫·苏来曼说，假冒伪劣之所以屡禁不止、屡打不绝，对造假者的处罚成本过低、打击力度不够是主要原因之一。中国的惩罚力度不仅低于大多数发达国家，而且低于发展中国家的平均水平。瓦哈甫·苏来曼建议，建立打击假冒伪劣行为领导协调机制，加强立法工作，尽快健全和完善打击假冒伪劣行为法律体系，提高罚款额，延长企业惩戒治理期限，以及加强对打假工作的监督检查。

广场比天安门大、贫困县里办公楼豪华奢侈……多年来，党和国家多次发出指示，要求各地不搞形象工程，但屡禁不止。一些形象工程、政绩工程在一些地方甚至贫困县市愈演愈烈，引起群众强烈反感。政协常委萧灼基指出，为提高城市的形象和知名度，建设一些反映城市特征的“形象工程”也无可厚非。但目前中国经济还不发达，我们必须节约一切财力、物力、人力，用于社会经济建设，用于扶贫解困，用于急需的公共投入。

经过多年努力，中国扶贫工作已经取得巨大成就。贫困发生率从1979年的30.7%下降至目前的3%。但是，必须看到，中国当前贫困情况还相当严重，全国平均每6.5人中，就有1人为赤贫者。

萧灼基指出，中国有限的资源，不应该本末倒置地用于锦上添花的形象工程和政绩工程，而应该用于急需的扶贫工程。这才是坚持以人为本，构建和谐社会的本质要求。

公款追星、不孕广告满天飞……政协常委曹圣洁在分析现在社会上种种“作秀”现象时表示，要建设社会主义和谐社会，建立诚信友爱的人际关系是重要内容。在社会道德的要求方面，中国传统道德一向注重“言而有信”、“民无信不立”，然而，近20多年来，西方极端个人主义思想蔓延，社会上道德失衡，损人利己、尔虞我诈的现象比较严重，公民道德建设急需加强。

曹圣洁建议，道德的实践不仅要依靠理论教育，更要有赖于习俗和社会氛围。要实现“诚信友爱”的社会，必须大力树立这方面的正气。建议政府，特别是宣传部门，不仅要把“诚信”当作标语口号来宣传，更要对“诚信”之风大树特树，对弄虚作假的行为无情地揭露和鞭挞。只有教育和赏罚双管齐下，才能收到应有的效果。

【资料来源】

——李斌，李薇薇，顾瑞珍：《政协常委抨击“假大空”：和谐社会的不和谐之音》，新华网2005年7月6日

【评述】

和谐社会在一般意义上是指社会成员能实现各尽所能、各展所长，社会各阶级、阶层和利益群体之间能够良性互动，利益分配能够公正，社会能够实现平稳运行和健康发展的一种社会。和谐社会是一种状态，而不是一种社会形态。既然是一种状态，它就可以体现在不同的社会形态中，也可以体现在同一种社会形态的不同发展阶段上。社会主义和谐社会是我们党在总结历史经验的基础上，从中国社会主义初级阶段实际出发，反映了社会主

义本质的内在要求，与社会主义市场经济、民主政治和先进文化相适应，以全面建设小康社会为目标和以追求更高和谐状态为理想的新型的和谐社会。

【深度思考】

1. 结合本案例，谈谈什么是社会主义和谐社会？

2. 提出构建社会主义和谐社会的历史背景是什么？

【阅读材料三】

中国扶贫成就感动世界

在10月17日“国际消除贫困日”这一天，中国骄傲地宣布：中国的农村贫困人口从1978年的2.5亿减少到2003年底的2 900万，贫困人口占农村总人口的比例由30.7%下降为3%左右。

“但愿苍生饱暖”是无数仁人志士的美好愿望，在中国共产党的领导下这一愿望终于基本实现了。无论在中国历史上，还是世界范围内，都是一个了不起的伟大壮举，从而赢得了国际社会的广泛赞誉和高度评价。

这是一组关于中国扶贫开发成就的数字：

(1) 贫困人口大幅度减少。

全国农村没有解决温饱的贫困人口从1978年的2.5亿减少到2003年底的2 900万，去年592个重点县的农民人均纯收入提高了5.8%，比全国农民人均纯收入的增幅高出1.5个百分点，这是扶贫开发进入新阶段后贫困地区农民增收首次高于全国平均水平。

(2) 贫困地区生产生活条件明显改善。

从1986年到2003年的18年间，共兴修基本农田2 688万亩，解决了7 459万人的饮水困难。贫困村中，自然村通路、通电、通电话和通广播电视的比例分别达到71.7%、92.1%、49.1%和82.7%。

(3) 社会事业全面进步。

贫困地区办学条件明显改善，适龄儿童辍学率下降到7.8%。70.2%的行政村有卫生室，缺医少药的状况得到明显缓解。推广了一大批农业适用技术，农民科学种田的水平明显提高。

世界银行行长沃尔芬森认为：如果以减贫的人口数量为标准，中国无疑是为全球减贫事业作出最大贡献的国家。

中国政府在带领广大人民消除贫困的伟大实践中，探索出了一条符合中国国情的扶贫开发道路，即“政府主导，社会参与，自力更生，开发扶贫，全面发展”。

世界上多数国家的扶贫活动都是由慈善机构发起的，中国则由各级政府主导。自20世纪80年代中期开始，在全国范围内实施有计划、有组织、大规模的扶贫开发。1994年制订了《国家八七扶贫攻坚计划》，2001年又颁布了《中国农村扶贫开发纲要（2001—2010年)》。中央财政安排的专项扶贫资金由1980年的10亿元增加到2004年的122亿元，累计达到1 147.8亿元。地方各级政府也积极加大投入力度，去年配套资金总量超过30亿元，这是扶贫开发进入新阶段后投入财政扶贫资金最多的一年。

近年来，非政府组织扶贫的影响和作用也越来越大。如帮助贫困地区小学生重返校园的“希望工程”、私营企业家支持贫困地区发展的“光彩事业”、帮助残疾人的“康复扶贫”、扶助贫困母亲的“幸福工程”、资助女童完成义务教育的“春蕾计划”、“青年志愿者支教扶贫接力计划”、“贫困农户自立工程”等。

联合国开发计划署署长布朗认为：中国的扶贫经验值得世界学习，中国为世界提供的最有价值的发展经验是制定并坚持有效的扶贫政策。

中国政府和人民创造出了适合中国国情的扶贫模式，为提高扶贫资金的利用效率，加速贫困人口的减少起到了积极作用。不少模式已经成为世界扶贫事业中的经典案例和可供其他国家借鉴的成功经验。例如：

（1）开展科教扶贫。

各地有针对性地组织各类培训，支持农业先进适用技术的推广，帮助贫困群众发展特色农业。去年以来，扶贫开发工作重点县组织的农民和乡村技术人员培训达到1 500万人次。

（2）组织劳务输出。

近几年，重点县每年向外输出劳动力的总人数在2 000万左右，劳务收入占重点县农民收入的30%以上。

（3）东西部协作扶贫。

近年来，东部沿海15个省市（计划单列市）对口帮扶西部11个省区市。去年，东部沿海省市提供财政支持3.4亿多元，签订企业合作项目640个，实际投资35.4亿元。

（4）实施移民搬迁。

对于生活在基本生存条件极其恶劣地区的贫困农户，按照“群众自愿、就近安置、量力而行、适当补助”的原则，实施移民搬迁、异地开发。近年来，迁移安置了339万人。

亚洲开发银行副行长范林登认为，作为世界最大的发展中国家和人口最多的国家，中国以更积极的姿态参与国际扶贫，将有力推动全球减贫进程，中国自身也将从中受益。

【资料来源】

——《人民日报》(海外版)，2004年10月18日

【评述】

缓解和消除贫困，实现全体人民的共同富裕，是中国政府始终不渝的宗旨。中国政府明确提出了21世纪头20年全面建设小康社会的奋斗目标。为了实现这一目标，中国将以更大的决心、更有力的措施，全面推进消除贫困的进程，这是中国政府对全国人民的庄严承诺，同时也是对联合国千年发展目标的践行。

【深度思考】

1. 中国为构建社会主义和谐社会做了哪些努力？

2. 构建社会主义和谐社会的基本特征是什么？

【阅读材料四】

一本触目惊心的黄河污染账

黄河是我国北方唯一纵贯东西的巨川大河，是西北、华北地区的生命之泉。然而，近年来，黄河污染加剧，已超出了黄河水环境的承载能力。不久前，黄河流域水资源保护局组织专家组，对黄河水污染的状况及危害进行了量化分析，结果发现，目前黄河干流近40%河段的水质为劣五类，基本丧失水体功能，黄河流域每年因污染造成的经济损失高达115～156亿元。

一、黄河水亮“黄牌”

不久前，记者在黄河三门峡水库看到，水库泄水呈“酱油色”，水面上还不时泛起白色泡沫。三门峡水利枢纽管理局副局长刘红宾说，20世纪90年代后期以来，每到冬春季节，三门峡水库的泄水都会变成“酱油水”。

其实，被称为“母亲河”的黄河水量并不丰沛，但它却以仅占全国河川径流2.4%的有限水资源，滋养着全国12%的人口，灌溉着15%的耕地。

新中国成立以来，引黄灌溉、供水累计直接经济效益已达6 000亿元。近年来，随着经济发展，黄河流域废污水排放量比20世纪80年代多了1倍，达44亿立方米，污染事件不断发生，黄河中下游几乎所有支流水质常年处于劣五类状态，支流变成了“排污沟”。

日趋严重的黄河水污染，破坏了黄河生态系统，使黄河河道中近1/3的水生物绝迹。据黄河水资源保护研究所专家介绍，黄河许多支流在20世纪五六十年代时都还水清鱼跃，但目前却是全河皆污、臭气熏天，鱼虾绝迹。洛河的鲤鱼和伊河的鲂鱼自古便有“洛鲤伊鲂贵似牛羊”之誉，但令人遗憾的是，这两个名贵鱼种现在已因水污染而绝迹。20世纪70年代，渭河下游水草丰美，许多农民以打鱼为业，可如今渭河中只剩下一种俗称“蛤鱼”的鱼，且有浓重煤油味，不能食用。

二、鱼犹如此，人何以堪?

黄河流域水资源保护局副总工程师尚晓成说，黄河担负着沿黄地区50余座大、中城市和420个县城镇居民的生活供水任务，黄河污染给城镇居民供水安全带来巨大威胁。2003年，黄河发生有实测记录以来最严重的污染，三门峡水库的蓄水变成了“一库污水”，这导致国家紧急启动的第7次引黄济津被迫停止。1999年，黄河龙门以下河段发生严重污染，下游沿黄一些城市引黄供水一度停止近一个月。位于黄河边的河南省三门峡市，许多居民觉得经市自来水厂净化处理的黄河水有异味，索性常年花钱买井水、泉水吃，出现“守着黄河买水吃”的怪事。

黄河水利委员会负责同志指出，随着黄河流域人口的增长和经济的发展，废污水排放量将持续增加，初步估计，到2010年，全流域年均废污水排放量将超过65亿立方米。如不采取治理措施，黄河干支流大中城市所在的河段水质有可能全部劣于五类水质标准。

三、年经济损失上百亿

黄河流域水资源保护局组织专家，从工业危害损失、农业危害损失、水资源价值损失、城镇供水损失、市政额外投资、人体健康损失、水利工程损失等方面，对黄河水污染危害进行量化分析，得出的结论是黄河水污染每年造成的经济损失达 115～156 亿元。

工业污染是黄河水污染的“大头”，占全河废污水排放总量的73%，但水污染又反过来给工业经济造成巨大损失。据测算，黄河流域每年因水污染导致工业用水成本增高、产品质量下降而造成的损失约 23～32 亿元。由于黄河水污染严重影响沿河地下水质，西安某啤酒生产企业每年因产品质量下降而造成的损失占年产值的0.35%～0.45%。中原大化集团每年因污染而造成的用水处理费用增高和设备腐蚀损失最高占年产值的1%。

农业是黄河上的用水大户，目前沿黄地区引黄灌溉面积已发展到 1.1 亿亩，用水占黄河总用水量的90%。黄河水污染不但造成农作物品质下降，而且还使一些农田水利设施报废，给农业造成的损失每年最高已达33 亿元。

水污染对人体健康产生危害是多途径和多方面的，水中有毒物质不仅可以通过饮用、皮肤接触、蒸发后被人吸入，而且可以通过被污染的食品被人吸收。据初步测算，黄河流域内每年人体健康损失达 22～27 亿元。甘肃省靖远沿黄居民多年饮用未经处理的黄河水，各类疑难杂症逐年增多，许多人不到 20 岁就满头白发。山东黄河支流滂河边有个夏庄村，由于群众长期饮用被滂河污染的地下水，全村 1 450 人中，患癌症的达 100 多人。

专家指出，黄河水污染同时还带来水资源价值损失、城镇供水损失、水利工程损失，并增加了处理污水的市政额外投资，如果将这些损失累计在一起每年的总损失可达近 60 亿元。

四、“污染之痛”痛在经济结构

近年来，黄河污染问题已引起了国家的高度重视，但黄河治污总是陷入“治了又污”的怪圈。去年 9 月，国务院紧急实施第 8 次引黄济津，为了保证供水质量，由黄河流域水资源保护局牵头，组织山西、陕西、河南三省环保、水利部门编制了《引黄济津期间水污染控制预案》，在调水期间，山东位山引水闸水质一直保持在二、三类水的水平。可这一预案却随着引黄济津结束而约束力减弱，黄河水随即“变了颜色”。

与此同时，宁蒙河段污染也迅速回潮。目前，陕西潼关至宁夏石嘴山河段全部为劣五类水。3 月中旬，黄河流域水资源保护局对宁蒙河段下河沿至头道拐段 14 个重点排污企业进行抽调，结果没有一家企业实现达标排放。

专家指出，黄河流域工业结构一“重”二“小”，与水环境特点不相适应，使河道径流越来越小的黄河要接纳越来越多的工业污水。“重”主要表现在兰州、白银、包头、宝鸡、西安、咸阳等地重工业高度集中，超出环境容量。黄河最大支流渭河流域是陕西的工业基地，而渭河流域年污水排放量达 8 亿吨，占黄河流域排污总量的18%，目前，渭河已成为“关中下水道”，大部分河段失去自净能力。

“小”主要表现在黄河中游一些地区趁国家加强对淮河、太湖流域水污染治理，大量关停污染企业之机，低价买设备，上了许多“十五小”工业，接下了“污染接力棒”。这些小污染企业点多面广，治理难度很大。专家指出，如果要让黄河干流水质出现明显好转，污染排放量应在现有基础上削减40%以上。要实现这一目标，除了加强排污管理外，沿河地区还要大力发展高技术产业和绿色农业，实现“增产增效不增污”。

【资料来源】

——林嵬：《一本触目惊心的黄河污染账》，杭州网，2004年4月2日

【评述】

人与自然和谐相处是我们对经济社会发展道路经过深刻反思后得出的科学认识。它既是和谐社会的基本特征之一，也是构建和谐社会的基础。人与自然的关系标志着人类文明与自然演化的相互影响及其结果，人类的生存与发展依赖于自然，同时，人类的生活和生产活动又会影响到自然的状态、结构、功能及其演化。所以，人与自然的关系不仅是人类生存与发展的基础性关系，而且社会的全面发展也必须在人与自然的协调与和谐中得以实现。

【深度思考】

1. 怎样理解构建社会主义和谐社会一定要处理好人与环境的关系？
2. 作为当代大学生，应该为构建社会主义和谐社会作出什么努力与贡献？

第十二章　祖国完全统一的构想

【导言】

实现祖国的完全统一，是海内外中华儿女的共同心愿，是中华民族的根本利益，对实现国家繁荣富强和民族伟大复兴具有巨大的推动作用。实现祖国完全统一，为什么要实行“和平统一、一国两制”的基本方针？如何理解中国共产党实现祖国完全统一方针政策的一贯性和连续性？香港和澳门顺利回归祖国后，如何继续推进祖国统一大业，最终解决台湾问题？这些问题关系到维护国家主权和领土完整，关系到中华民族的根本利益。

【阅读材料一】

“一国两制”方针提出的始末

十一届三中全会后，中国政府出于对整个国家民族利益与前途的考虑，本着尊重历史、尊重现实、实事求是、照顾各方利益的原则，提出了“和平统一、一国两制”的方针。“一国两制”理论内容的丰富与完善大体上经历了三个阶段。

一、初步构想阶段（1978—1980 年）

“一国两制”构想最初萌芽于党的十一届三中全会前后。早在十一届三中全会召开前，邓小平就阐述了解决台湾问题要尊重台湾现实的思想。

1978 年 10 月 8 日，邓小平在会见日本文艺评论家江藤淳时就指出：“如果实现祖国统一，我们在台湾的政策将根据台湾的现实来处理。比如说，美国在台湾有大量的投资，日本在那里也有大量的投资，这就是现实，我们正视这个现实。”此次谈话透露出祖国统一后中国政府将从实际出发、尊重台湾现实和保护外国人投资的最初思考，这是邓小平同志涉及“一国两制”构想的最早谈话。

在同年 11 月会见缅甸总统吴奈温时，邓小平第一次明确谈到统一后台湾的某些制度和生活方式可以不动。他说：“在解决台湾问题时，我们会尊重台湾的现实。比如，台湾的某些制度可以不动，美日在台湾的投资可以不动，那边的生活方式可以不动。”

1978 年 12 月 24 日，中共中央十一届三中全会发表会议公报，指出：“随着中美关系正常化，我国神圣领土台湾回到祖国怀抱、实现祖国统一大业的前景已经进一步摆在我们面前。欢迎台湾同胞、港澳同胞、海外侨胞本着爱国一家的精神，共同为祖国统一和祖国的建设作出积极贡献。”

1979 年 1 月 1 日，中华人民共和国全国人民代表大会常务委员会发表《告台湾同胞书》，郑重宣告了中国政府和平解决台湾问题的大政方针，呼吁两岸就结束军事对峙状态进行商谈。表示在实现国家统一时，一定“尊重台湾现状和台湾各界人士的意见，采取合情合理的政策和办法”。就在同一天，邓小平在同美国参议员会面时也明确指出：“台湾的社会制度可以根据台湾的意志来决定。要改变可能要花一百年或一千年，我这样说的意思是指需要很长的时间。我们不会用强制的办法来改变这个社会。”这些重要谈话可以说是“一国两制”构想的最初萌芽。

1979 年 1 月 29 日至 2 月 5 日，邓小平访问了美国。出访前夕，他在会见美国时代出版公司总编辑多诺万时谈到了中国政府的对台政策构想。他说：“我们尊重台湾的现实，台湾当局作为一个地方政府拥有它自己的权力，就是它可以有自己一定的军队，同外国的贸易、商业关系可以继续，民间交往可以继续，现行的政策、现在的生活方式可以不变，但必须是在一个中国的条件下。这个问题可以长期来解决。中国的主体，也就是大陆，也会发生变化，也会发展。总的要求就是一条，一个中国，不是两个中国，爱国一家。”1 月 30日，正在美国访问的邓小平发表讲话指出：“至于用什么方式解决台湾回归祖国的问题，那是中国的内政，希望用和平方式解决台湾问题。”“只要台湾回归祖国，我们将尊重那里的现实和现行制度。”邓小平指出：“我们一方面尊重台湾的现实，另一方面，一定要使台湾回归祖国的怀抱；在尊重现实的情况下，我们要加快台湾回归祖国的速度。”他同时表示：“我们不用‘解放台湾’这个提法了。”

1979 年 12 月，邓小平在会见日本首相大平正芳时提出了广为传流的“三个不变”。他指出，实现统一祖国的目标，要从现实情况出发。统一后，“台湾的制度不变，生活方式不变，台湾与外国的民间关系不变，包括外国在台湾的投资、民间交往照旧”，“台湾作为一个地方政府，可以拥有自己的自卫力量、军事力量”。上述一系列谈话，成为“一国两制”构想形成的基本框架。

二、具体化阶段（1981—1983 年）

从 1981 年“叶九条”到 1983 年“邓六条”的发表标志着“一国两制”理论基本内容进一步具体化。

1.“叶九条”

1981 年 9 月 30 日，全国人大常委会委员长叶剑英发表了《关于台湾回归祖国实现和平统一的方针政策》的谈话，进一步阐明了关于台湾回归祖国，实现和平统一的 9 条方针政策（简称“叶九条”）。

（1）为了尽早结束中华民族陷于分裂的不幸局面，我们建议举行中国共产党和中国国民党两党对等谈判，实行第三次合作，共同完成祖国统一大业。双方可先派人接触，充分交换意见。

（2）海峡两岸各族人民迫切希望互通音讯、亲人团聚、开展贸易、增进了解。我们建议双方共同为通邮、通商、通航、探亲、旅游以及开展学术、文化、体育交流提供方便，达成有关协议。

（3）国家实现统一后，台湾可作为特别行政区，享有高度的自治权，并可保留军队。中央政府不干预台湾地方事务。

（4）台湾现行社会、经济制度不变，生活方式不变，同外国的经济、文化关系不变。私人财产、房屋、土地、企业所有权、合法继承权和外国投资不受侵犯。

（5）台湾当局和各界代表人士，可担任全国性政治机构的领导职务，参与国家管理。

（6）台湾地方财政遇有困难时，可由中央政府酌情补助。

（7）台湾各族人民、各界人士愿回祖国大陆定居者，保证妥善安排，不受歧视，来去自由。

（8）欢迎台湾工商界人士回祖国大陆投资，兴办各种经济事业，保证其合法权益和利润。

（9）统一祖国，人人有责。我们热诚欢迎台湾各族人民、各界人士、民众团体通过各种渠道、采取各种方式提供建议，共商国是。

“叶九条”已经包含了“一国两制”的基本内容。邓小平同志 1984 年 12 月会见英国首相撒切尔夫人时曾明确指出：“1981 年国庆前夕叶剑英委员长就台湾问题发表的 9 条声明，虽然没有概括为‘一国两制’，但实际上就是这个意思。”

2.“邓六条”

1982年1月10日，邓小平在接见来华访问的美国华人协会主席李耀基时说：“在实现国家统一的前提下，国家的主体实行社会主义制度，台湾实行资本主义制度。”在这次谈话中，邓小平第一次正式提出了“一个国家，两种制度”的概念。

1983年6月25日，邓小平同志在会见美国西东大学教授杨力宇时，又进一步阐述了实现台湾和祖国大陆和平统一的6条具体构想（简称“邓六条”）。

（1）台湾问题的核心是祖国统一。和平统一已成为国共两党的共同语言。

（2）制度可以不同，但在国际上代表中国的，只能是中华人民共和国。

（3）不赞成台湾“完全自治”的提法，“完全自治”就是“两个中国”，而不是一个中国。自治不能没有限度，不能损害统一的国家利益。

（4）祖国统一后，台湾特别行政区可以实行同大陆不同的制度，可以有其他省、市、自治区所没有而为自己所独有的某些权力。司法独立，终审权不须到北京。台湾还可以有自己的军队，只是不能构成对大陆的威胁。大陆不派人驻台，不仅军队不去，行政人员也不去。台湾的党、政、军等系统都由台湾自己来管。中央政府还要给台湾留出名额。

（5）和平统一不是大陆把台湾吃掉，当然也不能是台湾把大陆吃掉，所谓“三民主义统一中国”不现实。

（6）要实现统一，就要有个适当方式。建议举行两党平等会谈，实行国共第三次合作，而不提中央与地方谈判。双方达成协议后可以正式宣布，但万万不可让外国插手，那样只能意味着中国还未独立，后患无穷。

从“叶九条”到“邓六条”，“一国两制”科学构想的内容更加完备、明确和系统化，“一国两制”方针的大体框架基本形成。

三、正式确立阶段（1984年）

1984年，邓小平同志又先后提出了有关“一国两制”的许多重要思想，其中主要包括：

1.“一国两制”的主体是社会主义

在台港澳地区实行资本主义，是否会影响大陆的社会主义呢？对此，邓小平给予了明确回答。他指出：“‘一国两制’除了资本主义，还有社会主义，就是中国的主体、10亿人口的地区坚定不移地实行社会主义。……主体是很大的主体，社会主义是在10亿人口地区的社会主义，这是个前提，没有这个前提不行。在这个前提下，可以容许在自己身边，在小地区和小范围内实行资本主义。我们相信，在小范围内容许资本主义存在，更有利于发展社会主义。”

2. “一国两制”方针长期不变

针对部分人（包括外国人）担心中国“政策多变”的问题，邓小平多次阐明相关政策：“‘一个国家、两种制度’，我们已经讲了很多次了，全国人民代表大会已经通过了这个政策。有人担心这个政策会不会变，我说不会变。我们讲‘五十年’不变，不是随随便便、感情冲动而讲的，是考虑到中国的现实和发展的需要。”邓小平用“五十年不变”这一形象化的语言，强调了大陆坚定不移地落实“一国两制”政策的决心，同时也向全世界展示了中国将信守诺言的庄严承诺，这为推动“一国两制”的实施创造了必要条件。

3. 用“一国两制”的办法来解决中国的统一问题也是一种和平共处

邓小平同志创造性地把列宁提出的和平共处原则运用到解决国家统一问题上来。他认为：“根据中国自己的实践，我们提出‘一个国家、两种制度’的办法来解决中国的统一问题，这也是一种和平共处。”他指出：“和平共处的原则不仅在处理国际关系问题上，而且在一个国家处理自己内政问题上，也是一个好办法。”用处理国际关系问题的原则来解决国内特殊问题，这是邓小平对列宁和平共处原则的灵活运用和新发展。

1984 年 10 月，《瞭望》周刊发表《一个意义重大的构想——邓小平同志谈“一个国家，两种制度”》，对“一国两制”构想作了首次系统报道。这一报道可以被视为“一国两制”构想已基本确立的重要标志。

1985 年 3 月，第六届全国人大第三次会议正式把“一国两制”确定为中国的一项基本国策，至此，中国共产党和中国政府用“一国两制”解决台、港、澳问题，实现国家统一的基本方针正式确立。

【资料来源】

——中国网：中国 365（http://www.china.com.cn/aboutchina/zhuanti/zg365/2009-07/12/content_18114064.htm）

【评述】

“一国两制”构想创造性地发展了马克思主义的国家学说，是解决中国统一问题的新思路、新办法。香港、澳门实行“一国两制”的成功实践，对解决台湾问题具有重要的推动作用。

【深度思考】

1. 如何理解实现祖国完全统一是中华民族的根本利益？

2. 新形势下应该如何丰富和发展“一国两制”构想？

【阅读材料二】

香港回归后“马照跑，舞照跳”

地处闹市的跑马地，是港人的圣地。每到赛马日，香港万人空巷。跑马和跳舞、炒股一起，成为外界对香港市民生活的直观印象。马能不能照跑，牵动着无数港人的心。中央政府在回归前提出“马照跑，舞照跳，股照炒”，这给港人吃了一颗定心丸。

回归后，香港的跑马业因各种因素盛衰起伏不定。2008 年中国成功举办奥运会，香港作为奥运马术的分赛场，不仅实现了“马照跑”，还跑出了灿烂的未来。12 年来，香港虽历经风雨，但却背靠内地尤其是广东，不断开创新局面，“总算是欢笑多于唏嘘”，“用艰辛努力，写下那不朽香江名句”。

一、延伸

粤港澳大珠三角圈呼之欲出

回归前，想在香港马场找出一位内地客是很困难的事；如今，平均来港的 10 位游客中就有 8 位来自内地。马场全部工作人员都接受过专门的普通话培训，游客还能听到全程的普通话比赛评述。在跑马的呐喊声中，“自由行”已经渗透进香港社会的每一个角落。

如今，每天有 30 多万人次来往于深港两地，熙熙攘攘中，跳动的是粤港高度活跃且日益紧密的全天候合作的强大脉搏。

粤港澳"1小时生活圈"不是梦

1997年8月6日，"97广东高新技术项目洽谈会"在香港展览中心开幕。这是香港回归祖国后，内地省份在当地举办的首次招商活动。为期3天的洽谈会所签订的合同总投资额达42.66亿美元。

这只是一个开端。

香港与广东的"同文同种、同声同气"关系，使香港回归后，粤港的联系从回归前的运送内地供港鲜活食品的"三趟列车"，一跃而成全天候式的紧密合作。其中的标志性事件是1998年粤港合作联席会议制度的建立。

1997年，广东对香港的出口贸易额达291.85亿美元；今年1—5月，广东对香港出口392亿美元。工业合作在原来"前店后厂"模式的基础上，又拓展了利用香港的资金、技术、管理经验改造广东国有企业的合作新空间。

在基础设施方面，1979年广九线恢复通车时，每天只有1班车来往于穗港，且需要5个小时，如今，大珠三角各地的距离已被高速发展的交通设施拉近。而随着港珠澳大桥、广深港高速铁路等重点项目动工在即，广东、香港、澳门的距离将被拉得更近，大珠三角地区实现"1小时生活圈"已经不再是梦想。

在今年8月举行的粤港合作联席会议第十二次会议上，粤港双方共同签署了8项合作协议。会上，曾荫权更是形象地把粤港合作比喻为"跳探戈"。他说："对内、对外，粤港双方都是同一阵线、共同并进，双方都是很合拍的，就像跳探戈一样，双方前行或后退，都是互让互利。香港方面将会全力以赴，全力配合，实现双赢和共同发展。"

CEPA签署港人掀起普通话热

今年27岁的Elsa每周都要坐30多分钟的地铁"上堂"去学普通话，作为一名"莎莎"连锁店的导购小姐，她十分清楚每10个到港的内地游客就有4个会到莎莎购物。只有学好普通话，甚至掌握外国牌子的普通话"翻译"，才能卖出更多货。

普通话的民间培训旋风是从2003年开始刮起的。那一年，香港失业率高企，GDP下降，加上SARS肆虐，不少人都失去了信心。带着国家的关怀，国务院总理温家宝来到香港，并见证了商务部代表中央政府和香港特别行政区政府签署"关于建立更紧密经贸关系的安排"的协议，也就是人们现在常挂嘴边的"CEPA"。

在这份"大礼"下，香港的专业服务机构，从设计中心、会计师事务所、便利店，到现在的港医门诊部、港资福利院……逐渐走进了珠三角，并辐射到内地的生活圈中；而内地所捎去的人流、物流，更是让曾经失去信心的香港人走出了阴霾，变得坚强而自信。

今年年初，国家发改委公布《珠三角地区改革发展规划纲要（2008—2020年）》（以下简称“《规划纳要》”），粤港合作被提升到国家战略的新层次。在全球经济前景不明朗、以外向型经济为主体的粤港澳三地遭遇空前挑战的严峻时刻，《规划纲要》不仅为粤港澳合作开创了新的机遇，还为粤港澳三地间的经济融合步伐画出了迄今为止最清晰的“路线图”。

随着CEPA及服务业开放在广东先行先试政策措施配套实施细则的制定和落实，把包括粤港澳在内的大珠三角圈打造成为有世界级竞争力经济区的目标指日可待。

对话“一国两制”：跨时代的伟大构思

梁爱诗，1997年7月1日出任香港特别行政区首任律政司司长，任职8年，见证了“一国两制”在港实践的伟大成功。

记者（以下简称“记”）：当时有香港人并不理解“一国两制”，总认为好像不大可能实施，还会觉得《基本法》是对香港法治的干预。

梁爱诗（以下简称“梁”）：1982年，邓小平先生首次提出“一国两制”的方针，通过“一个国家”实现主权的回归；而“两种制度”则容许香港原有的各种制度和生活不变。

但“一国两制”如何解决历史遗留下来的问题？如何有助于维持香港繁荣与稳定？西方社会、本港市民都禁不住会对这些方面产生疑惑。所以，在过渡时期，为了让市民明白什么是“一国两制”，我们一直强调：除国防和外交是中央管以外，其余一切由香港自己管，“马照跑，舞照跳”。但这过于简化了整个制度。事实上，香港回归最大的改变是主权的移交。《基本法》制定的目的，就是在国家对香港恢复行使主权时，它的基本政策方针能够得以阐明。“主权”二字，除了在序言外，没有在《基本法》的条文中出现，因此常常被遗忘，但是，《基本法》的不少条文便是主权的体现。

由此可见，“一国两制”是跨越时代的伟大构想，不但维持了原有制度和生活方式不变，照顾历史遗留下来的体制差异，还容许香港在新宪制下继续发展，特区既与国家一体，亦有它独自的角色。WTO“一国四会籍”令香港得以从更紧密经贸关系的安排（CEPA）中受惠，就是很好的例子。

记：香港回归后曾先后3次进行释法，有人认为，多次释法事件已对香港的法治造成冲击。

梁：我不认同这样的说法。全国人大常委会对《基本法》的解释权力，已分别在中国宪法及《基本法》的第158条中载列。社会起初对全国人大常委会拥有的权力有些误解，认为只可由法院提出要求作出解释，但其实如果人大按照《基本法》及其程序作出法律解释，法院不能对此作出质疑，亦不存在“不合宪、不合法、不应行使权力”的批评。

回归之前，许多人预言香港人将会在共产党统治下失去言论、新闻、学术、信仰、游行示威、集会结社、旅行、职业、生育等自由。回归以后，这些悲观的预测都一项接一项地落空。香港居民能够享有这些权利，绝非偶然，《基本法》第三章（第24～42条）清晰地列出这些权利，居民所享有的自由和权利，比回归以前还多。国际社群都承认：香港是亚洲最自由的城市之一，而我们的人权状况，比有些高举人权旗帜的国家还要好。

二、解密

小平铁面“辟谣”平息驻军争议

1997年6月30日，雨一直下。

仿佛是为了给这个历史重大节点留下深刻一笔，彼时，全世界注目中的港岛包裹在电闪雷鸣中。各种心绪也在倾盆大雨中交织，其中有浓郁的离愁，有不再迷茫的欢欣，有重新回家的雀跃，也有对未来的未知与忐忑。

但不管怎样，150多年的殖民历史是要结束了，香港回家的脚步，越来越近，越来越急，不能再多等1秒钟了。

中方坚持在香港驻军

历时2年、进行了22轮的中英谈判于1983年7月正式开始。英方采取“拖字诀”，在前4轮谈判中，坚持1997年后英国继续管治香港的立场，大造“以主权换治权”舆论，使会谈陷入僵局。

睿智的邓小平再次出面。

他会见了来访的英国前首相希思，指明英国想用主权换取治权是行不通的。中国要的是完整的主权，治权是主权的具体体现。“没有治权，算什么主权？治权可以交给港人，但不是英国人，不然就不是‘一国两制’，而变成‘两国两制’了。”邓小平请希思劝告英方改变态度，“以免出现到1984年9月中国不得不单方面公布解决香港问题方针政策的局面”。

1983 年 10 月，撒切尔夫人迅即回信，提出双方可在中国建议的基础上谈判。于是，第 5、第 6 轮会谈中，英方不再坚持英国管治，也不谋求任何形式的共管。

想不到，谈判的最大障碍消除了，驻军问题又起了争议。

1984 年 4 月，时为英国外交大臣的杰弗里·豪访问中国，邓小平在接见他时斩钉截铁地说：“中国有权在香港驻军，中国一定要在香港驻军。”但香港某媒体在 5 月的一篇报道中却说，中国将不在香港驻军。

中英谈判中方代表团团长、新华社香港分社原社长周南后来回忆，5 月 25 日，邓小平会见了港澳地区的全国人大代表和全国政协委员，他特意把香港记者都留了下来，发表了一篇言辞激烈的“辟谣”讲话。他说：“为什么英国在香港实行殖民统治的时期可以驻军，回归后成为中国自己的领土了，中国反而没有权驻军，天下有这样的道理吗?”

小平一发火，英国人才不敢再提了。

小平妙解“50 年不变”

“一国两制”、“港人治港”、“高度自治”、“马照跑，舞照跳”等现在耳熟能详的词，在回归的过程中却是“极为新鲜”的。这些词都经过了大量的调查研究，都是有出处的。

尤其是一些具体到对香港局势能否稳定得下来的字眼，邓小平更是事无巨细，反复推敲。

“举一个例子，我们说 1997 年以后我们要以法律来保护外资在香港的利益，他看了这一条，说这个不够，为了使英国人放心，你们首先要突出英国。所以，我们后来是这么写的，那就是‘我们要以法律保护大不列颠王国和其他外国资本在香港的利益’，特别强调了英国。”国务院港澳办原主任鲁平后来回忆道。这个例子很具体，而且的确很起作用，因为毕竟英国人的大量利益在香港，只要把英国商人的这些公司稳定下来，整个香港的形势就会稳定。

此外，在“十二条”以及《香港基本法》里都规定，1997 年以后，香港的社会制度——资本主义制度保持 50 年不变，也有段“故事”。鲁平回忆，原来的写法是这个资本主义制度在香港长期不变。后来，小平同志说：“你光讲长期香港人还是不放心，什么叫长期? 1 年也是长期，2 年也是长期，5 年也是长期，20 年也是长期，我们干脆定它半个世纪、50 年吧，这样香港人就放心了。”后来，他又加了，“就是到了 50 年，如果‘一国两制’这个制度，通过实践证明了对香港是有利的，50 年以后也可以不变的，保持香港的资本主义制度”。

据称，1982 年 11 月 20 日，国务院港澳办原主任、时任全国人大常委会副委员长的廖承志在北京接见了香港厂商联合会参观访问团。他在阐明中国政府未来的香港政策时，提到回归后港人还可以“马照跑，舞照跳”。此事在港人中广为传扬，并加上“股照炒”一句，成为资本主义生活方式 50 年不变的生动写照。

交接仪式争夺“1 秒钟”

1997 年 7 月 1 日 0 时 0 分 0 秒，指挥棒准时起拍，《义勇军进行曲》响彻维多利亚港。“听到国歌奏起的时候，我的心情是一种莫名的兴奋，是一种从没有过的感觉。”这是很多香港人当时的心情，有的人甚至禁不住眼泪纵流，但这“0 时 0 分 0 秒”来之不易，却鲜为人知。

为了确保“我们的国旗在 7 月 1 日的 0 时 0 分 0 秒，1 秒都不差地准时升起”，中英交接仪式谈判大约进行了 10 次。一开始英方说，英中关于香港回归的协议上，只说 1997 年 7 月 1 日香港主权回归中国，并没有规定几分几秒的具体时间。而中方则据理力争，说 7 月 1 日就是从 0 时 0 分 0 秒开始的。最后，英方只同意在 6 月 30 日 23 时 59 分 59 秒将英国国旗降下。但这样的话，给中方准备升旗的时间只有 1 秒钟！国旗升起同国歌奏响应同步，而我国军乐团指挥的指挥棒抬起就需要 2 秒。

中国人民解放军军乐团指挥于建芳回忆说：“我们的态度很坚决，必须在 1997 年 7 月 1 日 0 时 0 分 0 秒准时奏响中国国歌。我们已经等了 100 多年了，1 秒钟都不能再等了。”若英方故意拖延时间，也要准时奏响国歌，即便是两国国歌音乐重叠也在所不惜。

结果，6 月 30 日正式交接时，英方非但没有拖延时间，反而加快了英国国歌的演奏速度，而使时间提早了。于建芳说：“那是令人窒息的 10 多秒的空白，全场一片肃穆。”但一切按原计划走，在 23 时 59 分 58 秒半的时候，他果断地举起指挥棒。国歌声中，五星红旗和香港特别行政区区旗冉冉升起。

三、观察

马照跑：香港的变与不变

香港的跑马业已经经营了 150 多年。位于闹市中的跑马地（英文名为 Happy Valley），总有形形色色的人进出。每年 9 月到次年 6 月是香港跑马业的赛季，一到每周的两个赛马日，场内外平均有超过百万人参与，跟过节一样。全球五大洲超过10亿人口，通过20多家电视台的转播，也在同一时间将目光集中到香港。

马能不能照跑，折射出回归后香港的变与不变。

1996年7月1日，香港赛马会将沿用多年的“英皇御准香港赛马会”改为“香港赛马会”，去除了名称上的殖民色彩。一年后，香港的赛马场响起了《义勇军进行曲》。

由于地下赌博兴盛，回归后的香港跑马业陷入了低谷，港府果断采取措施，推出合法足球博彩服务，改革了博彩税制，才止住了颓势。

事实上，从2004年9月2日，香港奥委会主席霍震霆赴京陈情，为香港争取奥运马术比赛协办权的那一刻开始，港人对跑马的兴趣就已重新燃起。特别是，2005年7月8日，国际马联决定将北京奥运会和残奥会马术比赛移师香港消息传出，港人的注意力和自豪感已经完全被“赛马”点燃。

的确，回归以来，“马照跑”成了香港生活方式维持不变的最佳写照。香港赛马会一年给特区政府上缴的税款达120亿港元左右，约占总税收的10%。

从事金融行业的陈氏兄弟把自己的马命名为“红旗”。他笑着说，回归前大家都很紧张，不知道会怎么样，回归后，很多人都放心了，现在“转入直道”了，大家又开始拼命搏杀，要向共同繁荣的目标进取。那些动人心魄的数字背后，跳动闪烁的不仅是香港的跑马，更是“一国两制”创举的智慧。

香港地，有多大？香港人，有多快活？一年比一年热闹的跑马就是答案。

【资料来源】

——谢苗枫：《南方日报》A08版，2009年8月31日

【评述】

香港回归以来，各方面的状况令人乐观。尽管经历了一次又一次的挑战，但均渡过了难关，“一国两制”在香港经受住了考验，并且在实践中不断得到完善与发展。

【深度思考】

1. 香港回归后能继续保持繁荣，这说明了什么？

2. “一国两制”在香港的成功实践为解决台湾问题提供了哪些借鉴？

【阅读材料三】

澳门回归祖国10周年

——不变的情怀：爱国爱澳

2000年10月1日是澳门回归祖国后的第一个国庆节，金莲花广场举行了落成后的首次升旗仪式。此后，每天清晨8时，仪仗队都会准时在这里将国旗和区旗高高升起。

国旗、区旗下的澳门，一派繁荣，一派祥和。在这个城市，爱国和爱澳已是不可分割的情怀，并已成为了社会的核心价值。

一、爱国传统，源远流长

在澳门闹市区的莲峰庙旁，有一座林则徐纪念馆，向人们讲述着170年前林则徐巡阅澳门的往事。

“苟利国家生死以，岂因祸福避趋之。”林则徐纪念馆主席龚树根说，林则徐的爱国主义精神感召着一代代澳门人，自1997年建馆以来，作为爱国主义教育基地之一，纪念馆共接待各界人士约26万人次。

“澳门人爱国的光荣传统，源远流长。”澳门中华教育会副会长刘羡冰说。

在抗战中，澳门进步华人与华人团体纷纷开展各种行动，响应祖国的号召，参与抗日救亡的各种活动，包括捐献筹款、派粥赠衣、开办义学等。澳门50多个社团联合成立“澳门学术界、音乐界、体育界、戏剧界救灾会”（简称“四界救灾会”），组织百人下乡宣传，以唤起民众，齐心救国。

1938年10月，广州陷落，大批难民涌入澳门。1941年12月，香港被日军占领，澳门人口由战前的15万人激增至高峰时的45万人，其中大部分进入澳门的人属于贫苦无依的逃难者。面对祖国灾难和困栖澳门的难民，澳门民间社团伸出了大爱之手，他们或义卖、义演劝募征集钱物，或收容难民施粥派衣……

刘羡冰说，澳门人在抗日战争的年代里与祖国人民心心相连，在这场伟大的世界性反法西斯的正义战争和伟大的民族解放斗争中，澳门人做了自己应该做的事，尽了自己应尽的责任，无愧于国家民族，也为下一代树立了榜样，留下了光辉的史迹。

在澳门发展的历史长河中，产生了数量庞大的社团，构成了澳门社会的显著特征。翻阅这些澳门社团的章程，爱国爱澳的主题跃然眼前：

《澳门市贩互助会章程》的宗旨明定：“团结小贩行友，爱祖国，爱澳门。”

澳门妇女联合会章程写着：“本会以增进澳门妇女爱国爱澳、团结、关心社会、服务社会、办好妇女儿童福利事业及维护妇女合法权益为宗旨。”

澳门工会联合总会的会歌中唱道：“爱国旗帜高高举起，团结维权立场坚。”

……

长期从事澳门社团研究的澳门理工学院副教授娄胜华认为，澳门的华人社团具有爱国传统，长期的澳葡统治不但没有湮灭华人社团的爱国意志，反而使自觉关心祖国与民族的前途命运成为澳门社团共同的行动特征。

1987 年 4 月，中葡两国签署关于澳门问题的联合声明，澳门进入回归祖国的过渡时期，澳门民众的爱国热情因此得到空前释放：参与基本法的起草、咨询与宣传；参加澳门特别行政区的筹备；迎接与庆祝澳门回归。

从一名中学教师有幸成为全国人大常委会澳门基本法委员会委员的李沛霖感叹说：“这几十年来能尽心尽力做些事，父亲对我的影响是非常深刻的。”1950 年，作为新马路上一家百货公司职员的李沛霖的父亲，曾与其他店员一道，排除万难，坚定地升起了一面五星红旗。李沛霖说，澳门“爱国爱澳”的传统如此坚实，是和“爱国爱澳”的老前辈们的言传身教分不开的。

二、家国情深，风雨同舟

“澳门回归后社会环境更为宽松、兼容，‘一国两制’、‘爱国爱澳’、求同存异、互利共赢等社会核心价值，开始生根壮大。”澳门理工学院“一国两制”研究中心主任杨允中说。2009 年 5 月，由杨允中所在的研究中心进行的民意调查结果显示，接近 50% 的受访者认为爱国爱澳是现阶段澳门社会的核心价值。

澳门特区行政长官何厚铧不无自豪地说，澳门本身的爱国基础在历史上是比较好的。回归以后，澳门人对国家的感情从各方面大大增强。正是因为澳门广大居民对国家的感情有一个非常深厚的基础，所以，才会坚定不移地支持特区政府依法施政，更好地实施“一国两制”方针。

2009 年 2 月 25 日，经过澳门特区立法会的细则性讨论和表决，《维护国家安全法》获高票通过，并于 3 月 3 日起生效。

澳门特区积极履行《基本法》赋予的宪制责任和神圣义务，弥补立法空白，全面承担起维护国家安全的职责。广大澳门市民在立法过程中所凝聚和展现出来的爱国爱澳情怀，成为特区持续团结进步的重要精神财富。

与祖国风雨同舟、携手同行，在过去的10年中，成为澳门特区政府、社会各界最大的共识。他们满腔热忱地和全国人民一道为奥运的成功举办，为“神舟”飞船的成功发射摇旗呐喊；当汶川地震以及各种冰雪、洪涝、干旱灾难袭来的时候，他们全情投入，向受灾同胞伸出援手。据统计，截至2009年11月19日，澳门特区援助四川地震灾区重建项目已达95个，共计40.7亿元人民币。

为庆祝新中国60华诞和澳门特区成立10周年，澳门基金会推出了名为“家国情怀”的社团、学校庆祝活动计划，获得社会各界热烈响应，563个社团、学校递交了活动津贴申请表，近40万人次的市民报名参加相关社团、学校组织的1 639项“双庆”活动。

三、爱国爱澳，薪火相传

“经过多年来的推动，澳门居民对《基本法》及爱国爱澳的意识不断加深。”澳门《基本法》推广协会理事长崔世昌说。

澳门回归10年来，作为民间团体的《基本法》推广协会积极配合特区政府履行宣传推广《基本法》的责任和义务，持续地与法务局、民政总署和教青局合作举办一系列座谈会、培训班，并在内地13个省市举办了“历史的跨越”图片展览。

“澳门推行爱国教育行之有效，与新中国成立前后一批爱国学校与团体在澳门扎根有深厚渊源。”李沛霖说。回归后，澳门与国家关系更趋紧密，每间学校均将爱国教育视为培育学生完美人格、推行品德教育的重要组成部分。

2006年，澳门特区政府修订了《非高等教育制度纲要法》，将“爱国爱澳”、培养对国家和澳门的责任感确定为教育总目标，从立法角度将民间的自觉行动转化为法律订立要求。

澳门培正中学具有120年的办学历史。校长高锦辉告诉记者，特区成立后，学校集中资源，更彻底地推行“爱国爱澳”教育。他说，过去10年，祖国大事不断，特区政府把握时机，大力推动多项爱国教育活动，如邀请国家航天员来澳，并与学生座谈，增强了学生作为中国人的自豪感，学生的爱国情怀不断高涨。

澳门特区政府教青局德育中心主任梁雪恩介绍说，回归以来教青局重点推动了全澳学界升旗仪式、促进学校爱国爱澳教育资助计划等9项爱国爱澳教育的工作项目和支援计划。

已推出两年的“国防教育营”吸引了来自26所学校逾5 600名学生参加。参加了今年暑期“国防教育营”的学生黄婧怡说，10天艰苦而充满乐趣的集体生活，是她生命中难忘的回忆。“我们的意志得到了锻炼，我们会用在这里培养的性格、品质来应对未来的挑战，不辜负祖国和社会的殷切期望。”

正如澳门培正中学初三学生廖蔼妍在一篇题为“家国情”的作文中所写的：“祖国日益富强，澳门日益繁荣。繁荣的小城，依然安宁、和平。能生长在如斯的小城，是一种幸福。亲爱的祖国啊！我相信，在您强壮有力的臂膀下，澳门，生我育我的地方，将会安享每一个十年!”

四、澳门回归以来高等教育学生人数增长近3倍

澳门高等教育辅助办公室表示，澳门回归祖国10年来，接受高等教育的学生人数由1999年的约8 500人增至今年的逾3.2万人，澳门高等教育已进入大众化阶段。

高等教育辅助办公室提供的资料显示，澳门回归以来，高校数目增至10所。适龄人口的毛入学率逐年上升，高等教育已由精英阶段进入大众化阶段，并向普及化阶段迈进。

师资力量方面，澳门高等院校教学人员由1999—2000学年的783人增至2008—2009学年的1 951人。特区政府支持各院校延聘海内外资深教授到澳门任教，并鼓励本地教学人员深造。

10年来，各院校致力于完善办学设施，部分院校还建立了专门研究所或实验室。同时，各院校与国际知名大学签署学术交流、交换生、合办课程及科研合作等协议。随着教学质量的日渐提高，部分院校的课程在国际上获得肯定。

高等教育辅助办公室表示，澳门回归后，各院校开办的不同层次高教课程大幅增加，还开办各类文凭和证书课程以及职业技能培训。为鼓励市民升读高等教育课程，自2000年起，高等教育辅助办公室提供升学辅导服务，多次举办大型高教联展及升学讲座等。

【资料来源】

——中央政府门户网站（http://www.gov.cn/jrzg/2009-12/07/content_1481878.htm）

【评述】

澳门回归祖国是“一国两制”伟大构想在澳门有效的实践，是“澳人治澳”、高度自治切切实实的落实。回归后，内地与澳门合作深化、互利共赢。今天的澳门，经济繁荣、民生改善、民主发展、社会全面进步。

【深度思考】

1. 澳门资源有限、人力有限、土地有限，为什么能在回归后的短短十几年间取得显

著成绩？

2. 新时期如何继续保持澳门良性发展态势？

【阅读材料四】

“九二共识”

“九二共识”是指1992年11月大陆的两岸关系协会与台湾的海峡交流基金会就解决两会事务性商谈中如何表明坚持一个中国原则的态度问题所达成的以口头方式表达的“海峡两岸均坚持一个中国原则”的共识。

一、起因

自1949年国民党当局逃台后，海峡两岸真正意义上的第一次接触谈判是在1986年5月。这是一起因偶发事件而引发的两岸谈判，台湾当局是在极不情愿的情况下被拉上了谈判桌的。1986年5月3日下午3时10分，一架编号“B-198”的台湾“中华航空公司”（以下简称“华航”）波音747货机，在飞越原定降落的香港启德机场后，突然偏离航线，朝北飞行，稍后降落在广州白云机场，机长王锡爵要求在祖国大陆定居，同行的另两名机械师要求回台，机上共有货物22万磅。事件发生当天，中国民航立即致电台湾“华航”，请其尽快派人到北京商谈有关飞机、货物和机组其他成员的处理问题。

面对这一突发事件，台湾当局立即陷入进退两难的境地。按照“三不政策”，台湾当局不能与中共谈判，但不谈判又解决不了问题。经过权衡利弊，为避免给外界造成国共两党在进行谈判的印象，蒋经国最后决定在坚持“三不政策”的前提下，委托第三者香港国泰航空公司全权代表“华航”与中国民航协商解决人机交接事宜。蒋经国还指示“华航”依国际惯例解决善后工作。这一不合时宜、多此一举的决定自然遭到祖国大陆的反对。祖国大陆方面认为，这纯属两个航空公司之间的业务性商谈，并不涉及政治问题。既然是交接，就应当由当事双方直接地、负责地办妥交接事宜，以确保飞机和愿回台湾的另两名机组人员安全返回台湾。中国民航再次致电“华航”，催其尽快作出答复，并提出如果台湾方面认为到北京不方便的话，也可到他们认为方便的地方协商。

在经过两个星期的交涉后，1986 年 5 月 17—20 日，“华航”和中国航空公司各派出 3 名代表，在香港进行了为期 4 天的历史性商谈，就交接货机、机组人员和货物事宜达成协议，并签署了“两航会谈纪要”。

这次商谈是两岸在隔绝 37 年后由官方在背后主导下的第一次公开接触谈判，它的成功举行，打破了台湾当局长期营造的“恐共”心理，使台湾民众认识到，共产党并不像当局宣传的那样可怕，两岸是可以通过谈判解决问题的。同时，这次谈判的成功也为两岸解决纠纷创造了一种“华航模式”。其原则是：地位平等、友好协商；就事论事，合情合理；互相尊重、彼此谅解；多从对方考量，不作题外文章。“两航谈判”的成功在海内外引起了巨大反响。美国舆论称之为国共两党的“首次正式接触”、“首次直接会谈”；日本《东京新闻》发表评论称此次事件是海峡两岸关系“一举向前发展的划时代事件”；香港报纸则称“两航谈判就其影响而言，显然具有高度的政治含义，说它是历史性的重大事件决不为过”，“它标志着国共两党及两岸关系的一个新起点”。

二、两会相继成立

鉴于僵化的“三不政策”，台湾当局无法与祖国大陆进行正式的接触与谈判。1990 年 11 月 21 日，为应付两岸关系发展的需要以及推行有限的大陆政策，台湾当局成立了“财团法人海峡交流基金会”（简称“海基会”），并于 1991 年 3 月 9 日正式挂牌工作。这是以民间团体身份出现的半官方机构，直属于“行政院大陆委员会”（以下简称“陆委会”），任务是接受“陆委会”的委托，办理台湾当局“不便与不能出面的两岸事务”，人称“‘陆委会’手套”。海基会的首任董事长为国民党中常委、台水泥业巨富辜振甫，副董事长兼秘书长为陈长文、副秘书长为陈荣杰。海基会成立时的定位是“协调处理台湾地区与大陆地区人民往来有关事务，以保障两地人民权益为宗旨，不以营利为目的”。

1991 年 12 月 16 日，大陆社会团体法人性质的民间团体“海峡两岸关系协会”（简称“海协会”）在北京成立。它以促进海峡两岸交往，发展两岸关系，实现祖国和平统一为宗旨。汪道涵被选举为海协会首任会长，唐树备为常务副会长，秘书长为邹哲开。海协会成立后的工作重点主要有四项：①逐步建立和发展与台湾岛内外民间团体、人士的联系与相互合作，发挥民间力量，共同促进两岸的直接“三通”和双向交流。根据国台办的授权，协会将负责与台湾海峡交流基金会有关团体进行联系，处理相关问题。②就合作打击台湾海峡海上走私、抢劫等问题与台湾授权团体海基会具体商谈。③协会如受到委托，也将协同有关方面与台湾授权团体或人士就处理台湾海峡海上渔事纠纷和违反有关规定进入对方地区之居民及相关问题进行商谈。④协会将积极为台湾岛内外各团体、各界人士提供有关祖国大陆投资、贸易和其他交流活动的政策、法规等咨询和服务。同时，也积极向祖国大陆有关方面和地方提供对台文化、学术、体育、科技交流等咨询。

两会成立后，充分发挥了沟通化解的桥梁作用。一年内，合作处理了各类突发事件24起，包括渔事纠纷6起、台军驱逐大陆渔民伤亡事件10起，刑事案件8起，建立起了相当良好的协调关系。从1992年3月到1995年6月，两会进行了包括第一次“汪辜会谈”在内的各种层级的商谈共17次。

三、“九二共识”确立

两会在就两岸交流中出现的问题进行接触与商谈后发现，虽然双方商谈的是事务性问题，但要顺利地解决问题，一个重要的事实必须首先明确：两岸间的事务性问题是一个国家内的事情。这就涉及一个中国原则的问题。

1991年4月8日，陈长文首次访问大陆时，国务院台湾事务办公室副主任唐树备授权提出了处理海峡两岸交往中所遇到的具体问题应遵循的5条原则，其中的第2条是“在处理两岸交往事务中，应坚持一个中国原则，反对任何形式的‘两个中国’、‘一中一台’，也反对‘一国两府’以及其他类似的主张和行为”。1992年3月22日，两会在北京就“海峡两岸公证文书使用”和“海峡两岸开办挂号函件的查询、补偿”两项议题进行了首次事务性商谈，双方出现若干分歧，并没有达成协议，而分歧的症结就是一个中国原则的问题。大陆方面坚持一个中国原则，坚持两会商谈的事务性问题为一个国家内部的事情。台湾方面虽然表示坚持一个中国政策，但为谋求所谓“对等政治实体”的地位，强调双方在一个中国含义上的分歧，提出用“各说各话”的方式说明一个中国的含义。

3月30日，唐树备在记者会上指出，“由于现在两岸没有统一，所以，首先应明确我们商谈的或要解决的是一个国家内的事情。众所周知，国共两党都认为只有‘一个中国’，台湾方面通过的有关统一的文件也承认只有‘一个中国’。‘一个中国’既然是双方的共识，为何双方不能本着这个原则来处理两岸事务性问题呢？两岸没有统一，但我们是一个国家，这个原则是坚定不移的，至于用什么形式来表达这么一个原则，我们愿意讨论”。

8月1日，台“国家统一委员会”（以下简称“国统会”）通过所谓“关于一个中国的含义”的政策文件。该文件有关一个中国含义的叙述是：“海峡两岸均坚持一个中国之原则，但双方所赋予之含义有所不同，中共当局认为‘一个中国’即为中华人民共和国，将来统一后，台湾将成为其管辖下的一个特别行政区。我方则认为’一个中国‘应指1912年成立迄今之中华民国，其主权及于整个中国，但目前之治权，则仅及于台澎金马。台湾固为中国之一部分，但大陆亦为中国之一部分。”海协会负责人随即对“国统会”的决议文作出回应，并指出“它表明在两岸事务性商谈中应坚持一个中国原则已成为海峡两岸的共识，对海峡两岸事务性商谈具有十分重要的意义。当然，我们不同意台湾有关方面对一个中国含义的理解”。该负责人也重申，“在事务性商谈中，只要表明坚持一个中国原则的基本态度，可以不讨论一个中国的含义”。

1992 年 10 月 28—30 日，两会在香港举行商谈，集中讨论两岸事务性商谈中如何表述坚持一个中国原则的问题。在商谈中，海协会提出了 5 种文字表述，海基会先后提出了 5 种文字表述方案和 3 种口头表述方案。其中最后一种口头表述方案的内容为：“在海峡两岸共同努力谋求国家统一的过程中，双方虽均坚持一个中国的原则，但对于一个中国的含义，认知各有不同。”双方表述文字都包含坚持一个中国原则的内容，但因文字表述有歧义，以致会谈结束后两会仍没有达成协议。

11 月 3 日，海基会正式致函海协会，建议“以口头声明方式表述一个中国原则”。海协会 16 日正式回函通知海基会，海协会的口头表述要点是：“海峡两岸都坚持一个中国的原则，努力谋求国家的统一。但在海峡两岸事务性商谈中，不涉及‘一个中国’的政治含义。”该函还附上海基会增列的第三项口头表述文字。12 月 3 日，海基会函覆海协会，对达成共识未表示异议。从以上两会来往的信函中可以看出，双方的共识是“海峡两岸均坚持一个中国原则，努力谋求国家的统一”（简称“九二共识”）。

“海峡两岸均坚持一个中国原则”的“九二共识”确立后，从原则上排除了事务商谈中的主要障碍，使双方很快就“海峡两岸公证书使用”和“海峡两岸挂号函件遗失查询及补偿”问题达成协议，并为 1993 年的第一次“汪辜会谈”铺平了道路。

四、第一次“汪辜会谈”

1993 年 4 月 27—30 日，在“九二共识”的基础上，在祖国大陆一年多来的积极推动下，海协会会长汪道涵与海基会董事长辜振甫，在新加坡正式举行第一次“汪辜会谈”。这是海峡两岸高层人士在长期隔绝之后的首度正式接触，是两岸走向和解的历史性突破，是两岸关系发展的“重要里程碑”。在两天的会谈中，双方就两会会务、两岸经济交流、科技文化交流三项议题进行了广泛讨论。会谈达成了四项协议，包括《汪辜会谈共同协议》、《两会联系与会谈制度协议》、《两岸公证书使用查证协议》和《两岸挂号函件查询、补偿事宜协议》。

“汪辜会谈”对发展两岸关系，扩大两岸经贸、科技合作和人员往来，以及促进各项交流产生了积极的作用。一是为两岸的良性互动奠定了良好的基础，也为两岸今后协调和处理有关事务“树立了一个可资依循的模式”。它表明两岸完全可以在政治原则、立场、目标取向差异甚大的情况下，通过坦诚、务实的接触与协商，本着“求同存异、平等协商”的原则坐下来谈，找到双方的共同利益，增进互信。二是会谈的具体成果直接推动了两岸经贸、文化交流的进一步发展。当年，台对大陆转口贸易额便从1992年的74亿美元一举跃升到170亿美元的新纪录；台湾跃居大陆吸收外部投资的第二位；间接投资金额较上年增约1倍，且台湾大企业大财团开始成为投资大陆的主要角色。两岸文化、科技方面的交往则呈现出“层次高、范围规模扩大、内容深化、方式多样化”的新特点。

“汪辜会谈”获得成功，得到两岸同胞的高度评价。江泽民总书记指出：“汪辜会谈是成功的，是有成果的。它标志着海峡两岸关系发展迈出了历史性的重要一步。”

五、大陆积极推动第二次“汪辜会谈”

第一次“汪辜会谈”是两岸高层人士的首度正式接触，实现了两岸关系发展进程中的阶段性突破，标志着海峡两岸关系发展迈出了历史性的重要一步。然而，事与愿违，台湾当局同意举行“汪辜会谈”的本意，并非是要促使两岸关系朝统一方向健康发展，而是想借机凸显所谓的“对等政治实体”地位，并试图以发展两岸关系为“筹码”，换取祖国大陆承认台湾为“对等政治实体”。“汪辜会谈”结束后，台湾当局再次声称“两岸关系仍处于敌对状态”，并称“汪辜会谈”绝非表示两岸迈向统一的进程有所加快。“汪辜会谈”后不久，台湾当局即于当年6月公开推动所谓“参与联合国”的活动，李登辉公开声称，他“从未讲过一个中国”。1994年4月，他在与日本作家司马辽太郎对谈时更妄称，“‘中国’一词是含糊不清的”，台湾是中华人民共和国的一个省是“奇怪的梦”，“国民党是外来政权”。在国际上，台当局更是不计手段、不计名义、不计代价地大搞“金钱外交”，李登辉还曾先后跑到不少国家公然制造“两个中国”和“一中一台”的分裂活动。

在两会事务性商谈方面，根据《汪辜会谈共同协议》精神，从1993年8月起，两会就“违反有关规定进入对方地区人员遣返及相关问题”、“两岸劫机犯遣返问题”及“协商处理两岸海上渔事纠纷问题”三项议题展开了后续事务性商谈。至1994年底，两会在北京、台北、南京等地共举行了7次事务性商谈及2次“唐焦会谈”。虽然在祖国大陆的努力下，会谈在一些问题上取得了一定进展，但由于台当局企图通过商谈达到两岸“分裂分治”的政治目的，提出“司法管辖权”等敏感问题，制造政治分歧干扰事务性问题的解决，致使两会最终未能签署任何协议。

尽管台湾当局的举动给落实“汪辜会谈”的决议蒙上了阴影，但祖国大陆仍积极推动第二次“汪辜会谈”，海协会与海基会几经商谈后，最后确定本次会谈于1995年7月20日在北京举行。然而，就在此时，1995年6月7日，李登辉赴美出席康奈尔大学校友会，在国际上大搞“两个中国”、“一中一台”的分裂活动，严重破坏了两岸商谈的气氛，使两岸关系剑拔弩张，跌至冰点。面对这一严重政治挑衅，祖国大陆采取果断措施，开展了声势浩大的“反分裂”、“反台独”斗争，而且举行了旨在针对“台独势力”的军事演习。两岸关系空前紧张和对立，两会事务性商谈，以及正待成行的第二次“汪辜会谈”，均告中断。

1997年后，在“反分裂、反台独”斗争取得重大成果，香港顺利回归祖国，以及国际形势、两岸关系形势出现新变化的情况下，祖国大陆方面采取主动，继续推动第二次“汪辜会谈”。

1997年9月12日，江泽民总书记在十五大政治报告中重申两岸及早开启政治谈判的建议，郑重重申其于1995年1月30日提出的《为促进祖国统一大业的完成而继续奋斗》的8项主张（简称“江八点”），强烈呼吁“希望台湾当局认真回应我们的建议和主张，及早同我们进行政治谈判，在一个中国的前提下，什么问题都可以谈，只要是有利于统一的意见和建议，都可以提出来”。

1997年11月6日，为了给两岸政治性谈判的预备性磋商创造条件，海协会致函海基会，邀请海基会秘书长焦仁和出席定于12月在厦门举行的“跨世纪两岸经济关系展望研讨会”，并在厦门、上海和北京等地参访，但海基会却于7日拒绝了邀请，反提出由辜振甫率团访问大陆的建议。11月11日，海协会发布新闻稿，表示欢迎辜振甫在适当的时机访问大陆。

1998年1月1日，江泽民在新年祝词和全国政协新年茶会上宣布，“今年中国统一工作的重点是与台湾举行政治磋商，希望台湾当局以民族大义为重，尽早回应我们提出的在一个中国原则下两岸进行谈判的郑重呼吁”。1月26日，钱其琛副总理在纪念江泽民总书记八项主张发表三周年座谈会上明确表示，促进两岸政治谈判是现阶段全面推进两岸关系的关键。在统一之前，在处理两岸关系事务中，特别是在两岸谈判中，坚持一个中国原则，就是坚持世界上只有一个中国，台湾是中国的一部分，中国的主权和领土完整不可分割。

2月14日，海协会致函海基会，表示愿意与海基会协商两岸政治谈判的程序性事宜，并随之安排重启经济性事务性议题商谈，同时邀请辜振甫在适当时机来访，两岸适当层级的人员可在交流互访中为此做必要的准备。

这些充满诚意和善意的建议受到了两岸同胞和国际社会的广泛支持，岛内舆论几乎众口一词地要求当局作出积极而正面的回应。但台湾当局却对祖国大陆推动两岸政治谈判所做的一系列努力采取了消极的回避态度，声称“如果不承认中华民国是个主权独立国家的现实，根本没有办法谈”，“目前看不出两岸有何政治议题好谈”。并在如何谈、谈什么问题上大做文章，声称两岸谈判“哪里中断哪里开始”，“先从事务性商谈做起、慢慢来”，“两岸商谈要不预设任何前提条件”，“政治谈判危险”等，意图拖延两岸政治谈判。

与此同时，祖国大陆开展的“反台独”、“反分裂”斗争使国际社会尤其是美国越来越认识到台湾是破坏亚太和平发展的“麻烦制造者”，如果放任台湾当局的分裂政策，将最终导致战争，从而危及世界和平与美国的全球战略和整体利益。因此，美国开始调整、改善对华关系，并敦促两岸尽快进行和平谈判。1997 年 10 月 26 日至 11 月 3 日，应美国总统克林顿的邀请，江泽民主席成功地对美国进行了国事访问，双方达成了建立“建设性战略伙伴关系”的共识。1998 年 6 月 25 日，应江泽民主席的邀请，美国总统克林顿访问中国。在中美首脑互访中，克林顿总统重申美国坚持一个中国的政策，恪守中美三个联合公报确立的原则。克林顿和美国其他领导人明确表示美国政府“不支持‘两个中国、一中一台’，不支持‘台湾独立’，不支持‘台湾加入联合国以及其他必须由主权国家才能参加的国际组织’”，按照“八一七公报”的原则处理售台武器问题。美国公开承诺对台“三不支持”，在岛内引发强烈震撼，使台湾当局面临越来越大的谈判压力。

在祖国大陆、岛内民众以及美国的促谈压力下，台湾当局为了逃脱破坏两岸关系发展的责任，最终不得不同意辜振甫参访大陆。

六、第二次“汪辜会谈”

1998 年 10 月 14 日，受海协会邀请的海基会董事长辜振甫先生赴上海、北京的“参访”活动终于成行。辜先生是近 50 年来第一位踏足祖国大陆的由台湾当局正式授权的代表。祖国大陆对此次参访十分重视，并给予很高的礼遇，江泽民总书记、钱其琛副总理分别会见辜先生一行，这是海峡两岸自 1949 年以来最高级别的公开接触。10 月 15 日，辜振甫与海协会会长汪道涵会面，这是两岸两会自 1995 年 6 月中断商谈以来的首次高层对话，是汪道涵先生和辜振甫先生 1993 年新加坡会谈之后的第二次握手。

双方在会谈中达成了四项共识：

第一，两会决定进行包括政治、经济等各方面的对话，由两会负责人具体协商作出安排。

第二，进一步加强两会间的交流，包括两会负责人等多层次的互访。

第三，涉及两岸同胞生命财产安全的事件，两会将加强个案协助，相互委托。

第四，辜振甫先生邀请汪道涵会长访问台湾。汪道涵对此表示感谢，愿意在适当的时候到台湾访问，加深了解。

汪辜会谈所达成的四项共识，有助于改善两岸关系和两会交流的气氛，有利于加深双方的了解，化解分歧，增进互信，从而为今后两岸两会的进一步交流直至政治谈判的程序性商谈的举行创造了积极的条件。但是，由于台湾当局刻意回避一个中国原则，不愿意展开政治谈判并进行预备性磋商，只是含糊表示展开议题广泛的对话，使四项共识缺乏实质性的内容，双方根本分歧如故。

辜振甫“参访”大陆后，祖国大陆方面继续推动两岸关系的良性发展。1999 年 6 月 27—29 日，两会在北京商谈，就落实四项共识交换了意见，并就汪道涵 9 月中旬或 10 月初访台达成初步共识。可是，李登辉竟于 10 天后的 7 月 9 日在接受“德国之声”专访时公然抛出“两国论”，使一度缓和的两岸关系又一次跌入低谷。面对李登辉之流猖狂的“台独”活动，海峡两岸和全世界的炎黄子孙同仇敌忾，一致声讨，国际社会也纷纷谴责李登辉的“台独”行径。15 日，国台办主任陈云林指出，由于李登辉“两国论”的倒行逆施，使两会在一个中国原则下接触、交流、对话的基础不复存在。20 日，海协会鉴于海基会当天的来函及所附的“辜振甫谈话稿”严重违背了两会 1992 年达成的“海峡两岸均坚持一个中国原则”的共识，而对该函不予接收并正式退回，两会联系遂告中断，汪道涵访台之行亦告搁浅。

七、“九二共识”电文

1．海协会函电（全文）

海峡两岸关系协会：10 月 28—30 日，我会、中国公证员协会人员与贵会人员就海峡两岸公证书使用问题进行了工作性商谈，同时也就开办海峡两岸挂号函件遗失查询及补偿问题交换了意见。这次工作性商谈，不但在具体业务问题上取得了相当大的进展，而且也在海峡两岸事务性商谈中表达一个中国原则的问题上取得了进展，这是有关各方共同努力的结果。3 月份北京工作商谈结束后，我会一再声明，海峡两岸交往中的具体问题是中国的事务，应本着一个中国原则协商解决；在事务性商谈中，只要表明海峡两岸均坚持一个中国原则的基本态度，可以不讨论“一个中国”的政治含义，在事务性商谈中表述一个中国原则方式可以充分讨论协商，并愿听取贵会及台湾各界的意见。在这次工作性商谈中，贵会代表建议在相互谅解的前提下，采用贵我两会各自口头声明的方式表述一个中国原则，并提出了具体表述内容，其中明确了海峡两岸均坚持一个中国的原则，这项内容也已于日后见诸台湾报刊。我们注意到，许惠祐先生于 11 月 1 日公开发表书面声明，表示了与上述建议一致的态度。11 月 3 日贵会正式来函表示已征得台湾有关方面的同意，以“口头声明方式各自表达”。我会充分尊重并接受贵会的建议，并已于 11 月 3 日电话告知了陈荣杰先生。为使海峡两岸公证书使用问题商谈早日克竟全功，现将我会拟作口头表述的要点函告贵会：海峡两岸都坚持一个中国的原则，努力谋求国家的统一。但在海峡两岸事务性商谈中，不涉及“一个中国”的政治含义。本此精神，对两岸公证书使用（或其他商谈事务）加以妥善解决。我会建议，在贵我两会约定各自同时口头声明之后，在北京或台湾、厦门或金门继续商谈有关协议草案中某些有分歧的具体业务问题，并由贵我两会负责人签署协议。

2.“一中各表”海基会复函

台海峡交流基金会于1992年12月3日，以海文陆（法）字第81—10457号的文号，致函大陆海峡两岸关系协会，回复海协会11月16日的来函，说明建议以“口头各自说明”有关“一个中国”的含义。

3. 海基会的函电（全文）

海峡交流基金会：关于“两岸文书查证”商谈等事，11月16日及30日大函均悉。鉴于“两岸文书查证”及“两岸间接挂号信函查询与补偿”是两岸中国人间的事务，问题悬宕多时，不但影响两岸人民权益，且使人民对交流产生疑虑，诚属遗憾！顷接贵会上述二函，显示“愿以积极的态度，签署协议”、“使问题获得完全解决”，端此，我方表示欢迎。我方始终认为：两岸事务性之商谈，应与政治性之议题无关，且两岸对“一个中国”之含义，认知显有不同。我方为谋求问题之解决，建议以口头各自说明。至于口头说明之具体内容，我方已于11月3日发布之新闻稿中明白表示，将根据“国家统一纲领”及“国家统一委员会”本年8月1日对于“一个中国”含义所作决议加以表达。我方此项立场及说明亦迭次阐明，香港地区、大陆地区及台湾地区之媒体，对于双方立场及说明，先后已有充分报道。目前当务之急应在于解决事务性实质问题，我方已依在香港商谈所得初步共识，并充分考虑贵方之意见，整理协议草案，在香港面交贵方商谈代表，贵会对于“两岸文书查证”及“两岸间接挂号信函查询与补偿”二草案若仍有“遗留的分歧”，请速函告以利我方研究。有关辜董事长与汪会长在新加坡之会谈，我方至为重视。至于会谈之相关事宜，本会当于积极研究后，另函相告。

目前两岸关系正进入承前启后的关键时期，下一步的两岸关系既存在不少机遇，也面临严峻挑战。“九二共识”是两岸开展对话协商的必要前提，也是两岸关系和平发展的重要基础。

【资料来源】

——中国新闻网：新闻背景：“九二共识”与“汪辜会谈”（http://www.chinanews.

com/news/2005/2005-12-24/8/669601. shtml)

【评述】

“九二共识”是两岸关系的基石。2008 年以来，两岸正是基于“九二共识”和反对“台独”的政治基础，才有了政治互信，并开启了合作交流的新时期。在“九二共识”的基础上，两岸恢复了制度化协商，签订了海峡两岸经济合作框架协议（ECFA），两岸关系出现了前所未有的可喜局面，两岸民众也开始越来越多地分享两岸关系和平发展的红利。

【深度思考】

1. 为什么说“‘九二共识’是两岸关系的基石”？

2. 当代大学生应如何承担起祖国统一的重任？

第十三章　国际战略和外交政策

【导言】

建设中国特色社会主义需要一个稳定的国内环境，也需要一个和平的国际环境。制定和实施正确的国际战略和外交政策，对于争取和平的国际环境极为重要。第二次世界大战，特别是冷战结束后，国际关系和国际格局经历了重大的变化。和平和发展成为当今时代的主题。世界多极化和经济全球化的趋势深入发展，科技进步日新月异，国际关系民主化不断推进。中国坚定不移地走和平发展道路，努力为人类和平与发展的崇高事业作贡献。

【阅读材料一】

美机构公布2012年防御重点：中国被列入一级事态

美国外交协会（Council on Foreign Relations）日前公布美国“2012年防御重点报告”（Preventive Priorities Survey），称旨在帮助美国决策者明确国家面对的冲突，并通过将这些冲突的紧迫性进行排序而进行防御。美国外交协会成立于1921年，是美国无党派、非政府性的研究机构，致力于对国际事务和美国外交政策的研究。由该协会主办的《外交事务》杂志曾刊登过乔治·凯南、基辛格和斯坦利·霍夫曼等美国知名外交家、国际政治学者的论文。

报告将2012年美国防御重点排入3个等级，即“一级事态”、“二级事态”、“三级事态”，每一等级中均有10大事件。“与中国有关的重大军事事件”和“南海军事对抗”分别被列入了一级事态和二级事态。

美国防御重点报告旨在帮助美国决策者明确国家所面对的冲突，并通过将这些冲突的紧迫性进行排序而组织防御。美国外交关系委员会预防冲突研究领域的专家 Micah Zenko 指出，美国政府至今都没有预测潜在威胁，并制订应急计划的规范性程序。拟定这份报告的目的，就是为了填补这个空白，运用专家意见的力量，告知决策者2012年应制订的冲突预防计划。

Zenko 认为，推动决策者关注未来挑战并非易事，但是，在财政紧缩时期，预测、预防或者减少偶发事件极为重要，这将帮助美国避免卷入一场更加昂贵的、持久的战争。

一级事态是指直接威胁到美国本土安全，可能引发美国军事干预或威胁美国重要战略资源供应的事件。“十大一级事态”包括：

（1）针对美国本土或盟国，造成大规模伤亡的攻击。

（2）朝鲜半岛严重危机（比如，武装挑衅、政局不稳、核试验和洲际弹道导弹能力的突破）。

（3）与中国有关的重大军事事件，涉及美国或盟国的军事力量。

（4）伊朗核危机（比如，核武器和运载能力的提高、以色列的反应）。

（5）针对美国重要设施网进行高强度破坏性打击（比如，通信、电力、汽油、水源、银行和金融、交通和应急服务网络）。

（6）从墨西哥扩散到美国的贩毒暴力活动。

（7）由军民冲突或恐怖袭击引发的巴基斯坦国内严重不稳定。

（8）沙特政局不稳，危及全球石油供应。

（9）由恐怖袭击或反恐行动引发美国和巴基斯坦发生军事对抗。

（10）欧债危机加剧，欧元崩溃，引发美国二次经济衰退及预算削减。

二级事态是指威胁影响了对美国来说具有战略重要性的国家，但这些国家和美国没有共同防御协议。“十大二级事态”包括：

（1）埃及政局不稳，或对本国及周边地区产生影响。

（2）重大恐怖袭击造成严重的印巴危机，并伴有军事升级风险。

（3）土耳其和以色列海上冲突加剧。

（4）阿富汗政府安保力量不足，暴动和恐怖袭击加剧。

（5）叙利亚爆发大规模暴力事件，并伴有外界介入的可能。

（6）也门爆发大规模暴力事件。

（7）伊拉克宗派紧张局势升级，新暴力事件发生。

（8）由受争议海域引发的南海军事对抗。

（9）对以色列发动攻击，造成大规模伤亡。

（10）巴林不稳定性加剧，或引发沙特或伊朗的军事行动。

三级事态是指危险可能造成严重或广泛的人道主义灾难，但发生国对美国仅具有限的战略重要性。“十大三级事态”包括：

（1）苏丹和南苏丹的军事冲突。

（2）尼日利亚政治不稳定和宗派暴力升级。

（3）索马里冲突加深，并伴有外界干预。

（4）委内瑞拉总统选举，政局不稳。

（5）肯尼亚选举，政局不稳。

（6）俄罗斯和格鲁吉亚之间新的军事冲突。

（7）利比亚政局不稳，暴力事件加剧。

（8）刚果共和国选举，政局不稳。

（9）吉尔吉斯斯坦发生种族暴力冲突，政局不稳。

（10）亚美尼亚和阿塞拜疆之间就纳－卡问题爆发新军事冲突。

以下是 Zenko 对这份报告的详细解读：

记者：与去年的预测相比，今年报告最大的不同是什么？

Zenko：报告里指出，欧债危机升级、沙特政局不稳威胁全球石油供应、巴林的动荡以及由此引发的军事行动，是 2012 年最需要关注的事件。而对阿富汗的治理、海地政局和暴力事件、俄罗斯和格鲁吉亚的军事冲突，以及苏丹和南苏丹的军事对抗，可以降低关注度。

记者：突尼斯事件引发的阿拉伯动荡，在去年并没有被列入任何报告。这件事是否让您对类似阿拉伯世界动荡的暗流更加敏感？

Zenko：确实，利比亚和叙利亚并没有被列入去年的防御重点报告。没人会预见到一个突尼斯的城市管理人员给水果商的一巴掌，能激发起北非和中东风起云涌的民众起义。“特殊的导火索将如何引导不同政权的垮台，是不能被提前获知或者预测的，智库能做的是为决策者减少，而不是完全消除不稳定因素。”

记者：沙特是唯一一个处在第一等级威胁中的阿拉伯国家。为什么？

Zenko：沙特是全世界最大的石油生产和出口国，拥有大概全球 1/5 的探明储油量。

2010年，沙特占到了美国石油进口的14%。因此，其国内的不稳定对石油生产造成的限制将对美国和全球石油供应造成严重的影响。潜在的不稳定可能来自阿卜杜拉国王去世引发的继承人问题，民众对政治改革更大的呼声，以及年轻人比例上升造成的人口压力和高失业率问题。

记者：网络安全现在引起华盛顿和其他政府的关注了吗？

Zenko：毫无疑问，随着越来越多的美国公民、商人和政府机构依赖网络信息系统的便捷和高效，网络应用被攻击的可能性将会越来越高。根据国家情报部门负责人公布的年度威胁评估报告，网络对美国重要设施造成越来越大的威胁："行业评估显示，恶意软件的生产已经达到了最高水平，每天大概有平均6万个新软件或变体被识别出来。其中的很多软件被我们认定为'高级、持续的威胁'，很难被检测和反击。"虽然网络带来了数不尽的好处，但也给"那些预谋对国家利益至关重要的公私财产进行盗窃、腐败、破坏、摧毁活动的人"提供了可乘之机。

记者：今年，美国和巴基斯坦的军事对抗代替了印巴冲突成为了防御重点报告前十大危险。为什么会这样？

Zenko：报告参与者认为，印巴之间再次发生类似2008年虔诚军孟买袭击事件的可能性是不太大的。然而，美国和巴基斯坦之间的关系却可能进一步恶化，几万名美国官兵还驻扎在巴基斯坦和阿富汗的边境。

记者：巴基斯坦在前十名的危险中被提到了两次。考虑到巴基斯坦和美国之间不太顺畅的关系，美国或盟国可以为改进巴基斯坦的国内局势做什么？

Zenko：尽管美国在2001年"9·11"事件后，向巴基斯坦提供了220亿美元的援助，但美国对巴基斯坦国内局势的了解还是非常少，更不用说对此作出贡献了。意识到这种不足后，美国应该继续在各个方面加强投入，包括增强执法部门和情报机构的反恐能力、调整财政援助、继续强调双方安全威胁和目标的合作。

记者：有关对核问题的担心贯穿在报告的名单中，特别是重点关注了伊朗和朝鲜。国际社会在核不扩散问题上还可以做什么呢？

Zenko：我们有很多国际协议和条约，旨在加强在核安全和不扩散问题上的合作。不幸的是，这些条约仅仅发挥了有限的作用，因为重要的有核能力的国家还没有在这些条约上签字。为了应对那些不讲道理的国家对核不扩散体制造成的威胁，切实增强对核武器和核燃料的国际约束力量是非常重要的。国际社会应该采取措施改进并增强《不扩散核武器条约》的约束力，呼吁国内和国际实施《全面禁止核试验条约》，并执行《华盛顿核安全峰会工作计划》。

【资料来源】

——人民网（北京），2011 年 12 月 13 日

【评述】

美国外交协会不久前公布了美国“2012 年防御重点报告”，据称，此报告旨在帮助美国决策者明确国家所面对的冲突，并通过将这些冲突的紧迫性进行排序而组织防御。该报告把美国的防御重点指向了中国，这充分表明美国某些利益群体对中国的敌视和对立态度。

【深度思考】

你如何看待当前中国所面临的国际安全形势？

【阅读材料二】

经济全球化：“一半海水一半火焰”

当前的经济全球化，正以水银泻地般的速度向世界的各个角落扩展，发达国家不仅已成为主导，而且更以世界第一大市场的载体成为标志。然而，全球化发展到今天，促进全球资源的有效配置只是其凸现的一方面，而另一方面，它也引发了贫富差距扩大等一系列问题。

一、全球化的发展现状

在全球化过程中，各国经济的相互依赖越来越深，阻碍资本、技术、人力等生产要素自由流通的壁垒不断减少。近 10 年来，在技术进步的推动下，经济全球化进程逐渐加快，已经成为世界经济发展的主流。

生产的全球化表现为跨国公司在全球范围内对生产要素的优化组合，使企业达到成本最小化和利润最大化。作为全球化的主要推动力和载体，跨国公司近年在国际经济活动中的表现尤为突出。据联合国贸发会议公布的数字，全球跨国公司目前有 6.3 万家，年销售

额超过14万亿美元，近乎全球出口的2倍。它们控制了近一半的全球产出、60%的世界贸易、70%的技术转让和90%的国际直接投资。贸易的全球化体现在贸易额在世界生产总值的比重与日俱增。20世纪80年代以来，全球贸易额的增长速度超过了世界经济增长速度。1980年，全球贸易额约占世界总产值的1/6，预计到2020年将占一半左右。同时，全球化也使金融资本在全球急剧扩张，市场交易量突飞猛进，各主要国际金融市场形成了时间上相互接续、价格上相互连动的交易网络。相比生产全球化和贸易全球化，金融全球化步伐迈得更快，覆盖面更广，在几秒钟之内就能实现成千上万亿美元的交易。20世纪的最后一年，全世界每天跨越国界的货币流通量平均约为1.5万~2万亿美元，比10年前增加了10倍，是全球每天新增产出的700倍。

二、全球化是大势所趋

如今在日常生活的各个角落，人们似乎都能嗅出全球化的气息。一台美国IBM电脑、一架日本佳能相机、一辆德国大众汽车，你既可以说它是那个国家的产品，又可以说它不是那个国家的产品，因为它们当中可能包含着全球各地生产的零件。实际上，经济全球化反映了生产力发展的内在要求。对发达国家来说，随着技术进步和经济发展水平的提高，重新调整生产分工，进一步扩张市场规模，都是不可避免的事情。而对发展中国家来说，历史上似乎还没有哪一国，可以不通过扩大与海外的贸易、投资联系而让老百姓的生活水平出现持续显著的提高。从这个角度看，全球化趋势不可阻挡。

有专家论证说，20世纪，多数发展中国家采取的是追赶模式，但现在许多国家通过实践发现，这样做只能拾人牙慧，步人后尘。尤其在技术拉动经济增长的今天，发达国家的发展步伐也在加快，简单的模仿式追赶，已经不太可能使发展中国家迅速摆脱落后局面。而经济全球化给发展中国家带来了新的机会，使之有可能利用资本、技术、贸易等多方面的全球化趋势，为自己找到一条快速发展的道路。在这个过程中，许多国家和地区都有可能产生一种“后发效应”，从而实现经济发展的追赶或超越。就在前不久举行的世界企业高峰会议上，世界经济论坛主席施瓦布说：“新世纪将由全球化所主宰，就像20世纪被工业化所主宰一样。但有一点不同：工业化革命用了100年才分出工业国和欠发达国家，而全球化完成这一进程，只需要20年就够了。”

三、全球化的“阴暗面”

经济全球化绝不是平衡发展的，比如，尽管全球对外投资20年来增长了6倍，但70%都是在富裕国家之间，8个发展中国家得到了20%，而其他100多个穷国却只得到了10%。在激烈的全球化竞争中，大国与小国、富国与穷国、技术拥有者与技术文盲，有的是全球化的受益者，而有的则成为受害者。其实，贫富悬殊扩大的过程早已开始，而全球化浪潮的掀起，则是从20世纪90年代初才开始的。之所以那么多人把贫富悬殊扩大归咎于全球化，专家认为至少有两个依据：其一，贫富差距加速扩大是在全球化开始之后；其二，信息、经济和技术发达的国家，在全球化过程中表现出了非凡的优势。

但不管怎样，近些年全球性的贫富差距扩大是事实。今年的联合国贸发会议，对全球化作了第一次全面的反省。据联合国的数字，过去30年中，最不发达国家的数量从25个增加到49个；世界绝对贫困人口从5年前的10亿增加到现在的12亿；工业化国家与30多个最穷国家的人均收入相差至少74倍；世界上3个最富有的人的财富，可以超过60个穷国国民生产总值之和。

全球化还增加了经济风险的传播。当年亚洲金融危机的扩散自不必说，现在美国经济面临衰退，越来越多的人担心，这种衰退是否也将“全球化”？去年，新经济发源地美国出现股市走低，引起了几乎所有国家的股市暴跌，一年内全球股票市值下跌了近10万亿美元，相当于美国一年的总产值。在全球化过程中，由于西方发达国家居于主导地位，而现行国际机构和国际规则又由发达国家主导制定，因此，经济全球化进程加快，对发达国家是利大于弊，对大多数发展中国家是既有机遇又有挑战，而那些最不发达国家则面临被“边缘化”的危险。

20世纪90年代中期以后，随着全球化的加速，反全球化的声音也在提高，其中贫富差距成为人们谈论最多的话题。达沃斯世界经济论坛的一些与会者认为，随着全球化的推进，已产生了“一个结构化的断层。在断层的一边是有权势者和富有者，另一边是弱势者和穷人”。会议期间人们反复提及的例子是，如今一个瑞士人一天的收入，相当于一个埃塞俄比亚人全年的收入。

国际论坛上现在对全球化问题大致有三种立场。保守的看法认为，全球化为各国创造了新的机遇和挑战，目前全球化运行很好，只是缺乏完善。改革派认为，贫富差距扩大和金融动荡表明，全球经济应进行根本性的变革，但对全球化的最初原则不应产生疑问。而反对派则拒绝接受全球化，认为全球化会造成危害。在发达国家内部，也有人反对全球化，但其中有人是出于公平和环境意识，有人则是传统的贸易保护主义者，他们不愿意接受外来竞争，认为全球化对他们个人没有好处。

美国国际经济研究所所长弗雷德·伯格斯坦认为，全球化过程当然有赢家也有输家，但是，赢家一定比输家多。为此，政府有责任来支撑全球化，应当尽最大努力来提高全球化进程的平常性和有效性。国际货币基金组织曾经表示：“整个世界带着有史以来最悬殊的贫富差距进入了新世纪。”从这个角度上看，要让经济全球化造福整个人类，就要使之更具人性，给穷国以希望。

【资料来源】

——梁薇茵：《经济全球化："一半海水一半火焰"》，《科学时报》，2002 年 1 月 12 日

【评述】

经济全球化是一把双刃剑。它既是加快经济增长速度、传播新技术和提高各国生活水平的有效途径，又是一个侵犯国家主权、侵蚀当地文化和传统、威胁经济和社会安全的一个有很大争议的过程。对于发展中国家来说，经济全球化是积极影响和消极冲击同在、发展机遇和严峻挑战并存。中国作为世界上最大的发展中国家，一定要从本国实际情况和国家经济政治利益出发，决定参与经济全球化的步骤、速度和深度，尽可能采取有利的战略决策和方针政策，争取做经济全球化的"赢家"。

【深度思考】

中国应如何应对经济全球化带来的挑战？

【阅读材料三】

对新中国外交战略演变的回顾

时光荏苒，风云变幻，新中国外交走过了 60 年辉煌的道路。当我们回顾这个波澜壮阔的历程时，可以看到，外交战略的演变在其中占有重要的地位。从新中国成立初期的"一边倒"，到 20 世纪 60 年代的"两面出击"，再到 70 年代的"一条线，一大片"，直至 80 年代的"全方位"，中国的外交战略大体上十年一变，经历了四个阶段。在纪念新中国成立 60 周年的日子里，对这四个阶段及其演变过程进行回顾，从一个侧面对中国外交取得的重大成就和经验进行总结，是很有意义的。

一、"一边倒"（20 世纪 50 年代）

"一边倒"战略是新中国成立后的第一个外交战略。它是以毛泽东为核心的中共第一

代领导集体，在当时纷繁复杂、激烈对抗的国内国际形势下制定并实施的，具有强烈的时代特征。对“一边倒”的评价，国内一直有不同的看法。早在1956年，毛泽东就曾经针对一些人提出的“可以采取中间立场，站在苏联和美国之间，做个桥梁”的观点，指出这种观点“看起来很好，独立了，其实是不会独立的。美国是不好依靠的，它可能会给你一些东西，但不会给你很多，帝国主义怎么会给我们国家吃饱呢?”事实正是如此。新中国成立初期，美国采取政治孤立、军事包围、经济封锁的对华政策，对刚刚诞生的新中国构成了严重的威胁。因此，“一边倒”战略首先要解决的是国家的安全问题。正是由于中苏同盟的强大威力，才使第二次世界大战后在军事上不可一世的美国，在朝鲜战争期间，不敢轻易入侵中国本土。此外，中国还争取到了苏联的经济援助。这些援助对新中国工业基础的最终建立发挥了至关重要的作用。尽管“一边倒”同历史上的任何战略一样，并非十全十美，但是，总的来说，它的制定和实施，符合当时的国际背景，也符合中国的利益和目标，是一个成功的战略。

二、“两面出击”（20世纪60年代）

从20世纪50年代末开始，国际形势日益严峻。中国坚持独立自主方针，反对美苏两国的霸权主义，变“一边倒”为“两面出击”。这一战略虽然使中国陷入与苏美同时抗衡的不利局面，但是，从另一个角度看，它加快了中国自力更生进行建设的步伐。与此同时，中国把对外关系的重点转向广大亚、非、拉国家和西方发达国家，为外交的发展开拓了新的天地。

三、“一条线，一大片”（20世纪70年代）

从20世纪60年代末到70年代中期，国际形势发生了新的变化。为了更好地维护国家利益，摆脱两线作战的不利局面，集中力量应对苏联的威胁，毛泽东提出“一条线，一大片”战略。它的实施，有效地遏制了苏联的扩张势头，使中国争得了外部环境的相对稳定，缓解了在国家安全上面临的威胁和压力。与此同时，中国同广大亚、非、拉国家以及西方国家建立了外交关系，大大地提高了中国的国际地位。

四、“全方位”（20世纪80年代以后）

从20世纪70年代末到80年代初，随着国际形势的变化，中国领导人对战争问题产生了新的认识。中共十一届三中全会确定了党的战略重点转到以经济建设为中心的轨道，确定了改革开放的大政方针。与此同时，中美关系在台湾问题上遇到了障碍，中苏关系开始松动。在这些深刻的变化之下，中国改变了“一条线”战略，坚持独立自主，不同任何大国结盟或建立战略关系，开展全方位外交。

中国外交虽然经历了几次大的战略调整和演变，但是，独立自主的和平外交方针始终没有改变。“变”与“不变”，是对立统一的两个方面，它贯穿中国外交发展的全部进程。中国外交60多年的辉煌历程，正是在这种“变”与“不变”当中不断地充实、发展和自我完善，并在不同的时期，以不同的方式展示其独特而丰富的内涵。始终坚持独立自主的和平外交政策，中国外交才能够突出中国自身的国家利益，更加清醒地认识世界。从这个角度讲，中国外交战略的演变是与时俱进的要求和表现，是在不同的国际国内环境下，更好地谋求国家利益的需要。

20世纪80年代末，世界进入新旧格局交替时期。以江泽民同志为核心的第三代中央领导集体创造性地继承和发展邓小平的外交思想，使中国外交取得了新的成就。进入21世纪以来，以胡锦涛同志为总书记的党中央冷静分析国内外形势，紧紧抓住战略机遇期，高举和平、发展、合作的旗帜，使中国的对外工作取得了新的重大进展。展望未来，我们坚信，在党中央的坚强领导下，中国外交认真贯彻独立自主的和平外交方针，不断开创外交工作的新局面，一定会为中国的社会主义建设进一步营造良好的国际环境，为世界的和平与发展事业作出自己新的贡献。

【资料来源】

——丁明：《对新中国外交战略演变的回顾》，中国共产党新闻网，2009年10月29日

【评述】

通过对中国外交战略演变的回顾，可以看到，中国几代领导人运用马克思主义理论，科学分析国际国内形势，审时度势，运筹帷幄，在制定和调整中国外交战略的过程中，牢牢把握大局，经受住了国际风云变幻的严峻考验，使中国外交战略取得了辉煌的成就。

【深度思考】

中国外交战略的演变经过四个阶段，但是，独立自主的和平外交方针始终没有改变，对此，你是如何认识的？

第十四章　中国特色社会主义的依靠力量

【导言】

统一战线是中国革命、建设和改革事业胜利的重要法宝，建设中国特色社会主义必须依靠最广泛的爱国统一战线，团结一切可以团结的力量。通过对本章内容的学习，同学们要把握以下知识点：①工人、农民、知识分子是中国特色社会主义事业的根本力量，新社会阶层是中国特色社会主义事业的建设者。②统一战线是中国革命、建设和改革事业胜利的重要法宝，我们要团结一切可以团结的力量，正确处理民族和宗教问题。③人民解放军是保卫祖国的重要力量，我们要加强军队和国防现代化建设，走精兵强国之路。

【阅读材料一】

新社会阶层

改革开放以来出现的新的社会阶层，主要由非公有制经济人士和自由择业知识分子组成，集中分布在新经济组织、新社会组织中。他们作为中国特色社会主义事业的建设者，在促进共同富裕、构建社会主义和谐社会、全面建设小康社会中发挥着重要作用。

一、基本介绍

目前，新社会阶层大约有 5 000 万人，加上在相关行业的所有从业人员总人数约 1.5 亿人。他们掌管着约 10 万亿的资本，使用着全国半数以上的技术专利，直接或间接贡献着全国1/3的税收。新的社会阶层人士主要由非公有制经济人士和自由择业的知识分子组成。目前全国私营企业450万家，投资人1 100万，自由职业者大约1 000万人左右。他们作为改革开放特别是社会主义市场经济发展的产物，呈现快速增加的态势，在我国经济社会中的作用越来越突出。

新的社会阶层人士是统一战线工作新的着力点，要最大限度地把他们团结在党的周围，充分发挥他们的作用，不断为实现中华民族的伟大复兴凝聚新力量。

新社会阶层人士涉及中国经济和社会生活的各个领域、各个行业。仅以中介组织为例，既有为市场主体提供服务的机构，如律师事务所、注册会计师事务所，也有为各种市场交易活动服务的经纪人组织，如商品交易、金融期货市场和房地产的经纪人，还有大量的行业协会、同业公会和商会组织。

二、二十字方针促发展

中央强调指出，既要充分肯定和发挥新社会阶层的重要作用，又要加强教育引导，以促进非公有制经济人士的健康成长和非公有制经济的健康发展。中央明确了“充分尊重、广泛联系、加强团结、热情帮助、积极引导”的二十字工作方针，还提出了“以社团为纽带、以社区为依托、以网络为媒介、以活动为抓手”的工作方法。

三、六个阶层

（1）民营科技企业的创业人员和技术人员。所谓“民营科技企业”，泛指以科技人员为主体，按照“自筹资金、自愿组合、自主经营、自负盈亏”的原则创办和经营，主要从事技术开发、转让、咨询、服务和成果转化的经济组织。它们的创业人员和技术人员拥有数量不一的企业股权，掌握企业的核心技术和经营管理的专门知识，在科学技术向现实生产力转化的过程中，是一支重要的力量。

（2）受聘于外资企业的管理技术人员。外资企业是指依照中国法律，在中国境内设立的由境外投资的企业。在外资企业就职的中方管理技术人员通常年纪轻、学历高，许多人还有过在国外留学、就业的经历。他们比较熟悉国外的管理制度和工作方式，一般在外企的一些部门担任骨干。

（3）个体户。个体户即个体工商户，是以家庭为单位，拥有一定资金，独立经营、自负盈亏的经济实体，也是改革开放以来国内最早出现的一个新的社会阶层。截至2001年底，全国登记在册的个体工商户为2 433万户，注册资金3 435.79亿元。

（4）私营企业主。私营企业是指企业财产归私人所有、雇工人数较多的营利性经济组织。私营企业主正日益成为经济实力、经营范围与社会影响不断扩大的一个社会阶层。据统计，截至2001年年底，全国登记在册的私营企业已达202.85万户，注册资本总额为18 212.24亿元。其中，注册资本在1 000万元以上的有2.31万户，亿元以上的有383户。

（5）中介组织的从业人员。中介组织泛指介于企业、个人之间，并为其服务、沟通、协调以及对其监督的社会组织。它主要分为三类：行业性中介组织，如行业协会、学会、商会、研究会；公证性中介组织，如律师、会计、资产评估等专业事务所以及证券、仲裁等中介组织；服务性中介组织，如提供就业、广告、公关、房地产等服务的组织。这些组织的从业人员大多受过专门训练，专业化程度比较高。

（6）自由职业人员。自由职业人员主要是指那些不固定供职于任何经济组织、事业单位或政府部门，凭借自己的知识、技能或专长为社会提供某种服务并获取报酬的人员。这个阶层主要包括的是一些文化、艺术工作者等。

以上六个社会阶层，尽管在财产状况、文化层次、社会地位、社会职业上有所区别，但都具有一个共同的特征，即他们都不属于过去人们常说的“公家人”。然而，倘若追根溯源的话，这些阶层中的许多人原先实际上也是“公家人”，诸如国有企业的经营管理者和职工，党政机关干部，高等院校、科研院所的专业技术人员等。

四、“新社会阶层”担负五大社会责任

外企高级金领、职业经理人、民营企业家……随着中国对外开放和经济发展，一群身处企业高层、手握最高决策权的“新社会阶层人士”正活跃在中国经济的舞台上。而这群“新社会阶层人士”又该如何遵守职业操守和职业道德？

日前，北京职业经理人联谊会、北京中介组织人士联谊会和北京青年报社联合在叶青大厦举办了首都“新社会阶层人士职业操守与社会责任”论坛。市委统战部副部长李卫东、中央统战部有关部门领导出席了论坛。

北京职业经理人联谊会会长郭为、副会长赵钧陶、秘书长秦剑锋，北京中介组织人士联谊会会长权忠光、副会长黄锦辉、秘书长琚存旭等作了主题发言。大家普遍认为，企业家的社会责任体现在方方面面，但首要的是做好企业，只有企业发展了，才能增加更多的社会财富，提供更多就业机会，贡献更多的税收，才能真正承担起对员工、消费者、合作伙伴、社会以及自然环境等利益主体的社会责任。

【资料来源】

——http://baike.baidu.com/

【评述】

改革开放过程中涌现出来的新社会阶层，是中国特色社会主义事业的建设者，在促进共同富裕、全面建设小康社会中发挥着重要作用。

【深度思考】

你怎样认识新社会阶层？在你以后的人生和职业选择中，你会把成为新社会阶层的成员作为自己的奋斗目标吗？

【阅读材料二】

农民工

农民工是指在本地乡镇企业或者进入城镇务工的农业户口人员。农民工是我国特有的城乡二元体制的产物，是我国在特殊的历史时期出现的一个特殊的社会群体。农民工有广义和狭义之分：广义的农民工包括两部分人，一部分是在本地乡镇企业就业的离土不离乡的农村劳动力，一部分是外出进入城镇从事二、三产业的离土又离乡的农村劳动力；狭义的农民工主要是指后一部分人。据有关部门的调查，我国狭义农民工的数量为1.2亿人左右，广义农民工的数量大约为2亿人。

农民工即农民工人，他们是农业户口，但从事着非农业的工作；他们生活工作在城市，为城市的发展作出巨大的贡献。在某些人心中“农民工”是个贬义词，其实农民工并不一定是户籍在农村但到城市做工的一类特殊的群体。拥有农村户籍而在城市打工的人员，包括大中专院校毕业后户口在农村而在城市工作的中高学历人员也同样属于农民工群体。随着中国户籍制度的完善，将不再拥有城镇和农村户口的差别。农民工是进城务工人员的同义词，他们是城市发展经济的主力军。人们普遍认为，农民工指的就是农民工人，这当然是中国人的说法。在美国没有“农民”这个称谓，统称为农场工人。从字面上分析，农民工人和农场工人好像差别不大，但是，深究起来，却是两个千差万别的词语。首先在身份上，农民工人的身份是农民，而农场工人的身份是工人；其次在工作上，农民工人做的是城市里的工作，而农场工人干的是农场里的活计。社会学家、“三农”问题评论家艾君认为，在中国实施多年的二元户籍管理制度下，我们所说的“农民工”，实际是指“身在城市从事非农业工作的农业户口的工人”。

一、农民工认识问题

农民工问题是指中国大陆由于农民进入城市参与经济活动后涉及的一系列权益保障的总称。

针对农民工问题，现在在政策研究界、学术界有两种观点：一是部分学者的观点，让农民工在城市住下来，“三农”问题将不存在。二是国研中心研究报告的观点，创造将农民工转化为稳定的城市产业工人和市民的制度环境。

农民工问题在新中国成立后的三四十年时间里表现得不明显，但到了改革开放以及建立市场经济的今天，城市与乡村的矛盾就日渐突出。城市人占有各种政策的抉择领导地位、占有意识领先的统治地位、占有生产资料转化成货币的掌控权等，当致富成为人们第一需求和追求目标时，当处在两眼墨黑最封闭的乡村的农民进城务工时，城市自然会对他们制造出许多政策的限制，并强加给一些莫须有的罪名，以及赋予一些带有歧视性的概念、名词。

在就业方面，城市制定外来劳动力分类目录，把脏乱差的工作留给农民工。农民工从事的行业主要是：体力要求较高的房地产建筑工、城市清洁和环境保护的操作工种、绿化养护的苗木工、居民家中的钟点工或保姆、厨师、服务员等脏、累、险、差工种。出现这些限制和歧视的主要原因是意识问题。因为意识的误区，导致制定政策的错位。

其一，在决策者眼里，因为存在城市居民与农民工的利益之争，即农民工进城就业，加剧城市居民的就业矛盾，因此，城市政府的政策趋向与城市居民的利益趋向一致。

其二，政府害怕“城市病”，从而试图将农民圈在农村。

其三，中国各大城市存在“隐性超城市化”，农村剩余劳动力的进入必然使城市的“超城市化”进一步加剧，城市治理成本大幅加大。

其四，城市劳动力失业给城市政府带来的成本十分巨大，而农村劳动力找不到工作最多也只是回家种田，政府反对农村剩余劳动力的流入。

其五，城里人对农民工的歧视一方面源自文化差异、生活习惯等由于出身形成的尊卑贵贱观念；另一方面则是一部分城里人因认为农民工抢他们的饭碗而产生的反感和仇视。

这些原因是城市限制农民工进入数量、工种限制等歧视性政策的直接理由，当然，农民工就业歧视也有一些其他深层的政治、经济等综合因素。

农民工问题的根源在于城市文化派生出来的因对乡村的政治、文化、经济的排斥而产生的人的等级观念。这就是有的学者所说的农民属于“草根”底层，城市人属于“花草”上层。因此，解决了农民工进城问题，即便让他们在城里住下来，也不能从根本解决所有农民问题，更不可能口出狂言，称“‘三农’问题将不存在”。这种理论观点，实际属于修修补补，治标不治本，形而上学、纸上谈兵。

二、农民工保障问题

农民工保障问题与中国二元社会结构高度相关，关系到中国社会的稳定和经济发展。曾经出现的“民工荒”已为中国农民工问题敲响了警钟。农民工保障的缺位是中国二元社会结构的必然产物，解决农民工保障问题是顺应中国社会转型要求的重要举措，是维护农民工权益的重要形式，也是解决“三农”问题的内在要求，应将为农民工提供保障作为解决目前“民工荒”的应对之策。解决农民工保障问题必须消除目前存在的认识上的误区，同时在建立农民工社会保障体系的过程中也不能操之过急。现在只有在工伤保险领域，出台了比较统一、完善的社会保障制度，如劳动和社会保障部发布的《关于农民工参加工伤保险有关问题的通知》（以下简称“《通知》”）。根据此《通知》，各省根据各地的实际经济发展水平等，制定了各地的农民工参加工伤保险的具体规定，如河北省劳动和社会保障厅出台的《关于农民工参加工伤保险有关问题的意见》。这些基本实现了农民工发生工伤，享受与非农民工同等的待遇保障，甚至更为灵活的享受工伤待遇的方式。但关于养老保险、医疗保险等领域，农民工的待遇并未能完全与非农民工相同。

三、农户工的户籍问题

中国将解决长期在城市就业居住农民工的户籍问题。《国务院关于解决农民工问题的若干意见》（以下简称“《意见》”）提出，要逐步地、有条件地解决长期在城市就业和居住农民工的户籍问题。《意见》规定，中小城市和小城镇要适当放宽农民工落户条件；大城市要积极稳妥地解决符合条件的农民工户籍问题，对农民工中的劳动模范、先进工作者和高级技工、技师以及其他有突出贡献者，应优先准予落户。具体落户条件，由各地根据城市规划和实际情况自行制定。改进农民工居住登记管理办法。

对于农民工维权问题，《意见》明确要加大维护农民工权益的执法力度。强化劳动保障监察执法，加强劳动保障监察队伍建设，完善日常巡视检查制度和责任制度，依法严厉查处用人单位侵犯农民工权益的违法行为。健全农民工维权举报投诉制度，有关部门要认真受理农民工举报投诉并及时调查处理。加强和改进劳动争议调解、仲裁工作。对农民工申诉的劳动争议案件，要简化程序、加快审理，涉及劳动报酬、工伤待遇的要优先审理。起草、制定和完善维护农民工权益的法律法规。《意见》要求做好对农民工的法律服务和法律援助工作。要把农民工列为法律援助的重点对象。对农民工申请法律援助，要简化程序，快速办理。对申请支付劳动报酬和工伤赔偿法律援助的，不再审查其经济困难条件。有关行政机关和行业协会应当引导法律服务机构和从业人员积极参与涉及农民工的诉讼活动、非诉讼协调及调解活动。鼓励和支持律师和相关法律从业人员接受农民工委托，并对经济确有困难而又达不到法律援助条件的农民工适当减少或者免除律师费。政府要根据实际情况安排一定的法律援助资金，为农民工获得法律援助提供必要的经费支持。《意见》提出，要强化工会维护农民工权益的作用。同时，充分发挥共青团、妇联组织在农民工维权工作中的作用。

四、政府出台的关于农民工的重要文件

国务院办公厅关于切实做好当前农民工工作的通知

国办发〔2008〕130号

各省、自治区、直辖市人民政府，国务院各部委、各直属机构：

农民工是中国改革开放和工业化、城镇化进程中涌现的一支新型劳动大军，已成为中国产业工人的重要组成部分，为中国现代化建设作出了重大贡献。农民工工作直接关系农村经济发展和农民增收，关系经济社会发展全局，必须予以高度重视。当前，国际金融危机的影响不断加深，国内部分企业生产经营遇到困难，就业压力明显增加，加上元旦、春节临近，相当数量的农民工开始集中返乡，给城乡经济和社会发展带来了新情况和新问题。根据党中央、国务院关于应对当前经济形势的工作部署，经国务院同意，现就做好当前农民工工作有关事宜通知如下：

（一）采取多种措施促进农民工就业

采取更加积极的就业政策，广开农民工就业门路。落实中央关于扩大内需、减轻企业负担、促进经济增长的政策措施，帮助企业解困，在加快发展方式转变和结构调整中创造更多的就业机会。积极扶持中小企业、劳动密集型产业和服务业，增强吸纳农民工就业的能力。发挥政府投资和国有企事业单位对稳定就业的导向作用，尽可能提供较多的就业岗位。对生产经营遇到暂时困难的企业，要引导其与农民工开展集体协商，采取灵活用工、弹性工时、组织培训等办法，尽量不裁员或少裁员，稳定现有就业岗位。引导企业履行社会责任，防止出现大规模集中裁员现象；对可能出现的大规模裁员，要采取有效措施进行调控。对符合享受失业保险待遇条件的农民工，要按规定及时核发一次性生活补助。公共就业服务机构要加强对农民工的就业指导、职业介绍和就业信息服务，收集适合农民工的

岗位信息，通过多种渠道及时发布。大力发展劳务经济，加强输出地和输入地的相互协作，开展有组织的培训就业和劳务输出；在有关部门指导下，依托市场机制发展各类培训就业服务组织，多渠道推动农民工就业；积极培育劳务品牌，建设劳务基地，形成示范效应，带动农村劳动力转移就业；积极开展国际合作与交流，促进农民工劳务输出。灾后重建、农田水利、交通能源等重大基础设施建设项目，要尽量多招用因企业关停或减产裁员而失去工作的农民工。

（二）加强农民工技能培训和职业教育

加大对农民工培训的投入，改进培训方式，扩大培训效果。各有关部门和教育培训机构要继续做好农村劳动力技能就业计划、阳光工程、农村劳动力转移培训计划、星火科技培训、雨露计划等培训项目的实施工作。要围绕市场需求开展订单培训和定向培训，提高农民工择业竞争能力；围绕产业结构调整和企业技术改造新开工项目开展职业技能培训，提高农民工就业的适应能力；围绕回乡创业组织开展创业培训，提高农民工的自主创业能力；围绕农业现代化、产业化开展农村实用技术培训，提高返乡农民工的农业技能；对青年农民工开展劳动预备制培训，适当延长培训期限，强化职业技能实训，使其至少熟练掌握一项职业技能。在中等职业学校开展面向返乡农民工的职业教育培训，根据返乡农民工的特点开设专业和课程，采取灵活多样的学习方式，突出培训的针对性和实用性。

（三）大力支持农民工返乡创业和投身新农村建设

按照国家有关规定，抓紧制定扶持农民工返乡创业的具体政策措施，引导掌握了一定技能、积累了一定资金的农民工创业，以创业带动就业。地方人民政府要在用地、收费、信息、工商登记、纳税服务等方面，降低创业门槛，给予农民工返乡创业更大的支持。推行联合审批、"一站式"服务、限时办结和承诺服务等，开辟农民工创业"绿色通道"。鼓励农民工发展农产品加工业，农村二、三产业，生态农业和县域中小企业。做好农民工返乡创业的金融服务工作，鼓励和引导金融机构加大信贷产品支持力度，提供符合农民工返乡创业特点的金融产品，继续加大农民工银行卡特色服务推广力度。农民工返乡创业属于政府贴息的项目要按照规定给予财政贴息，帮助其解决创业资金困难。结合推进新农村建设，创新农村小型基础设施建设体制机制，采取以工代赈、以奖代补等多种形式，组织引导返乡农民工积极参与农村危房改造、农村中小学和职业学校、乡镇公共卫生院、计划生育生殖健康服务机构、文化设施等建设。利用当前农民工提前返乡、农村劳动力增加的有利时机，将加强农村基础设施建设和促进返乡农民工就业有机结合起来，加快解决农村供水、用电、修路、求学、就医等突出问题，提升农村基础设施水平和公共服务能力。利用冬春农闲时期大规模开展农田水利建设。大力发展县域经济，调整农业产业结构，大力扶持农产品精深加工，支持农村中小企业发展，最大限度吸纳农民就地就近转移就业。

（四）确保农民工工资按时足额发放

努力创造有利于农民工稳定就业的良好环境，维护农民工的劳动保障权益。完善工资保证金制度，加强工资保证金账户管理，强化工资支付监控，确保农民工工资发放。制订应急预案，避免和及时处理因欠薪问题导致的各种突发事件。建立劳动保障、建设、公安、工商、金融、工会等有关部门对企业拖欠农民工工资行为的联动防控机制，及时掌握企业拖欠工资的情况。企业关闭破产必须严格依法进行，对恶意欠薪逃匿的业主要依法予以严肃查处。劳动争议调解仲裁机构要妥善处理农民工与用人单位的劳动争议，本着“快立、快办、快结、办好”的原则，对事实清楚、权利义务关系明确的农民工劳动争议案件，尽可能采取简易程序处理，对小额劳动报酬争议案件实行终局裁决。凡符合先予执行条件的案件要依法先予执行。

（五）做好农民工社会保障和公共服务

按照国家政策认真做好返乡农民工的社会保障和公共服务。对在输入地受工伤的农民工，农民工输出地劳动保障部门要主动与农民工输入地劳动保障部门进行协调，保障返乡农民工工伤保险权益。抓紧制定农民工社会保险关系异地转移与接续办法。建立健全农民工公共服务体系，做好对农民工的各项公共服务。及时妥善安排返乡农民工子女入学，属于义务教育阶段的要按照就近入学的原则安排，并享受当地义务教育阶段学生的有关待遇，学校不得以任何借口拒绝接收返乡农民工子女入学。教育督导部门要将返乡农民工子女入学情况列入当地教育督导、评估的重要内容。积极引导返乡农民工参加新型农村合作医疗，解决其看病就医问题。加强返乡农民工的疾病预防控制工作，及时做好适龄儿童预防接种的衔接。按照属地化管理的原则，农民工输入地和输出地计划生育管理服务机构要加强协调配合，做好返乡农民工及其随返家属的计划生育服务工作。做好农民工返乡的管理服务工作。农民工输入地和输出地人民政府要加强相互衔接和协调，及时沟通情况，组织返乡农民工有序流动，帮助他们解决返乡中的实际问题，对困难人员给予适当救助，使农民工顺利回家过节。交通运输部门要针对春运高峰提前的情况，及早制订相应的疏导预案，安排组织好运力，保障交通运输安全。各地区特别是交通枢纽地区要积极做好返乡和回城农民工的交通服务工作，切实维护好车站、码头和客运车船的公共秩序，避免农民工滞留，有效防范、坚决打击侵害农民工人身财产权益的各类违法犯罪活动。

（六）切实保障返乡农民工土地承包权益

农民工是流动在城乡之间的特殊群体，耕地仍然是他们的基本保障。违法流转的农民工承包地，农民工要求退还的要坚决退还；因长期占用不能退还的，要负责安排返乡农民工就业。对依据口头协议等方式进行短期流转且农民工要求收回土地承包经营权的，原则上应退还农民工。长期流转又有流转合同的，可依法由双方协商解决；双方有纠纷的，可通过法律程序解决。加强对土地承包经营权流转的管理和服务，农村土地流转要坚持依法、自愿、有偿的原则，任何组织和个人不得强制或限制，也不得截留、扣缴或以其他方式侵占返乡农民工的土地流转收益。积极推进土地承包纠纷调解仲裁工作，切实保障农民工的合法权益。各地区、各部门要加强组织领导，把做好当前农民工工作作为一项紧迫而重要的任务抓紧抓好。各有关部门要研究制定本部门涉及农民工管理服务的政策措施，各司其职，分工负责，形成合力，共同做好农民工工作。要建立健全农民工统计监测网络，深入调查研究，全面掌握情况。切实做好农民工宣传教育工作，引导农民工正确看待当前的经济形势和企业的经营困难。加强农村地区社会治安和公共秩序管理，维护社会的和谐与稳定。充分发挥农村基层党组织的战斗堡垒作用，帮助农民工解决生产生活中面临的困难和问题。各地农民工工作协调机构要加强组织协调，积极研究解决农民工工作遇到的新情况、新问题，重要情况及时报告国务院农民工工作联席会议办公室。

国务院办公厅

二〇〇八年十二月二十日

【资料来源】

——http://baike.baidu.com/

【评述】

农民工是我国特有的城乡二元体制的产物，是我国在特殊的历史时期出现的一个特殊的社会群体，是指身在城市从事非农业工作的农业户口的工人。在改革开放的历史进程中，农民工为城市的建设和经济发展作出了巨大的贡献，是社会主义市场经济中一支重要生力军。

【深度思考】

你熟悉农民工这个群体和他们的生活吗？你怎么看待和评价他们？

第十五章　中国特色社会主义事业的领导核心

【导言】

中国共产党自成立至今，已经走过了90个年头，在90年的岁月里，中国共产党带领全中国各族人民不屈地进行革命和建设，反复探索和实践，终于走出一条属于中国自己的道路，这就是中国特色的社会主义道路。中国共产党始终以马克思主义为自己的指导思想，以时代和国情为出发点，以百姓的利益为自己的宗旨和归宿。她不断在实践中大胆创新，开拓了马克思主义的新境界。诚然，在革命和建设的过程中，我们党也走过弯路，也犯过错误，但她以超人的勇气和胆略，发现和革除了自己身上的弊病，不断带领全国各族人民，从胜利走向新的胜利，她一次次以实践证明，她无愧于“伟大、光荣、正确”这个称号，她无愧于成为全国各族人民的领导核心，成为中国特色社会主义事业的领导核心！

【阅读材料一】

中国共产党党章的历史演进与时代创新

党章作为指引全党的旗帜和“根本大法”，对于制定正确的路线、方针、政策，统一全党的思想和行动，实现党在不同历史时期的任务，发挥着极其重要的作用。在中国共产党90年的历史进程中，先后通过了17个版本的党纲党章。党章篇幅不长，但每个观点甚至每一句话，都是高度的理论概括和实践经验的提炼。党章的逐步完善与创新，再现了中国共产党从幼年走向到成熟的历史过程，记录了中国共产党思想、理论和政治路线与时俱进的发展轨迹。中国共产党党章与时俱进的演进过程，反映了马克思主义基本原理与中国具体实际相结合的曲折过程，反映了党对革命和建设的认识的理论升华。

一、一大党纲确定党的名称为“中国共产党”

1921年7月，中国共产党第一次全国代表大会宣告了党的正式创立。但是，由于是在创立之初，党在思想上、组织上、理论上的准备远不成熟，所以，在这次具有划时代意义的会议上只通过了一个500余字、共15条的《中国共产党纲领》。这个“党纲”虽不是党章，但实际上却具有党章的作用。一大通过的《中国共产党纲领》确定党的名称为“中国共产党”，向世人宣告了党的政治纲领是通过武装斗争推翻资产阶级，建立无产阶级专政，直至消灭阶级区分。《纲领》对党的组织章程、组织原则、组织机构和组织发展作出了明确的规定，为党章的诞生打下了基础。

二、二大党章——中国共产党第一部正式党章

中国共产党成立之初，通过积极探索和不断努力，对中国革命的性质、道路、动力、对象等问题的认识不断加深。1922年7月，中共二大对党的纲领作了重大修改，这是中国共产党的第一部正式章程。章程第一次明确地提出了彻底反对帝国主义和反对封建主义的民主革命纲领，宣告党的最高纲领是为将来建设、实现社会主义、共产主义而奋斗。这部党章包括党员、组织、会议、纪律、经费、附则等6章共29条，近4 000字。对党员条件和入党手续，以及党的组织原则、组织机构、党的纪律和制度等，作了具体规定。

中国共产党第一部正式党章的产生具有划时代的意义，它标志着党的创建工作的最后完成。从此，这个年轻的政党有了自己的立党之本和最高的政治行为规范。此后，从三大到六大，党章的内容只作过局部调整，没有大的改动。

三、三大修正党章规定了新党员候补期

1923年6月，中共三大通过了《中国共产党第一次修正章程》。章程共6章，30条。和二大通过的党章相比较，此次只作了个别条文的改动，即进一步完善了入党手续的有关规定，第一次规定了新党员候补期，并分别规定了正式党员和候补党员的权利与义务。

四、四大修正党章规定支部为党的基层单位

1925年1月，中共四大通过了《中国共产党第二次修正章程》。此次修正第一次将党的支部规定为党的基层单位，并规定中央委员会“委员长”改称为“总书记”，地方各级党的执行委员会的“委员长”改称为“书记”。

五、五大修正党章提出民主集中制原则

中共四大以后，在大革命的高潮中，党组织空前发展，党员人数急剧增加。1925 年四大召开时全国仅有党员 994 人，而到 1927 年五大召开时全国党员人数已达 57 900 余人。党员队伍的迅速发展，使巩固队伍与提高素质的问题被提上了日程。五大在关于《组织问题议决案》中明确提出“必须改正并补充旧时党章”。但由于“四·一二”政变后形势危急，所以，1927 年 4—5 月召开的中共五大没有专门讨论修改党章的问题。五大闭幕后不久，中共中央政治局于 1927 年 6 月 1 日通过了《中国共产党第三次修正章程议决案》。这个章程共有 12 章，85 条，对第二次修正章程作了许多新的补充和修正，特别是在党的组织系统方面，明确规定党组织的“指导原则为民主集中制”。这是在党的章程上第一次明确提出民主集中制的概念，自此以后，“民主集中制”成为党始终遵循的组织原则。同时，增加了许多新条文。例如，第一次划分了党的组织系统；第一次规定入党者的年龄必须在 18 岁以上；第一次把党与青年团的关系列入党章等。

六、六大党章强调了共产国际的领导

大革命失败以后，国内一片白色恐怖，在国内召开党的全国代表大会已没有安全保障。根据共产国际的提议，1928 年 6—7 月，中共六大在莫斯科召开。

中共六大通过的《中国共产党党章》共 15 章，53 条，保持了五大党章的基本内容。这部党章的一个突出特点就是体现了中共与共产国际的密切联系，党章中共有 17 次提到了“共产国际”。开篇即强调“中国共产党为共产国际之一部分，命名为‘中国共产党’，为共产国际支部”。六大党章把中共同共产国际的关系强调到了过分的、不适当的程度，使党不能独立自主地按照中国实际情况领导革命和自行处理党内事务。

七、七大党章确立毛泽东思想作为党的指导思想

1945 年 4—6 月，中共七大在延安召开。此时的中国共产党已经走过了 24 年艰苦卓绝的历程，已经成为了一个在全国范围具有广泛影响的政党，是一个经过整风，在思想上、政治上和组织上达到了空前团结和一致的政党。

七大党章在中国共产党的历史上具有里程碑式的意义，是民主革命时期最好的一部党章。刘少奇代表中共中央作了长达 6 万余字的《关于修改党章的报告》，对毛泽东思想的产生、发展过程以及其科学内涵作了全面的阐述。党章总纲规定：中国共产党以马克思、列宁主义的理论与中国革命的实践之统一的思想——毛泽东思想作为自己一切工作的指针。这意味着中国共产党在 24 年的艰苦历程中所取得的最重要的理论成果——毛泽东思

想，在党的根本大法中得到了确认。七大党章中第一次增加了总纲部分。总纲以简洁的文字阐明了中国革命的性质、动力、任务和特点，以及党领导中国革命的基本方针和必须具备的条件。另外，在七大党章中还进一步完善了党的民主集中制的原则，对扩大党内民主和实行集中统一领导作了详细的规定。

七大党章确立了一切从实际出发，理论联系实际，实事求是的思想路线。此外，它还特别强调党的群众路线，指出党的群众路线是党的根本的政治路线和根本的组织路线。解放战争的胜利和新中国的建立，以及新中国成立后社会主义改造所取得的丰功伟绩，正是基于七大正确的路线方针。

八、八大党章对执政规律的初步探索

1956 年 9 月，中共八大在北京召开。这是中国共产党执政后第一次召开全国代表大会，修改七大党章是大会的重要任务之一。邓小平代表中共中央作了《关于修改党的章程的报告》，报告指出，执政党的地位使我们党面临着新的考验，需要来自党内外的监督，其关键在于发展党和国家的民主生活，坚持集体领导。这些新的思考，在八大党章中得到了充分体现。在对执政党建设规律进行初步探索的同时，八大党章对于刚刚开始的社会主义建设规律也作了明确阐述：在社会主义改造基本完成后，中国社会的主要矛盾已不再是阶级矛盾，而是落后的生产力与人民群众日益增长的物质文化需要之间的矛盾，因此，中国共产党的任务就是有计划地发展国民经济，党的一切工作的根本目的是最大限度地满足人民的物质生活和文化生活的需要。八大党章根据执政党的特点，正确地提出了全面开展社会主义建设的任务。

九、九大党章背离了八大的正确纲领

1969 年 4 月通过的九大党章背离了八大的正确纲领，在党章中肯定了根据“无产阶级专政下的继续革命”的错误理论而发动的“文化大革命”。特别是把接班人列入党章，这在党章的历史上是从未有过的。九大党章否定了八大党章明确的党的工作重点的转移和党领导社会主义四个现代化的任务；在党员条件上，取消了党员权利和入党预备期，把八大党章规定的党员十条义务改变为五项接班人条件。在组织原则上，九大党章取消了八大党章中关于发扬党内民主，加强党的集体领导，发挥下级组织的积极性、创造性等条文，并取消了五大以来设立的党的监察委员会。

十、十大党章继续了九大“左”的错误

1973 年 8 月，中共十大通过的《中国共产党章程》继续了九大的“左”的错误，沿

袭了九大党章的总纲和条文，只作了个别的修改和补充。由于林彪反革命集团的败露，十大党章删去了九大党章中有关林彪为接班人的内容。

十一、十一大党章——十年内乱结束后的第一部党章

1977年8月，中共十一大通过的《中国共产党章程》是十年内乱以后的第一部党章。它恢复了八大党章关于把中国建设成四个现代化的社会主义强国的提法。在内容上对九大、十大党章作了较多的修改，例如，增写了关于民主集中制的内容，决定设立纪律检查委员会等。但是，由于历史条件的限制，十一大党章并未从根本上否定九大、十大党章中的"左倾"错误，继续沿用了"文化大革命"的错误理论、政策和口号。

十二、十二大党章探索执政党建设的原则

1978年12月18日召开的十一届三中全会，批判了"两个凡是"的错误方针，恢复确立了实事求是的思想路线。1982年9月，中共十二大在北京召开。邓小平对这次大会给予极大的期望，他说："七大把革命引向了胜利，十二大将把建设引向胜利。"由邓小平主持修订的十二大党章在全面总结和确认十一届三中全会以来党的基本路线的同时，对在新的历史条件下如何搞好执政党建设作了新的探索。在党章的总纲里明确规定："党必须在宪法和法律的范围内活动。"

十二大党章总纲对党的性质和党的指导思想，对科学社会主义的理论和实践，对中国现阶段的主要矛盾和党的总任务，对加强党的建设基本要求，对党在国家生活中如何正确发挥作用，都作了完备的规定，另外，还对毛泽东思想作了更科学的表述。新党章对党的中央和地方组织体制作了重要的改变和新的规定。十二大首次将入党誓词载入党章。总之，十二大通过的党章继承了七大党章和八大党章的优点，清除了九大、十大、十一大党章中"左"的错误，对执政党建设的各方面都作了比较全面和完善的规定。

十三、十三大修正党章适应体制改革进程

十二大以后，经济体制改革日益展开，政治体制改革提上日程，改革开放的新形势对党的建设提出了新要求。1987年11月，党的十三大明确提出了在改革开放中加强党的建设的方针，并通过了党章部分条文修正案，对十二大章程的部分内容作了10项调整。其中重大的改变有：改革选举制度，明确规定了差额选举办法；为加强集体领导，提出党组织讨论决定重要问题要进行表决；转变基层党组织的职能，规定企业和事业单位中党的基层组织不再领导本单位的工作，而对党和国家的方针政策在本单位的贯彻执行实行保证监督。

十四、十四大党章确立中国特色社会主义理论为党的指导思想

1992 年 1 月 18 日至 2 月 21 日，邓小平视察武昌、深圳、珠海、上海等地，发表了著名的南方谈话。邓小平的南方谈话，进一步丰富和完善了建设有中国特色社会主义理论，在当年 10 月召开的十四大上，建设有中国特色的社会主义理论作为马克思主义与中国实际相结合的最新理论成果被写入十四大党章。

社会主义初级阶段理论和“一个中心、两个基本点”的党的基本路线的确立，是十三大的突出功绩，但因十三大未对党章作过多修改，所以，十三大党章没有这部分内容。经过几年的成功实践，十四大将社会主义初级阶段理论和党在社会主义初级阶段的基本路线郑重地载入党章。

将经济体制改革的目标确定为建立社会主义市场经济体制，这是中共十四大的一个突出贡献，是对有中国特色社会主义理论的丰富和发展。

十五、十五大修正党章确立邓小平理论为党的指导思想

1997 年 9 月，中共十五大对党章进行了修改。尽管这次修改的地方只有 7 处，共计 160 个字，但却引起了党内外的高度关注。党章确立了邓小平理论与马克思列宁主义、毛泽东思想并列成为中国共产党的指导思想和行动指南，并把“解放思想，实事求是”写入党章。

十六、十六大修正党章将“三个代表”重要思想确立为党的指导思想

十三届四中全会以来，以江泽民同志为主要代表的中国共产党人，在建设中国特色社会主义的实践中，加深了对什么是社会主义、怎样建设社会主义和建设什么样的党、怎样建设党的认识，积累了治党治国新的宝贵经验，形成了“三个代表”重要思想，成为马克思主义执政党建设理论的伟大创新。

2002 年 11 月，中共十六大通过了关于《中国共产党章程（修正案）》的决议。这是中国共产党的第十五部党章，是进入新世纪后的第一部党章。十六大党章中最重要的特点就是把“三个代表”的重要思想作为党的指导思想写入总纲部分。“三个代表”反映了当代世界和中国的发展变化对党和国家工作的新要求，是加强和改进党的建设、推进我国社会主义不断完善和发展的强大理论武器，是中国共产党集体智慧的结晶，是党必须长期坚持的指导思想。

十六大党章的另一项重要修改是对党的性质及阶级基础的表述，强调党从革命党向执政党的转变，即从原来党章规定“中国共产党是中国工人阶级的先锋队”，到新党章中增

写“同时是中国人民和中华民族的先锋队”，这是中国共产党一贯坚持、始终如一的党的性质规定的逻辑发展。这样表述党的性质，体现了革命党与执政党的统一，党执政的群众基础、社会基础和阶级基础的统一，切合我们党的历史发展和现实状况，符合时代要求，有利于最广泛地调动广大党员的积极性、主动性和创造性，团结和带领广大人民群众共同建设中国特色社会主义。

十七、十七大修正党章将科学发展观的光辉思想写入党章总纲

“科学发展观是同马克思列宁主义、毛泽东思想、邓小平理论和‘三个代表’重要思想既一脉相承又与时俱进的科学理论，是我国经济社会发展的重要指导方针，是发展中国特色社会主义必须坚持和贯彻的重大战略思想。”此外，十七大通过的党章修正案还分析了改革开放以来党取得一切成绩和进步的根本原因；写入了中国特色社会主义事业的总体布局内容；对党的基本路线内容作了充实；对党的领导和党的建设提出了新要求。而在条文部分，则根据科学发展观和形势变化，增加了按规定实行党务公开、各级代表大会代表实行任期制、实行巡视制度等内容。

现行党章把解放思想、实事求是、与时俱进作为党的思想路线，体现了党的思想路线不断丰富和发展的脉络。

【资料来源】

——岳绍红：《中国共产党党章的历史演进与时代创新》，《济南日报》，2006 年 2 月 28 日

——中国共产党第十七次全国代表大会关于《中国共产党章程（修正案）》的决议（2007 年 10 月 21 日中国共产党第十七次全国代表大会通过）

【评述】

从党的一大通过《中国共产党纲领》，到二大诞生第一部真正意义上的党章；从 1945 年党的七大通过民主革命时期最具历史决定意义的党章，到 1956 年党的八大按照执政党要求制定新党章；从十二大在拨乱反正的历史进步中对党章作出重大修改，到十七大将科学发展观的光辉思想写入党章总纲……

透过党章的发展变化，可以清楚地看到中国共产党 90 年来走过的救国救民、利国利民、强国富民的道路，追寻党理论创新、实践创新和制度创新的轨迹，探究党始终走在时代前列的历史动因。

这是我们党永葆先进性的动力源泉，也是鲜红党旗永不褪色的根本保证，更是党长期执政的实践基础。历史实践已经充分证明，中国共产党的党章是保证党的思想政治统一和组织纪律统一的最锐利的法规武器。如同历史上我们的党章曾经保证中华民族和中国人民获得胜利与解放一样，也如同新中国成立后我们的党章曾经保证中国社会主义建设胜利和社会主义现代化的顺利发展一样，当今党章还将保证我们从新的历史起点出发，赢得中国特色社会主义事业的新胜利，使中国特色社会主义道路越走越宽广。

【深度思考】

1. 党的权威性与科学性是如何通过党章来保证的？
2. 党是如何通过修正党章来改善党的领导的？

【阅读材料二】

90年历史回眸：群众路线是中国共产党的生命线

有一句历史名言：“枪杆子里面出政权。”可是，思忖中国共产党早年的历史，各派军阀及国民党的军队，“枪杆子”都比共产党好，但最终却是“枪杆子”最不济的共产党夺取了政权。回眸历史，我们看到：中国共产党手中除了“枪杆子”之外，还紧紧地掌握着“群众路线”。这是中国共产党夺取政权、执掌政权的制胜法宝。

一、中国共产党在与人民群众的密切联系中问世

建党前夕，有这样一批首先接受了共产主义思想的知识分子：他们到工人中进行社会调查，撰写关于各地工人生活状况的调查报告，并在进步期刊上发表；他们深入工厂、矿山，创办工人夜校、工人俱乐部、识字班，用通俗易懂的语言宣传马列主义；他们喊出“劳动创造世界，劳动者是世界的主人”的口号，创建了工人工会；他们当中有些人，为了发动组织工人，到工厂去做工。这些中国早期的共产主义者，在他们走向工人群众、与劳苦大众建立密切联系的过程中，促成了马克思主义与中国工人运动相结合，为中国共产党的建立奠定了基础。

二、建党初期和大革命时期，中国共产党学会了发动群众

1921 年 7 月 23 日，中国共产党成立，这是中国近代历史上开天辟地的大事件。党在一大制定的《中国共产党纲领》中提出："把工农劳动者和士兵组织起来。"可见，从正式建立的第一天起，党就把发动群众、组织群众明确地写入了自己的纲领。一年后，中共二大进一步提出："党的一切运动都必须深入到广大的群众里面去"，"到群众中去"。

建党伊始，共产党人努力从事工人运动。建党半年后，便掀起了持续 13 个月之久的"第一次工人运动高潮"；1925 年，再次掀起"五卅运动"的浪潮。北伐战争时期，由于共产党人在发动群众方面的贡献，使北伐军在所到之处都得到了广大工人、农民和其他革命群众的支持。在湖南、湖北、江西等省的广大农村，共产党领导农民建立了自己的政权和武装，有力地支援了北伐战争。

建党初期和大革命时期，中国共产党人全力领导工人运动、发动农民群众，这表明党自幼年开始就为自己奠定了广泛深厚的群众基础。在发动群众的过程中，共产党人认识到："中国革命运动的将来命运，全看中国共产党会不会组织群众，引导群众。"

三、在创建农村革命根据地的斗争中，党的群众路线初步形成

大革命失败后，党的八七会议制定了土地革命和武装起义的方针，革命势力在土地革命战争中再度兴起。

初上井冈山，毛泽东十分重视"做群众工作"，1927 年底提出"红军的三大任务"：打仗消灭敌人、打土豪筹款子、做群众工作。1928—1929 年间，党的领导人李立三、周恩来等在谈话和文件中都曾使用过"群众路线"的术语，提出过"群众路线"的观点。

在创建赣南闽西革命根据地的过程中，有些党员、干部不知道依靠群众，有了工作只是自己一个人去干，或者只依靠少数人去干。针对这种情况，毛泽东在 1929 年 4 月的一次讲话中强调指出：每个共产党员都要树立争取群众的观念，要像和尚念"阿弥陀佛"一样，随时都要叨念"争取群众"。这样的群众观念，正是日后中国共产党走向胜利、夺取政权的根本保障。

共产党领导的军队在创建农村革命根据地的过程中坚持走群众路线，通过艰苦细致地发动群众、争取群众的工作，得到了根据地广大群众的真心支持和拥护，取得了第一至第四次反"围剿"的胜利，首次建立了中国共产党领导的工农民主专政的新型政权——中华苏维埃共和国临时中央政府。1934 年 1 月，毛泽东总结党局部执政的经验，提出了群众路线的基本思想："真正的铜墙铁壁是什么？是群众，是千百万真心实意地拥护革命的群众。"要取得群众的拥护，就要关心群众生活，"就得和群众在一起，就得去发动群众的积

极性，就得关心群众的痛痒，就得真心实意地为群众谋利益，解决群众的生产和生活的问题……我们是这样做了么，广大群众就必定拥护我们，把革命当作他们的生命，把革命当作他们无上光荣的旗帜”。进而，中国共产党“一切依靠群众”的群众路线初步形成。

四、坚持全面抗战路线：党的群众路线形成于抗日战争最艰苦的年代

抗战初期，党的洛川会议便制定了“全面抗战路线”：中国的抗战是一场艰苦的持久战，争取抗战胜利的关键在于使已经发动的抗战发展为全面的全民族的抗战。洛川会议进一步指出，在创建敌后抗日根据地的过程中，应实行“独立自主的山地游击战争……分散发动群众，集中消灭敌人”。在这条“全面抗战路线”的指引下，共产党领导的八路军、新四军和一切革命武装，广泛发动群众，大打人民战争。1940 年前，已在华北、华中、华南相继建立了 15 块敌后抗日根据地，开辟了广大的敌后战场，牵制、消耗了大量日军兵力。

1941—1943 年，敌后抗日根据地进入最艰苦的时期。自 1941 年开始，日军集中侵华兵力的 64% 和几乎全部伪军，对抗日根据地进行频繁的灭绝人性的疯狂扫荡；与此同时，国民党顽固派掀起第二次反共高潮，对根据地实行军事包围和经济封锁；此外，当时陕北、华北地区连年遭受自然灾害。抗日根据地处在严重的困难之中。

正是在抗战最艰苦的年代里，在人民战争的实践中，在总结抗日根据地群众工作经验的基础上，党的领袖毛泽东提出了“为人民服务”的科学命题，中国共产党克敌制胜的法宝——群众路线的思想发展成熟。1943 年 6 月，毛泽东在为中共中央起草的《关于领导方法的若干问题》一文中，阐述了党的群众路线和群众工作方法：“从群众中来，到群众中去”，“从群众中集中起来又到群众中坚持下去，以形成正确的领导意见，这是基本的领导方法”。这种方法的无限循环，“就是马克思主义的认识论”。从此，中国共产党的“群众路线”有了清晰明确的表述——“从群众中来，到群众中去”，同时也使党的群众路线具备了成熟的理论形态。

1945 年，党的七大胜利召开。毛泽东在《论联合政府》的报告中指出：“我们共产党人区别于其他任何政党的又一个显著的标志，就是和最广大的人民群众取得最密切的联系。全心全意地为人民服务，一刻也不脱离群众；一切从人民的利益出发。”七大将“全心全意为中国人民服务”写入党章总纲，作为党的根本宗旨，融入中国共产党的血脉之中。

五、在解放战争的凯歌声中，群众路线是最美的乐章

在解放战争时期，良好的党群关系得到进一步发扬。战事初起，国民党的军队不仅拥

有数量上的绝对优势和武器装备的绝对优势，还有美国的军事援助；共产党的军队，除了“小米加步枪”，还拥有“和人民群众紧密地联系在一起的作风”，这是中国共产党的法宝。

当年，人民解放军在战场上消灭敌人，广大党员干部则在后方发动群众：进行土地改革运动，掀起生产、支前、参战高潮。由于党的路线、方针和政策切实代表了解放区广大群众的利益，解放区人民在“一切为了前线胜利”的口号下，做到了部队要人有人，要粮有粮，要物有物，部队打到哪里，人民就支援到哪里。正是人民群众的真心支援，帮助解放军战胜了数量和装备都胜过自己的国民党军队。有这样两组沉甸甸的数字：在辽沈战役中，民工和解放军战士的比例是3∶1；在淮海战役中则是9∶1。凭着这种血肉相连的党群关系，不到4年，人民军队解放了全中国。

共产党的胜利，是“全心全意为人民服务”宗旨观的胜利，是党的群众路线的胜利。群众路线是中国共产党克敌制胜、夺取政权的法宝。

六、共产党“进京赶考”，考官就是人民群众

新中国建立前夕，当离开西柏坡前往北平时，毛泽东曾意味深长地说：我们这是进京赶考，希望会考个好成绩，我们绝不当李自成！对于中国共产党来说，只要处在执政党的地位，这场考试就不会结束，而考官就是全中国的人民群众。

新中国成立伊始，百废待兴，中国共产党自身的建设也面临新的考验。为了适应执政情况下的新形势和新任务，在1950、1951—1954、1957年，共产党先后进行了三次整党整风，开展了“三反”、“五反”运动，严惩了贪污腐败的高级干部刘青山、张子善。与此同时，1949—1952年，国民经济得到了全面恢复和初步发展；1953—1956年，完成了三大改造，社会主义制度在中国确立。共产党“进京赶考”交出的第一张答卷，人民群众是满意的。

1956年9月，邓小平在八大作修改党章的报告时指出：“由于我们党现在已经是在全国执政的党，脱离群众的危险，比以前大大地增加了，而脱离群众对于人民可能产生的危害，也比以前大大地增加了。”共产党告诫自己：执政了，千万不要脱离群众，考试远未结束。

七、曲折与教训：“群众运动”不能等同于群众路线

在从革命党向执政党转变的过程中，党对于如何领导经济建设问题，没能谨慎地在实践中摸索总结，而更多的是照搬战争年代的经验，用大搞政治运动的方式促进生产建设、以群众运动的方式领导经济建设。从20世纪50年代末开始，出现了将“群众运动”等同

于群众路线的倾向，并逐渐发展；在“大跃进”运动、人民公社化运动中，有些地区大搞共产风、浮夸风、高指标、官僚主义、强迫命令和瞎指挥，很多工作的推动往往以“群众运动”的形式出现。1962 年，刘少奇在七千人大会上，严肃地批评了滥用群众运动的倾向。他指出：形式主义的“群众运动”是违背群众路线的。“这种违反群众路线的所谓‘群众运动’，不仅不能真正反映群众的意见和要求，而且损害了群众的积极性，损害了党的威信。”

然而，毛泽东和党的领袖们，基于革命战争年代积累的经验，希望运用“群众运动”的方式取得社会主义建设的胜利。因此，从“四清运动”到“文化大革命”，“群众路线”和“群众运动”逐渐变成同义语，最终前者被后者所替代。“文化大革命”结束后，中国共产党认真“拨乱反正”，改正了以往的错误。

八、在改革开放的春风中，发展党的群众路线

党的十一届三中全会吹响了改革开放的进军号。改革从农村开始，“从群众中来，到群众中去”，逐步推向全国。例如，具有“分田单干，包产到户”的大胆举动的安徽某些地区农民群众成为全国农村“家庭联产承包责任制”的先行者；又如，乡镇企业的兴起也是人民群众的创造发明。

1981 年 6 月，党在十一届六中全会《关于建国以来党的若干历史问题的决议》中申明，党的群众路线是“一切为了群众，一切依靠群众，从群众中来，到群众中去”。将“一切为了群众，一切依靠群众”增写进党的群众路线的表述之中，这是“群众路线”理论的重要发展。

这一时期，邓小平经常谈到：党的各项政策和工作，必须以人民拥护不拥护、赞成不赞成、高兴不高兴、答应不答应作为考虑和处理一切问题的出发点和归宿。他还将“是否有利于提高人民的生活水平”作为判断改革和各方面工作是非得失的三个标准之一。

九、立党为公，执政为民：群众路线不断丰富和发展

以江泽民为核心的党的第三代领导集体，非常重视“建设一个什么样的党？怎样建设党？”的问题，把“进一步密切党群关系”作为新的历史条件下加强党的建设的重要任务。

进入 21 世纪以来，党的群众路线不断丰富发展。2000 年 2 月，江泽民在广东省高州市视察时提出了“三个代表”的重要思想。始终“代表着中国最广大人民的根本利益”是对党的群众路线的继承和发展。在建党 80 周年时，江泽民进一步指出：“全心全意为人民服务，立党为公，执政为民。”2002 年 12 月 6 日，胡锦涛在西柏坡考察时发表讲话，要

求各级领导干部要树立“权为民所用，情为民所系，利为民所谋”的群众观点。继之，中国共产党提出科学发展观，将“以人为本”作为科学发展观的核心。在庆祝中国共产党成立90周年大会上，胡锦涛强调指出：“每一个共产党员都要把人民放在心中最高位置”，“必须坚持以人为本、执政为民理念，牢固树立马克思主义群众观点、自觉贯彻党的群众路线，始终保持党同人民群众的血肉联系”。这是当代共产党人对“群众路线”的丰富和发展。

近年来，党中央制定了一系列执政为民的政策措施，使党的群众工作生机勃勃。党的十七大提出：“加快推进以改善民生为重点的社会建设”，“努力使全体人民学有所教、劳有所得、病有所医、老有所养、住有所居，推动建设和谐社会”。2011年3月制定的“十二五”规划纲要，进一步把保障和改善民生作为经济社会发展的最终目标。

【资料来源】

——丁卫平：《90年历史回眸：群众路线是中国共产党的生命线》，《长白学刊》，2011年第4期

【评述】

纵观中国共产党90年的历史，无论是革命党还是执政党，无论是顺境还是逆境，无论在成绩面前还是在困难面前，无论条件多么艰苦，无论敌人多么强大，无论任务多么艰巨，只要党能与人民群众紧密地联系在一起，革命和建设事业就会向前发展，就会走向胜利。探究中国共产党坚持发展群众路线的基本经验，以下几点尤为重要：其一，牢固树立全心全意为人民服务的宗旨意识，始终如一地为了群众、依靠群众。其二，党制定的纲领、路线、方针、政策，都要以最广大人民群众的根本利益为出发点和落脚点。其三，无论身处顺境还是逆境，党都必须不断加强和改进自身的作风建设，不断探索作风建设的有效途径。其四，继承和创新党的群众工作方法，努力拓展同人民群众联系的渠道，要根据形势的变化和实践的要求，不断疏通和拓宽社情民意的反映渠道，探索并形成一系列密切联系群众的制度。没有和人民群众的血肉联系，就没有中国共产党。“90年来党的发展历程告诉我们，来自人民、服务人民，是我们党永远立于不败之地的根本。以人为本、执政为民是我们党的性质和全心全意为人民服务根本宗旨的集中体现，是指引、评价、检验我们党一切执政活动的最高标准。”群众路线是中国共产党的生命线。

【深度思考】

1. 群众路线的基本内容是什么？

2. 新时期，中国共产党应如何保持党同人民群众的血肉联系，继续巩固党的政治优势？

【阅读材料三】

党的建设：不断取得胜利的重要法宝

在新民主主义革命时期，党的建设是党从小到大、由弱变强和带领中国人民取得胜利的重要法宝；在改革开放和社会主义现代化建设时期，党的建设是中国共产党特有的伟大工程。中国共产党成为执政党后，加强党的建设依然是摆在我们面前的一项重要任务。

一、“党的建设”是中国共产党特有的伟大工程

问：党的建设这一伟大工程是在什么时候、什么情况下提出来的？

答：1939 年 10 月，在《〈共产党人〉发刊词》中，毛泽东提出党的建设是一项伟大的工程。这是党第一次完整地提出这个概念。

提出党的建设是一项伟大的工程和当时的形势有关：一是抗日战争将要进入相持阶段，我们面临投降与反投降、分裂与反分裂的斗争。二是党内的政治路线问题还没有完全解决，实事求是的思想路线还没有完全树立起来。当时我们有 70 万党员，一批新的党员虽然组织上入了党，但思想上还没有完全入党；一些长征过来的老党员，看不太清楚继续长期艰苦奋斗的形势。党内还有不少认识问题必须解决。

问：国外其他政党有没有类似于“党的建设是一项伟大的工程”这样的提法和实践呢？

答：没有。尽管西欧国家的共产党曾提出扩大党的群众基础，以在选举投票的时候增加砝码，但他们都没有把党的建设当作工程来抓。

把党的建设当作一项伟大的工程，这意味着：第一，中央、地方和基层的组织系统都必须用马克思主义理论来武装。第二，要真正彻底地实行民主集中制，使党内选举权和罢

免权相结合。第三，党是人民军队的坚强核心，是人民军队革命化建设的主心骨。

二、“党的建设”明确了中国共产党的奋斗目标

问：那个时候提出党的建设是一项伟大工程的目的是什么？

答：毛泽东主席曾明确指出，要建立一个全国范围的、广大群众性的、思想上政治上组织上完全巩固的布尔什维克化的中国共产党。中国共产党是中国革命的领导核心，建设目标不清楚，就很容易使党员感到茫然，看不到前途和方向。当时目的有两个：一是为了夺取中国民族民主革命的胜利。民族革命当时是抗日战争，在这个过程中，要正确处理解决阶级斗争与民族斗争的关系，否则很难巩固抗日民族统一战线，统一战线不能巩固，就很难取得胜利。二是为解决在新民主主义革命时期要建设一个什么样的党、怎么样建设党的问题。

问：怎样建设这样的马克思主义政党呢？

答：毛泽东认为，统一战线、武装斗争、党的建设，这是掌握中国革命基本问题的三大法宝。统一战线和武装斗争是我们战胜敌人的主要武器，而共产党是驾驭这两样武器的先锋战士。如果自身建设得不好，就不懂得去拿起统一战线和武装斗争这两样克敌制胜的武器。

从1939年提出党的建设伟大工程，到1945年中共七大，经过6年的实践，共产党员发展到121万人，建立了1亿人口的解放区，这个“伟大的工程”获得了巨大的成功。

三、从“党的建设”到“新的伟大工程”

问：为什么后来我们提出党的建设是一项“新的伟大工程”呢？

答：提出“新的伟大工程”，就是要解决“党如何领导现代化建设？要把党建设成什么样的执政党？”的问题。

中共中央在十四届四中全会提出解决新时期党的建设的问题。此前作了大量的调研，有3个问题从基层到高层都有很多人反映：一个是民主集中制，要民主又要集中，在实际中贯彻好有难度；另一个是基层组织软弱涣散，怎么让它坚强；还有一个是怎么把党员干部队伍建设成高素质的队伍，成为为人民谋福利的公仆。全会提出，要把党建设成为用建设有中国特色社会主义理论武装起来、全心全意为人民服务、思想上政治上组织上完全巩固、能够经受住各种风险、始终走在时代前列的马克思主义政党。

十六届四中全会《中共中央关于加强党的执政能力建设的决定》要求，使党始终成为立党为公、执政为民的执政党，成为科学执政、民主执政、依法执政的执政党，成为求真务实、开拓创新、勤政高效、清正廉洁的执政党。

问：您觉得在当前的形势下，“新的伟大工程”要着力解决哪些问题?

答：有几个问题能不能解决好，特别重要。比如，民生问题、党员干部的腐败问题、建立健全更合乎中国经济社会发展的党的领导体制和机制问题。党应该成为马克思主义的学习型政党，保持和发展党的先进性，提高党的领导水平和执政水平，增强拒腐防变和抵御风险的能力。这些问题解决得好，老百姓就会把党视为不愧为人民可以信赖的执政党，更加全力支持和拥戴党。

【资料来源】

——陈登才：《党的建设：不断取得胜利的重要法宝》，《光明日报》，2011年6月24日

【评述】

1939年10月，毛泽东为中共中央主办的党内刊物《共产党人》撰写了发刊词，系统地总结了建党以来党的建设的历史经验，阐述了党的建设的指导思想，强调党的建设是一项“伟大的工程”，提出“建立一个全国范围的、广大群众性的、思想上政治上组织上完全巩固的布尔什维克化的中国共产党”。在此前后，刘少奇、周恩来、张闻天、陈云、邓小平等许多党的领导人也发表了一系列加强党的建设的演说、论著等，论述加强党的思想、组织、作风建设，丰富和发展了毛泽东的建党学说。

以毛泽东为代表的中国共产党人，从党自身建设的特点和中国的国情出发，把马克思列宁主义建党学说和中国革命实践相结合，形成了完整的具有中国特色的中国共产党建设理论，以其独创性内容丰富和发展了马克思列宁主义的建党学说。

【深度思考】

1. 衡量一个政党是否先进的主要标准是什么?
2. 在新形势下，中国共产党应如何加强党的先进性建设?